中国名村志文化工程
Culture Project of Local Records of China's Famous Villages

八岔村志

LOCAL RECORDS OF BACHA

黑龙江省同江市八岔赫哲族乡八岔村志编纂委员会　编

方志出版社
Publishing House of Local Records

图书在版编目（CIP）数据

八岔村志 / 黑龙江省同江市八岔赫哲族乡八岔村志编纂委员会编 . -- 北京：方志出版社，2017.12
（中国名村志丛书）
ISBN 978-7-5144-2739-4

Ⅰ. ①八… Ⅱ. ①黑… Ⅲ. ①村史—同江 Ⅳ. ① K293.55

中国版本图书馆 CIP 数据核字（2017）第 290850 号

· 中国名村志丛书 ·

八岔村志

编　　者：黑龙江省同江市八岔赫哲族乡八岔村志编纂委员会
责任编辑：宁　芳

出 版 人：冀祥德
出 版 者：方志出版社
地址　北京市朝阳区潘家园东里 9 号（国家方志馆 4 层）
邮编　100021
网址　http://www.fzph.org
发　　行：方志出版社图书经销中心
电话　（010）67110500
经　　销：各地新华书店
排　　版：北京纺印图文设计制作有限公司
印　　刷：北京中科印刷有限公司

开　　本：787×1092　1/16
印　　张：17.25
字　　数：315 千字
版　　次：2017 年 12 月第 1 版　2017 年 12 月第 1 次印刷

ISBN 978-7-5144-2739-4　**定价**：138.00 元

◉ 序一

连绵不断地编修地方志是中国独有的优秀文化传统，承担着赓续文明、传承文化的重任。保存至今的8000余种、10万余卷历代方志，蕴含着传统文化基因和海量文化信息，既是中华优秀传统文化的重要组成部分，又是传承、彰显中华优秀传统文化的重要载体。

在各种类型的地方志编纂中，村志编纂古已有之，但从未进入国家层面的地方志编纂序列。新中国成立以来，党中央、国务院高度重视包括村志编纂在内的地方志工作，出台了重要文件。中央领导发表了重要讲话、作出了重要批示。习近平总书记高度重视包括村志编纂在内的地方志工作。2004年10月，他在担任浙江省委书记时到江山市凤林镇白沙村考察，看到村民编纂的《白沙村志》，鼓励村民把村志继续编纂下去。2014年4月，刘延东副总理在与第五次全国地方志工作会议部分会议代表座谈时指出："要结合发展的新形势，加强对地方志包括部门志、行业志、专题志、乡镇村志编纂的业务指导和服务。"2015年8月，国务院办公厅印发的《全国地方志事业发展规划纲要（2015—2020年）》，正式将中国名村志文化工程列为主要任务之一。2017年5月，中共中央办公厅、国务院办公厅印发的《国家"十三五"时期文化发展改革规划纲要》指出："完成省、市、县三级地方志书出版工作。开展旧志整理和部分有条件的镇志、村志编纂。"可以说，村志编纂迎来了历史上的最好时期。

农业、农村、农民"三农"问题，是数千年来影响中国社会发展最核心的问题。中共中央高度重视"三农"工作，从2004年起，连续13年，每年的中央1号文件都聚焦"三农"。中共十九大报告更是提出"农业农村农民问题是关系国计民生的根本性问题，必须始终把解决好'三农'问题作为全党工作重中之重"，特别是提出了"乡村振兴战略"，这是中国共产党在中国特色社会主义进入新时代后，对农村发展问题所做出的准确把握和与时俱进的战略应对，是建设中国特色社会主义强国战略的重要组成部分。改革开放近40年来，在党中央、国务院高度重视社会主义新农村建设的新形势下，各地涌现出一大批历史文化名村、经济强村、新农村建设示范（试点）村、美丽乡村和特色村，成为先进生产力和先进文化的代表。客观记录中国农村全面建成小康社会的进程，向后人展示在中国共产党领导下农村千年未有的巨变，是地方志工作者肩负的光荣而重大的历史使命。编纂中国名村志丛书，是记载当代中国农村发展变革的重要途径。

文化寻根，寻的是其发展的源头和根基。村落是中国传统文化的根基所在。农村的生产生活方式、社会规范、宗族文化、宗教文化、民风习俗、传统节日、民间艺术等，无不镌刻着中国人独特的民族性格，这就是家国情怀、文脉绵延、精神归属。在快速城镇化进程的冲击和开发性破坏下，大量传统村落面临消亡的危机，村落蕴含的历史文化信息也流失殆尽，抢救性保护刻不容缓。编纂中国名村志丛书，是保存村落历史文化信息，抢救、保护村落文化最好的方式。

一方水土养一方人。家乡的山水草木、村间小巷、乡俗民情会在每个人心头留下深刻的烙印，这就是故土情结。而村落的形成与发展离不开人的活动。编纂中国名村志丛书，通过记述村落建筑、名门望族来追溯村落的历史；通过记述村落规模、布局、人口、物产等反映人口来源、宗族兴衰、生活习惯、文化背景、宗教信仰、经济发展等，体现环境与人相互影响、相互作用、相互发展的既矛盾又统一的关系；通过记述戏剧、音乐、舞蹈、美术、文学、手工技艺等文化形式，展示百姓在长期的生产生活实践中摸索和总结出的智慧结晶，强化人们沟通感情的纽带。编纂中国名村志丛书，是传承乡俗、诉说乡音、记住乡愁、纾解乡思，激活历史传统、唤起共同文化记忆、塑造共同心灵认同的重要文化工程。

中国名村志文化工程以践行文化自信、传承中华文脉、彰显时代发展为己任，以打造全国地方志系统的重要品牌为目标，在体裁运用、篇目设置、资料选择等方面进行大量的创新，突出“名”和“特”，拣选各个名村中最值得记述、最具有代表性的人、事、物，予以浓墨重彩的描画，从而形成系列的、高质量的、可读性强、雅俗共赏的地方志读本，让地方志紧接地气、贴近百姓，让地方志成果进入寻常百姓家，让人民群众共享地方志成果，让越来越多的人从地方志中感知传统、历史和记忆，成为传统村落和传统文化的守护者，成为中华优秀文化的传承者。

是为序。

中国社会科学院院长
中国地方志指导小组组长
2017年11月

◉ 序二

习近平总书记指出："让居民望得见山，看得见水，记得住乡愁。"这句富有诗意的重要论述不仅唤醒了中国人城镇化建设过程中对于人和自然关系、人和历史关系的思考，同时也引发了学界对"乡愁"进一步进行文化意义解读的兴趣。从本质上看，乡愁是一种源自主体体验的情感，隐含了一种人们带着乡愁追寻自我生存与生命意义、追寻诗意栖居的精神家园的美学思辨。同时，这种追寻自我生存的主体逐渐转向大众群体，乡愁也由传统单一的"文化乡愁""爱国情怀"演变为对于"理想家园"的精神追求。

中国有近 60 万个村庄，约有 5000 个古村落，被住房城乡建设部和国家文物局界定的传统村落就有 1561 个。随着中国城镇化步伐的加快，乡村的版图日渐凋敝，大批农村青壮年劳动力走进城镇，融入了新的生活。然而，每逢传统佳节，那种挥之不去的离愁别绪挟裹着亿万农民工，又融入了返乡的滚滚洪流。这是乡愁的情愫牵动着他们，是故乡的山、故乡的水、故乡的老屋、故乡的小吃在牵动着他们，是故乡家家户户的楹联和口口相传的故事，以及只有在隆重的传统佳节才有的古老的民风习俗在牵动着他们。

文化可以体现一个民族、一个国家、一个社会的重量与体温，这是文化的力量之所在，而村落是传统中国的根脉所系，乡土社会是最能够体现中国传统文化特征的地方。梁漱溟曾指出："中国文化是以乡村为本，以乡村为重，所以中国文化的根就是乡村。"我曾在《建设社会主义新农村的理论与实践》一书中指出，在新农村建设的过程中，必须"保护和发展有地方和民族特色的优秀传统文化，创新农村文化生活的载体和手段，满足农民群众多层次、多方面的精神文化需求"，而编纂村志尤其是实施中国名村志文化工程就是一个重要举措。实施中国名村志文化工程，编纂中国名村志丛书，以最基层的村落为研究对象，寻根传统村落的历史，梳理村落的发展脉络，以唤起人们的归属感和认同感，探索新型城镇化和社会主义新农村建设过程中，如何留住乡音、乡风、乡思，继承传统文化精华，挖掘丰富历史智慧，是贯彻落实中央城镇化工作会议精神和中共十九大提出的“乡村振兴战略”的重要举措，是当前和今后一个时期全国地方志工作者的重要工作。

虽然村落文化正在日益远离当下生活，但我们可以抓住诸如基本村情、文物胜迹、古村保护、特色文化、旅游名胜、村域经济、风土民情、村民生活、新农村建设、艺文杂记、名人与名村等关键内容，通过志书的手法来诠释乡村文化的精华。我们如实记录着村落里的人和事，以及青山绿水、小河大树、袅袅炊烟，力争以最完整、最原真的方式呈现村落的前世今生。我们要为“迷失”的人留住乡村文化的根脉，让人们难以割舍的乡愁得以慰藉和释放。

中国名村志文化工程将触角伸向那些极具代表性的村落，它们有的历史悠久、名人辈出，有的经济腾飞、重获新生，有的风景秀丽、景观独特，有的地处边陲、神秘莫测……我们挖掘中国不同类型村落的发展之路，为探索新型城镇化和社会主义新农村建设的发展经验、发展模式、前进道路提供历史智慧和现实借鉴。因此，打造以重在表现乡村嬗变为主旨的中国名村志丛书十分必要和迫切，这是一项功在当代、利在千秋的文化工程。

近年来，随着中国经济社会的发展和国际地位的提高，越来越多的人想要认识中国、了解中国、研究中国。在这样的形势下，乡村是不可或缺的一环，我们要集中讲好发生在乡村的故事，向世界呈现一个多元的、立体的中国。乡村历经岁月变迁的风雨，见证着改革开放的步伐，寄托着数代中国人的情感。发生在乡村的故事无疑是血肉丰满的、震撼人心的、引起共鸣的。我们应该有这个自信能够讲好乡村故事，讲好中国故事，描绘出中国的底色，“让每一个中国人都能在地方志中找到自己的位置”。

可喜的是，越来越多的有识之士认识到了这一点，加入到保护、传承、发展村落文化的队伍中来。仅就编纂中国名村志丛书来看，第一批的申报范围就涵盖包括香港特别行政区在内的32个地区，申报数量高达70余部。“直笔著信史，彰善引风气，为当代提供资政辅治之参考，为后世留下堪存堪鉴之记述”，这是我们的初心和使命。希望中国名村志文化工程的实施，能够带动更多的人关注中国乡村文化，为社会主义文化强国建设作出更大的贡献。也希望越来越多的名村都来融入继承中华文化传统、颂扬中华传统文化的活动中，让正能量更多地润泽温暖人们的心灵，让更多的人“记得住乡愁”！

是为序。

中国社会科学院副院长
中国地方志指导小组常务副组长　李培林
2017年11月

◉ 黑龙江省同江市八岔赫哲族乡八岔村志编纂委员会

主　任： 许德东　王　金

副主任： 单明菊　孙　戈　余　鸿　李德刚　王　斌
董建民　高学智　尤建宏　那慧敏　尤利军
杨　萍

委　员： 乔志鹏　郝慧明　尤明忠　徐胜民　尤少华
刘　峰　朱建龙　王茂松　秦凤芝　孙中馗
尤明国

◉ 黑龙江省同江市八岔赫哲族乡八岔村志编纂委员会办公室（设在八岔赫哲族乡人民政府）

主　任： 高学智　朱建龙

副主任： 孙中馗　尤明国　李文湘

成　员： 王　洋　郭　伟　于伟明

◉ 黑龙江省同江市八岔赫哲族乡八岔村志总编室

主　　编： 高学智

执行主编： 李文湘

副 主 编： 李振科　孙玉森

总　　纂： 富宏博　高景荣

编　　辑： 孙中馗　吴宝文　毕洪兵　毕德林

图片编辑： 尤俊生

赫哲语校正： 贾玉平　尤文兰

八岔大界江风光（2015 年）　　黑龙江八岔岛国家级自然保护区管理局　提供

◉ 中国名村志丛书凡例

一、以马克思列宁主义、毛泽东思想、邓小平理论、“三个代表”重要思想、科学发展观、习近平新时代中国特色社会主义思想为指导，坚持辩证唯物主义和历史唯物主义的立场、观点和方法，存真求实，全面、客观、系统记述我国村落发展变化进程和改革开放成果，传承和抢救乡土历史文化，激发爱国爱乡情怀，为探索中国特色新型城镇化建设、社会主义新农村建设的发展经验、发展模式、前进道路提供历史智慧和现实借鉴。

二、为全面反映入志事物发展脉络，各志上限尽量追溯至事物发端；下限一般断至各村志启动编修年份，个别重大事项可延至搁笔。

三、记述地域范围以下限年份的行政辖区为主。为体现名村在更大区域内的意义，可以从更开阔的区域视野记述与该村相关的内容。

四、统一采用纲目体，设类目、分目、条目三个层次。横排门类，纵述史实。除《中国名村志丛书基本篇目》要求的必设类目外，其余类目根据各村实际，依照突出时代特色、地方特色的原则自行安排。

五、综合运用述、记、志、传、图、表、录等各种体裁，以志体为主。

六、除引用文字和附录文献资料外，统一使用规范汉字及现代语体文记述体。记事坚持秉笔直书、述而不作，只记事实，不作评论，寓观点于材料之中。行文力求朴实、严谨、简洁、流畅、优美，具有较强可读性。

七、人物部类遵循“生不立传”原则，人物传主按生年排序，只选录对本村发展有重大影响的人物，不面面俱到。

八、所需数据一般采用政府统计部门数据，无政府统计部门数据时选用主管部门正式提供的数据。

九、数字用法、标点符号、计量单位分别执行国家标准《出版物上数字用法》（GB/T15835—2011）、《标点符号用法》（GB/T15834—2011）、《国际单位制及其应用》（GB3100—1993）和《有关量、单位、符号的一般原则》（GB3101—1993）。历史上使用的计量单位，如斗、石、里、尺、磅、华氏度等，在引文时可照录。考虑到社会使用习惯，全书中亩不统一换算，1 公顷＝ 15 亩。

十、自中华民国成立后的纪年，均使用公元纪年。志中所称“解放前（后）”，以当地解放日为界；“新中国成立前（后）”，以中华人民共和国成立日 1949 年 10 月 1 日为界；“改革开放前（后）”，以中共十一届三中全会召开的 1978 年 12 月为界。本志“×× 年代”，凡未加世纪者，均指 20 世纪的年代。

十一、为节省篇幅，避免重复，本志采用条目互见法。参见条目的表示形式为：参见本志“×× 类目·×× 分目·×× 条目”。

十二、对旧志、古籍中的繁体字、冷僻字一般用简化字或通用字替换，易引起误解的则保留。

十三、记述各个历史时期的党派、机构、职务、地名等，均以当时的名称为准。对频繁使用的名称，首次用全称，其后用简称。

十四、各村志需要单独说明的事项，均在各自编纂始末中记述。

八岔村在中国的位置

八岔村
同江
黑龙江省
哈尔滨
吉林省
长春
辽宁省
沈阳
内蒙古自治区
呼和浩特
北京
北京市
天津
天津市
河北省
石家庄
山西省
太原
山东省
济南
河南省
郑州
陕西省
西安
宁夏回族自治区
银川
甘肃省
兰州
青海省
西宁
新疆维吾尔自治区
乌鲁木齐
西藏自治区
拉萨
四川省
成都
重庆市
重庆
湖北省
武汉
安徽省
合肥
江苏省
南京
上海
上海市
浙江省
杭州
江西省
南昌
湖南省
长沙
贵州省
贵阳
云南省
昆明
广西壮族自治区
南宁
广东省
广州
香港
澳门
福建省
福州
台湾省
台北
台湾岛
钓鱼岛
赤尾屿
海南省
海口
海南岛
东沙群岛
西沙群岛
永兴岛
中沙群岛
黄岩岛
南沙群岛
曾母暗沙
渤海
黄海
东海
南海
黄河
长江
图例
北京 首都
天津 省级行政中心
未定 国界
省、自治区、直辖市界
特别行政区界
名村所在县级区域
名村
1：32 000 000
审图号：GS（2017）3697号

八岔村在黑龙江省的位置

1：6 150 000

审图号：GS（2017）3697 号

注：大兴安岭地区行政公署驻内蒙古自治区加格达奇

八岔村平面示意图

注：修恩路以北为大庆援建的八岔赫哲新区，以南为老区

俯瞰八岔赫哲新区

邵国良　摄

赫哲族鹿皮衣　　尤俊生　摄

赫哲族鱼皮画　　尤俊生　摄

赫哲族婚俗——接亲的彩船　　尤俊生　摄

八岔村乌日贡节上的萨满舞表演　　尤俊生　摄

鸟瞰黑龙江八岔岛国家级自然保护区

黑龙江八岔岛国家级自然保护区管理局　提供

◉ 目录

黑龙江右岸的璀璨明珠——八岔

边疆渔村，历史悠久，渔猎文化传奇，赫哲民风神秘，特色美食诱人。

黑龙江省同江市八岔赫哲族乡八岔村，位于同江市东北部的黑龙江右岸，为八岔赫哲族乡政府所在地。南毗同江市银川乡与八岔赫哲族乡新强村、新颜村、新胜村，北与俄罗斯隔黑龙江（俄罗斯称阿穆尔河）相望，边境线长 32 千米。全村 198 户，502 人。村域面积 144.33 平方千米。八岔村是全国美丽宜居村庄、中国少数民族特色村寨、全国文明村、全国美丽休闲村庄。

2013 年 8 月，八岔村遭遇超百年一遇的特大洪灾。11 月 4 日，李克强总理亲临八岔村视察，慰问受灾群众，部署灾后重建。李总理到赫哲族群众家中，坐在炕头上和大家唠家常，嘘寒问暖，无微不至。2014 年，在党中央和国务院的关怀部署下，大庆油田公司无私援建，只用了不到两年的时间，就在天赐湖畔建起了一座现代化的赫哲族别墅式新区。以此为支点，八岔村形成了以农耕渔业为基础，以特色旅游为动力，以渔牧养殖为补充，以生态保护为根本的经济发展新格局。2016 年 5 月 24 日下午，习近平总书记冒雨来到八岔村，走进赫哲新区，深入赫哲人家和八岔村伊玛堪传习所，关心特色文化的传承和发展，为八岔赫哲族经济发展、人文进步、文化传承指明了前进的方向。之后，八岔赫哲族群众撸起袖子加油干，大力开发民族特色旅游资源，仅用了不到一年的时间，就初步形成了以八岔赫哲新区为中心的八岔民族产业和旅游业小型经济圈，乡村经济迅速崛起，赫哲族群众生活水平不断提升，精神面貌焕然一新。

八岔村是我国六个人口较少民族中赫哲族的主要发祥地和聚居区之一。赫哲族是中国东北地区一个历史悠久的少数民族。赫哲族文化和三江平原上的新石器时代文化存在着悠久的渊源关系。“赫哲”有“下游”或“东方”之意。主要分布在黑龙江省同江市、饶河县、佳木斯市郊区。少数人散居在抚远、桦川、依兰、富锦四县（市）的一些村镇。因分布地区不同，从而有不同的自称。居住在富锦市大屯沿松花江中游的，称“那贝”；居住在嘎尔当屯至街津口村的，称“那乃”；居住在勤得利村沿黑龙江下游至乌苏里江的，称“那尼奥”。八岔，赫哲语为“八陈”，即“柳条通”[①]“夹芯子”[②] 的意思，后逐渐演变为八岔。八岔村的赫哲族是明代野人女真一个分支的后裔，世代在黑龙江下游沿江生活，繁衍生息，以渔猎为生，因穿鱼皮制衣，被称为“鱼皮部”，因擅长使用猎犬狩猎，又称“使犬部”，信仰萨满教，有自己的语言——赫哲语，属于阿尔泰语系通古斯语族满语支，无文字，早年削木、裂革、插草、结绳记事。因长期与汉族交错杂居，通用汉语。

赫哲族民俗风情带有传奇和神秘色彩。千百年来，赫哲族人民在黑龙江、松花江、乌苏里江流域繁衍生息，依山而猎，沿江而渔。这是一个饱经沧桑和磨难的民族。新中国成立前，赫哲族人民饱受帝国主义和反动势力的欺凌和压迫。清宣统二年（1910），英国在当时的临江州（今同江市），设立了拉哈苏苏海关，对过往船只收取关税，盘剥生活在困苦之中的赫哲族人民。日伪统治时期，日本军国主义对赫哲族实施了种族灭绝政策，到解放初期，赫哲族仅存 300 余人。新中国成立后，党和政府高度重视赫哲族政治、经济、文化和社会发展。根据 2010 年第六次全国人口普查统计，我国赫哲族人口已达 5354 人。

八岔赫哲族人为赫哲族文化创新和传承做出突出贡献。赫哲族文化是中华民族璀璨的艺术瑰宝。经历千百年的世纪风雨，赫哲族不仅创造了丰富的物质财富，还创造了鲜活的精神财富。在漫长的渔猎生产、生活中，八岔赫哲族群众为传统民族文化的创新和

① 柳条通：东北方言，指江中岛上柳条集中生长的地方。

② 夹芯子：东北方言，指夹在两条河流之间的小岛。

传承做出了不懈的努力，涌现出众多具有代表性的说唱俊才。八岔村民吴进才、吴连贵、董凤喜、尤德顺、付兴春、付喜凤说唱的伊玛堪、说胡力、特仑固、嫁令阔堪称经典。赫哲族是个崇尚莫日根[①]的民族，千百年来创作了几十部以歌颂英雄为主题的史诗伊玛堪。伊玛堪在三江流域赫哲族群众中广为流传，成为民族的赞歌。1964年，付兴春代表赫哲族在北京人民大会堂表演说唱伊玛堪，受到毛泽东等党和国家领导人的称赞，并合影留念。特别是八岔赫哲族人吴连贵和吴进才留有多部伊玛堪长篇和片断。伊玛堪已被联合国教科文组织列入濒危文化遗产名录。

赫哲族人能歌善舞。早期的舞蹈多是模仿飞鸟、游鱼，模拟狩猎活动。由于他们尊崇萨满文化，请神、祭神、以歌舞娱神亦成为赫哲族舞蹈的另一主要形式。赫哲族舞蹈独具特色，多姿多彩，有狩猎舞、捕鱼舞、生活舞、萨满舞、篝火舞等。八岔村的舞蹈作品主要有《天鹅舞》、《鱼鹰舞》、《神鼓》（萨满舞）、《天鹅家乡的姑娘》、《冬渔姑娘》、《跳路神》等。其中，大多数作品在赫哲族乌日贡大会上演出并获奖。一些舞蹈作品和业余舞蹈演员在黑龙江省少数民族文艺会演中崭露头角，参加了全国乃至国际文艺交流活动。1959年，八岔村的吴进才、尤桂兰等把新编的《天鹅舞》带到了省会哈尔滨市，参加全省少数民族群众业余文艺演出，并获得大奖。八岔赫哲族人制作的鱼皮画、鱼骨画、桦树皮画，工艺精湛，堪称“赫哲三绝”，名扬海内外。

八岔赫哲风俗具有浓郁的地域特色。丰饶美丽的八岔岛是赫哲族人世代居住的故乡。在漫长的渔猎生产、生活中，赫哲族人创造了独特的历史文化，积淀了区别于其他民族独有的民族风情。八岔渔乡里，黑龙江惊涛骇浪中闪现着赫哲族人划着桦皮船，用鱼叉捕鱼的身影；百里雪乡上，映衬出赫哲族人脚踏滑雪板疾驰，用激达狩猎的雄姿；朝霞掩映，青年男女在江面彩船中迎送新人的习俗；春暖大地，赫哲族人开江捕鱼祭江的场景；乌日贡大会民族喜庆的欢悦；长期狩猎、捕鱼中形成的塔拉哈、刹生鱼、炒鱼毛、和和饭……成为独特的赫哲族饮食文化；八岔赫哲族人新居的建筑艺术展示了从撮罗子到社会主义新农村的历史巨变。浓郁的赫哲风情，给人以聆听赫哲族历史脚步与时代新潮融合的回声之感。2014年11月，赫哲族婚俗经国务院批准，被列入国家级非物质文化遗产保护名录。

八岔网滩是世界名曲《乌苏里船歌》的主要编创地之一。1962年秋，黑龙江省歌

---

① 莫日根：赫哲语，意为英雄。

舞剧院青年作曲家汪云才带着创作歌颂新中国、歌颂人民新生活的任务到八岔村体验生活。他一头扎进当地赫哲族群众的家中，融入赫哲族人的生活里，每天在网滩上与赫哲族渔民哼着嫁令阔小调，说唱着伊玛堪，吃着塔拉哈，喝着“小烧”酒，赫哲族人那豪爽的性格和火一般的热情深深地感染着这位年轻的音乐人。一个月朗星稀的夜晚，身在八岔赫哲族人捕鱼地白灯滩的汪云才，忽然听到远处飘来一曲悠扬的乐曲，曲调欢快清朗、优美酣畅，这是著名赫哲族民歌手吴连贵用箫吹奏的赫哲族民歌《想情郎》。汪云才在与赫哲族渔民的相处中积累的音乐素材和激情在这首多情地民间小曲撩拨下瞬间迸发，一段歌颂赫哲族人翻身解放的主旋律音乐跃然纸上。还是在这一年，青年词作家胡小石也来到赫哲族聚居区，也是带着歌颂赫哲族人民幸福生活的任务而来。他先后到过同江县街津口赫哲族乡、八岔村、饶河县四排赫哲族乡，登上街津山钓鱼台，踏上八岔岛大湿地，站在大顶子山上回望乌苏里江，脑海里不断呈现出“乌苏里江水长又长，蓝蓝的江水起波浪，赫哲人撒开千张网……”的灵感画面，一首对党，对赫哲族人民无限深情的精品词作油然而生。汪云才和胡小石两位音乐俊才的词曲作品不谋而合，几经推敲琢磨，传世之作《乌苏里船歌》终集大成。后经著名歌唱家、八岔村荣誉村民郭颂的深情演唱，这首歌曲迅速红遍大江南北。1980 年，《乌苏里船歌》被联合国教科文组织选为亚太地区音乐教材，并把它送入太空。《乌苏里船歌》的词曲作者及演唱者都与八岔村结下了不解之缘，八岔村正是这首世界名曲的主要编创地之一。

八岔村域内嵌有比较完整的国家级自然保护区。黑龙江八岔岛国家级自然保护区 80% 以上都在八岔村境内。保护区位于黑龙江省同江市东北部，北纬 48° 08′ ~ 48° 18′，东经 133° 40′ ~ 134° 01′，距同江市区 150 千米，东与抚远市接壤，西与勤得利农场临界，北与俄罗斯隔江相望，边境线长 40 余千米，大小岛屿 50 多个。黑龙江横贯保护区全境，使区内形成大大小小的内河、湖泊和泡泽，成为野生动植物繁衍、生息和进化的天堂。2000 年，经中俄双方谈判决定，将俄方巴斯达克保护区原生态的 11 座岛屿划归中方所有。保护区于 2003 年晋升为国家级自然保护区。保护区总面积 320 平方千米，主要岛屿有八岔岛、二道江子岛、三道江子岛、雪那洪岛、男女岛、红灯岛、青鳇鱼通岛等。保护区内野生动植物种类十分丰富，有维管束植物 593 种，其中蕨类植物 22 种，隶属 10 科 14 属；种子植物 571 种，隶属 94 科 292 属。脊椎动物 311 种，隶属 5 纲 35 目 80 科。其中，国家一级保护野生动物有东方白鹳、白尾海雕、金雕、丹顶鹤等，国家二级保护野生动物有黑熊、马鹿、猞猁、水獭、黑琴鸡、大天鹅、小天鹅等。

黑龙江八岔岛国家级自然保护区拥有黑龙江省也是我国保留比较完整的内陆湿地和水域结合的生态系统。区内既有大面积的芦苇沼泽和小叶樟草甸，又有森林和灌丛，植被的多样性和自然资源优势，吸引了大量的水禽在该地区繁殖和多种旅鸟在迁徙途中在此停歇。其丰富的湿地资源，也为多种候鸟创造了良好的觅食、栖息和隐蔽场所。保护区内湖泡、沼泽星罗棋布，鱼类资源丰富，共有9目6科72种，其中以“三花五罗”（鲫花、鳌花、鳊花，哲罗、雅罗、法罗、铜罗、胡罗）最为著名，数量多，分布广。保护区江面开阔，岛屿众多，是鳊、鲢、草、鲤、鲶等鱼类的栖息和越冬场所，也是特产鱼类大马哈鱼和鲟、鳇鱼繁殖、生长的水域。得天独厚的地理位置使保护区成为黑龙江省重要的鱼类分布区。每年秋季，大马哈鱼由北太平洋溯河洄游至我国水域内产卵。9月上旬，在黑龙江群体数量逐日增多，下旬，群体数量达到高峰。20世纪初，由于过度捕捞，江中鱼类资源越来越匮乏，随着八岔岛国家级自然保护区的成立以及对边疆少数民族实施的限捕限捞涵养资源政策，保护区内鱼类资源特别是青鱼、细鳞鱼、鲟鱼、鳇鱼等20多种濒危鱼类得到有效保护，鱼类的种群逐渐恢复，数量不断增加。一个少数民族村域内拥有一个近乎完整的国家级自然保护区，这在全国几十万个行政村中也不多见。这里不仅动植物资源丰厚，而且自然风光无限。大界江烟波浩渺，水天一色；八岔岛多样湿地绿茵含黛，林苔交错；天赐湖、莲花湖、十里泡，湖泡错落，莲花盛开；江边垂钓，河中撒网，泡中捞虾，美不胜收；晚霞篝火，渔歌唱晚，“乌日贡”欢歌，独享民族风情……八岔村奇特诱人的旅游资源，令无数游人流连忘返。

八岔村历史传奇，人文神秘，文化独特，风景瑰丽，人杰地灵。她以赫哲族人粗犷豪放、热情好客的纯朴性情，向世人展示着边境渔村的秀美和无限发展生机，展示着全新的八岔赫哲之风。八岔赫哲族人在新时代中国特色社会主义建设征途上，正沿着习近平总书记指引的方向，奋发图强，锐意进取，开拓创新，为实现中华民族伟大复兴的中国梦而奋勇前行！

基本村情

八岔村为黑龙江省同江市八岔赫哲族乡政府所在地，是我国人口较少民族赫哲族的主要聚居地之一，由老区和赫哲新区两部分组成。人口502人，村域面积144.33平方千米。其中，耕地51000亩，草原1500亩，林地3000亩，水面160000亩。有大型农机具35台套、小型农机具83台套、捕鱼船只156条。

中俄界江右岸，因水而生，因渔而发，江天一色，岛洲无垠，是我国最早迎进朝阳的胜地之一。

◉ 建置沿革

清光绪二十一年（1895），一部分赫哲人在黑龙江中下游建散居点，取名“八卡德伦”[1]，属抚远州管辖。光绪三十二年，由于赫哲族人依江而居，不断聚集，在这里休养生息，形成了自然屯，取名“八岔”，归属临江州管辖。1914 年，八岔屯归属同江县管辖。1929 年，归抚远县第二区管辖。1942 年，日本侵略者为围剿抗日武装力量，切断赫哲族人与苏联红军的联系，加强对赫哲族人的统治，把抚远县以西、王家店以东沿黑龙江而居的赫哲族和极少数汉族渔民强行归并到青鳇鱼通岛下游东岸的“下八岔”即现八岔村。1944 年，隶属抚远县抚远村。抗日战争胜利后，1945—1949 年，隶属抚远县生得库村。新中国成立后，1952 年，成立互助组。1953 年，成立初级农业生产社。1956 年，设立八岔赫哲族乡，八岔村隶属八岔赫哲族乡。1958 年，政社合一，撤销八岔赫哲族乡，改称八岔人民公社，八岔村改称八岔生产大队，隶属八岔人民公社。1965

① 八卡德伦：赫哲语，意为低洼地。

八岔村民居（20 世纪 60 年代）　　尤俊生　提供

年，划归同江县管辖。1984 年，经黑龙江省人民政府批准，恢复八岔赫哲族乡建制，八岔生产大队恢复为八岔村，隶属八岔赫哲族乡。八岔村为八岔赫哲族乡政府所在地。当时属于乡村合一，八岔赫哲族乡辖下只有一个八岔村。

村名由来　据全国人民代表大会民族委员会 1958 年调查材料记述，下八岔（现八岔村）在抚远县（2016 年撤县改为抚远市），以西，沿混同江[①]上溯 40 千米处的青鳇鱼通岛南岸。地名源于赫哲语，意思是江的夹芯子。1912 年之前，有个姓董的“巴特玛发”[②]从下江三角洲搬到下八岔居住。夹芯子，赫哲语发音为“八陈”，因为这个地方最早的居民是来自“八陈”的人，所以人们把这个地方叫作“八陈”。后因当地方言读音相近，汉人将“八陈”叫成“八岔”。在 1942 年归屯前，上江地方还有个屯子也叫“八岔”（上八岔），人们为了区别两个“八岔”，有上八岔、下八岔之称。

村址变迁　清光绪二十一年（1895），八岔赫哲族人散居在黑龙江中下游右岸地带八岔岛周边区域，分上八岔和下八岔两部分。以毕德仁亮子为界，上游的腰屯、海富、王家店称上八岔；下游的红灯、黑鱼泡、沙岗称下八岔。建屯时，屯址在八岔岛的西南端，取名“八卡德伦”，即上八岔屯。1953 年，八岔并村时，把上、下八岔的赫哲族人集中到靠近江边的下八岔。后来，随着江岸被水冲刷，向江里流失，

① 混同江：自黑龙江省同江市三江口，黑龙江、松花江汇合后，其在中国境内流域被称为“混同江”。

② 巴特玛发：赫哲语，意为老人。

村址被迫多次内移。1985 年，同抚（同江至抚远）大堤建成后，八岔村被定址在现在的位置。

地理区位 八岔村位于同江市东北部，距同江市区 140 千米。村东北部与八岔赫哲族乡新安屯相接，南与八岔赫哲族乡新强屯相邻，西、北隔黑龙江与俄罗斯犹太自治州相望。其地理坐标为北纬 48° 12′，东经 113° 32′。同抚公路穿境而过，距抚远市 50 千米，距抚远东极机场 30 千米。水、陆、空交通便利。

人口 根据《抚远县志》记载，1958 年，八岔成立高级社时，全社 21 户，78 人；1975 年，八岔生产大队 35 户，112 人；2010 年，八岔村 138 户，448 人；2016 年，全村 198 户，502 人，其中赫哲族人口 371 人，占同江市赫哲族人口总数的 24.7%。

◉ 赫哲族源流

赫哲族世代居住在松花江、黑龙江、乌苏里江流域。虽然人口较少，但有着悠久的历史，是多源多流的民族融合体。从赫哲族现在所居的地域考察，隋唐时的黑水靺鞨为赫哲族远祖。

族源 赫哲族先世可追溯至上古五帝的舜时期，是肃慎的组成部分，也称息慎或稷慎。“[帝舜有虞氏]二十五年，息慎氏来朝，贡弓矢。”[①] “[周武王]十五年，肃慎氏来宾。”“[成王]九年……肃慎氏来朝，王使荣赐肃慎氏命。”[②] 商周时居“不咸山（长白山）北”，“东濒大海，北至黑龙江中下游”。汉魏时称挹娄。“挹娄，古肃慎之国也……”[③] 南北朝时称勿吉。“北魏孝文帝延兴五年（475），勿吉国遣使朝贡……”[④] 隋唐时称靺鞨。靺鞨分七部，其中，两部最大，一部为粟末部，一部为黑水部。黑水靺鞨在唐

赫哲族徽　　尤俊生　摄

① 见《竹书纪年·卷一·五帝纪》。

② 见《竹书纪年·卷九·周纪》。

③ 见《后汉书卷·卷八十五·东夷传》。

④ 见《册府元龟》。

初已形成强大的联合体，是黑龙江流域以东地区的一大势力，辽金时称女真。赫哲族先世为女真人分支。辽朝建立后，黑水靺鞨的区域称五国部，即古赫哲族剖阿里国、盆奴里国、奥里迷国、越里笃国、越里吉国。赫哲族先世与满族先世毗邻而居或交错杂居。明朝，女真分为建州女真、海西女真、野人女真，赫哲族先世为野人女真的一部分。清朝初期，野人女真分为两部，即主要分布在乌苏里江两岸的瓦乐喀部和主要分布在混同江右岸的虎尔喀部。赫哲族族称始见于清康熙二年（1663）《清圣祖实录》。当时，把居住在松花江下游、黑龙江中游和乌苏里江流域的原住居民称为“赫哲”。

族体　赫哲族在漫长的历史发展中，吸收了一些通古斯语族中其他民族成分，并参与了这些民族的形成。同时，有些氏族也吸收了蒙古人、东部沿海和黑龙江流域某些原住居民及古亚洲人和库页族成分，又与汉族有着共同的历史渊源。所有这些，从语言、体质、文化等方面都有所表现。近些年来，考古发掘的出土文物和遗迹证明，赫哲族族体在清朝初期已经形成。

◉ 自然环境

地质　八岔村地质为第四纪冲积层，是黑龙江古河道冲积沉积形成的，主要成因类型为堆积与冲积物质，母质为黏土或沙土等发育形成的黑土、草甸土等。由于成土较晚，黑土质较薄，一般深层 20 ~ 30 厘米，浅层 15 ~ 18 厘米，多为幼年土壤。土壤主要有草甸土、沼泽土及泥炭土，土质黏重、冷浆、通透性差，地下水位较高。

地貌　八岔村地处三江低地冲积平原。全村海拔高度偏低，平均海拔 45 ~ 50 米，相差高度 5 米左右，地势由西南向东北逐渐倾斜，区域内地势低洼易涝，多河汊、沼泽等。沿黑龙江一带低漫滩地势低平。

河流、泡沼　八岔村域内最大的河流是界河黑龙江中下游王家店至抚远市九龙滩段，全长 32 千米。以黑龙江为主脉，分支河流较多，属黑龙江水系，水资源极为丰富。有王家店河、走水河、腰屯河、头道叉、二道叉、西河、八岔河、雪那洪河、二道江、三道江、红灯河、红五站河、海富河、通信河、莲花河、腰屯大泡、黑鱼泡、十里泡、莲花

二道江内河　　尤俊生　摄

泡、曹大爷河[①]。全村拥有自然水面16万亩，境内纵横交错的河汊、密布的泡沼适合各种鱼类繁殖，是赫哲族人世世代代从事渔业生产的宝贵资源。

八岔村主要泡沼一览表

表 1

名称	长 × 宽（千米）	平均水深（米）	最大水深（米）	水域面积（平方千米）
腰屯大泡	20.3 × 0.15	1.5	6	3.25
十里泡	6.1 × 0.12	1.4	4.5	1.06
莲花泡	3.0 × 0.46	1.35	5	1.44
黑鱼泡	10 × 0.15	1.46	4.6	0.34
曹大爷河	22.0 × 0.10	1.4	5.5	3.30
合计	—	—	—	9.39

① 曹大爷河：原为河流，后因淤堵变为泡，但当地人仍称之为“曹大爷河”。

滩地 八岔村域内沿江河两侧形成的宜渔滩地众多，是赫哲族传统的渔业生产区。主要滩地有海富滩、通信河滩、小通信河滩、二道江滩、下口滩、男女岛外滩、大滩、112 滩、四号滩、河西滩，另有位于抚远市抓吉镇境内的白灯摊，为鲑鱼期八岔村作业点；主要鱼亮子[①]有腰屯亮子、毕德仁亮子、老褚亮子、黑鱼泡亮子、红灯小亮子、117 亮子、114 亮子、115 亮子、周水河亮子、鳇鱼嘴亮子、学校亮子。

岛屿

八岔岛 八岔村境内最大的岛屿。原名“八卡德伦”，据《同江县志》记载，该岛形成于清光绪二十一年（1895），当时岛上就有人种田捕鱼，后户籍人口渐多，开始建屯，即原上八岔屯，因此取名八岔岛，延续至今。该岛位于八岔村西北，面积为 48 平方千米，全岛由 12 个小岛组成，与俄罗斯岸一江相隔。遍岛生长柳树、柞树。岛的周围水域广阔，水产丰富。

三道江子岛 总面积 15.68 平方千米。岛上主要有灌丛、轻沼泽和湖泊三大类型湿地。其中，以灌丛湿地面积最为广阔，约占岛屿总面积的 2/3，岛屿植被以木本植物的细叶沼柳和草本植物的小叶樟为主，岛上野生动物资源丰富，常见的有黑熊、

三道江子岛 尤俊生 摄

① 鱼亮子：东北方言，指捕鱼的固定场所。

二道江网滩　　尤俊生　摄

雪兔、狍子，鸟类多为大白鹭、苍鹭和群居的海鸥（当地人多称之为“江鸥”）。

二道江子岛　总面积 9.8 平方千米。岛上湿地以森林湿地和灌丛湿地两大类型为主，国家珍贵树种水曲柳在岛上随处可见。该岛也是国家一级保护野生动物东方白鹳的主要栖息地。

雪那洪岛　“雪那洪”为赫哲语，意为“丛林茂密”。据《同江县志》记载，雪那洪岛成岛于清光绪二十一年（1895）。1915 年，岛上就有人捕鱼、狩猎、砍柴。雪那洪岛位于村西 0.6 千米处，北纬 48° 10′ 57″，东经 133° 49′ 25″。东西长 4950 米，南北宽 3500 米，全岛由 4 个小岛组成，面积为 10 平方千米。岛上长满柳树、牧草，近水域水产丰富。

青鳇鱼通岛　据《同江县志》记载，成岛于清光绪二十一年（1895）。1939 年，岛上就有人从事渔业生产，附近水域盛产青根鱼、鲤鱼。该岛位于八岔村西南 11 千米处，北纬 48° 10′13″ ，东经 133° 39′ 50″ 。东西长 5600 米，宽 2150 米，由 8 个小岛组成，距俄罗斯岸 1000 米。柳、柞林木遍布全岛。近水域盛产鱼类。

焦家亮子岛　据《同江县志》记载，成岛于清光绪二十一年（1895），1931 年前，曾有人在岛上居住，以捕鱼为生，该人姓焦名庆和，后该岛被人们称为焦家亮子岛。解放前，岛上有一个赫哲族村落。焦家亮子岛位于王家店北部 1000 米处，北纬 48° 07′ 20″ ，东经 133° 33′40″ 。东西长 7000 米，宽 5000 米，由 4 个小岛组成，面积为 28.4 平方千米，距俄罗斯岸 2000 米。岛上柳、柞林生长茂盛，动物繁多。近水域盛

湿地　　　　尤俊生　摄

产鱼类。

湿地　八岔村域内拥有大量的湿地资源，主要分布在八岔岛国家级自然保护区内，总面积 200 多平方千米。黑龙江及其支流八岔河横贯全境，境内蝶形洼地、线形洼地和泡沼星罗棋布，风景秀丽，景色宜人。

气候　八岔村属于寒温带大陆性季风气候，气温变化明显，春季风大干旱，夏季潮湿，冬季干燥寒冷，秋季降温迅速，冬夏差异大，夏短冬长，早霜现象普遍。年平均气温 1.4℃，最高气温 37.7℃，最低气温 −40.8℃，年有效活动积温为 1900 ～ 2350℃，属第四积温带下限，年均日照2552小时，无霜期平均为130天，年降水量平均为500毫米，大多集中在 6 月、7 月、8 月，年降水分布不均，年平均风速为 3.5 米 / 秒，夏季多偏南风及东南风，冬季多西风及西北风，春、秋季多偏西风，春季风势较大，最大风力可达 7 ～ 8 级，全年主导风向为偏西风。

◉ 自然资源

土地　八岔村土地资源十分丰富。2016 年，有耕地 51000 亩。地势平坦，土质肥沃，水分充足，适合小麦、大豆、玉米等农作物生长。新中国成立前，八岔村民多以渔猎为生，不事农耕，土地资源开发较晚。1953 年，村集体没有固定土地，所有耕地全部分散

八岔村大面积开垦的肥沃土地　　尤俊生　摄

在各家各户，村民耕种自家房前屋后土地以解决口粮不足和蔬菜的自给自足。主要种植玉米和土豆、黄瓜、豆角、西红柿、辣椒、韭菜、芹菜等蔬菜，耕作主要依靠比较原始的简易农具。

1968 年开始大规模开垦土地，随着现代化大型农机具的使用，特别是 1983 年实行联产承包责任制以后，机械化程度进一步提高，土地开发规模不断扩大。2016 年，八岔村人均耕地 101 亩，农作物总面积 51000 亩，粮食作物以大豆、玉米为主。

草原　2016 年，全村草原面积有 1500 亩。这些草原分布于江河两侧、泡沼周围，水丰草茂，适合牧业养殖。

野生植物

八岔村野生植物种类繁多，是研究寒温带植物的天然宝库。绝大部分动植物生长在黑龙江八岔岛国家级自然保护区内。其中，木本植物 50 余种，具有代表性的植物有柞树、桦树、杨树、柳树等；草甸植被以牡蒿、黄花菜、向荆、马兰、狗尾草、扁竹兰、落豆秧为代表。这些植被因开荒种植，大面积植物群落已不多见，在耕地、沼泽、泡塘边缘和部分草甸中可见到。沼泽植被以小叶樟、三棱草、乌拉草、苔草、芦苇、空心柳、香蒲为主，绝大部分分布在“四泡一河”[①] 和低洼地周围；水生植物主要有拒水、浮水植物，代表性植物有菖蒲、泽芹、藻、浮萍等。

---

① “四泡一河”：指腰屯大泡、十里泡、莲花泡、黑鱼泡、曹大爷河。

八岔村自然生长的丰茂草原　　尤俊生　摄

泽芹　茎、叶都有毒，不能食用。

雨久花　花大而美丽，淡蓝色，像只飞舞的蓝鸟，所以又被称为蓝鸟花。

刺儿菜　地下部分常大于地上部分，具有极强的抗旱能力，种群分布广，保护区内处处可见，是理想的抗沙化植物。

玉蝉花　对气候条件要求比较苛刻，是用来检测气候变化的理想生物物种。

泽芹　黑龙江八岔岛国家级自然保护区管理局　提供

玉蝉花　黑龙江八岔岛国家级自然保护区管理局　提供

睡菜　　黑龙江八岔岛国家级自然保护区管理局　提供

菱角　黑龙江八岔岛国家级自然保护区管理局　提供

野大豆　渐危物种，多生于湿草地、湖边、沼泽附近或灌丛中。大豆是我国主要的油料及粮食作物，在农业育种上可利用野大豆进一步培育优良的大豆品种。

睡菜　典型的湿地代表性植物，在保护区数量不多，一般散生在沼泽地中。

芒草　多群生在保护区的沼泽湿地中，药用价值比较高。随着科技的发展，芒草可以用于发电，1吨芒草发电量等同于3桶原油的发电量。

菱角　二角为菱，三角、四角为芰。一年水生草本植物。药用和食用价值比较高，一般生长在八岔岛内泡沼中。

小毛狗尾草　须根粗壮，一般与小叶樟、苔草群生在一起。

芒麦草　分布比较广，有极强的适应能力，保护区内随处可见。

蒙古栎　也叫柞树。国家二级珍贵树种，东北三大硬阔叶树种之一，也是保护区主要的次生林树种，保护区内各岛屿乔木林中均有分布。

水曲柳　珍稀濒危树种。落叶乔木，可高达30米。水曲柳材质坚韧，纹理美观，

蒙古栎　黑龙江八岔岛国家级自然保护区管理局　提供

水曲柳　黑龙江八岔岛国家级自然保护区管理局　提供

黑龙江八岔岛水域名鱼“三花五罗”　　黑龙江八岔岛国家级自然保护区管理局　提供

是东北地区的珍贵用材树种，用途广泛。

野生动物

主要活动在黑龙江八岔岛国家级自然保护区。有鸟类175种，其中，国家一级保护鸟类有东方白鹳、白尾海雕、金雕、丹顶鹤等。另有野鸭、天鹅、仙鹤、鹌鹑、大雁、野鸡、麻雀、雁、乌鸦、布谷鸟、啄木鸟、喜鹊等。兽类常见的有马鹿、野猪、狍子、狼、水獭、黄鼠狼、麝鼠、灰鼠、猞猁等。昆虫常见的有蜜蜂、蜘蛛、蚁、螟虫、蚌、蚤、蚯蚓、蚱蜢、蝼蛄、水蛭、螳螂、蚜虫、蝇、蚊、蝴蝶、蛾、蟋蟀等。鱼类有72种，以“三花五罗”最为著名，数量多、分布广。

猞猁　别名猞猁狲。体型似猫而远大于猫，为国家二级保护野生动物，生活在森林灌丛地带，密林及山岩上较常见。在保护区各大岛屿上都有活动痕迹。

猞猁　　黑龙江八岔岛国家级自然保护区管理局　提供

黑熊　俗称熊瞎子。属国家二级保护野生动物。体毛粗密，一般为黑色。区内二道江子岛、三道江子岛经常会发现黑熊出没。

天鹅 是指天鹅属的鸟类，共有7种，为鸭科中个体最大的类群。一年繁殖一次，迁徙时会多群集结。保护区可监测到，但数量较少。

丹顶鹤 国家一级保护鸟类，也叫仙鹤。雌雄配对后即为终身伴侣。保护区可监测到，但数量较少。

金雕 是北半球的大型猛禽。捕食的猎物有数十种之多，如雁鸭类、雉鸡类、松鼠、野兔等等。保护区可监测到，但数量较少。

燕隼 小型猛禽，常在飞翔时捕取飞虫以及小型禽鸟等为食。保护区可监测到，但数量较少。

白尾海雕 大型猛禽，体羽多为暗褐色，嘴、脚黄色。尾羽呈楔形，但均为纯白色，与其他海雕不同，并因此得名。保护区可监测到，但数量较少。

绿头鸭 能进行长途的迁徙飞行，最高的飞行速度能达到时速110千米。不怕炎热和寒冷，在 −25 ~ 40℃都能正常生活，适应性非常强，保护区内数量较多。

银鸥 中型水禽，一种群居性鸟类，常几十只或成百只一起活动。保护区内可监测到，但数量较少。

天鹅 黑龙江八岔岛国家级自然保护区管理局 提供

丹顶鹤 黑龙江八岔岛国家级自然保护区管理局 提供

白尾海雕 黑龙江八岔岛国家级自然保护区管理局 提供

银鸥 黑龙江八岔岛国家级自然保护区管理局 提供

红嘴鸥 俗称“水鸽子”，体形和毛色与鸽子相似，喜集群，在保护区二道江子岛和红灯岛均有分布。

白骨顶鸡 栖息于有水生植物的大面积静水区域中，能潜水捕食小鱼和水草。保护区内数量较少。

白骨顶鸡 黑龙江八岔岛国家级自然保护区管理局 提供

◉ 社会事业

学校教育 1952 年建立八岔赫哲族学校，属乡、村合办学校，坐落于八岔村东。当时只有一名教师兼校长。40 名学生，教学形式为三组复式。校舍是地窨子，桌椅是木墩子，一直延续到 1960 年。1961 年 3 月，用草垡子和木料盖起了 300 平方米的土木结构校舍。

1968 年，八岔赫哲族学校创办了初中，学生达 120 名。1975 年，设立高中，9 个教学班。1975 年，建成一栋 530 平方米的砖瓦校舍。1978 年，高中被撤并。1980 年，新办 2 个高中班，学校又恢复到 9 个教学班，学生来自同江县八岔、临江、金川、银川四乡镇。1980 年，八岔赫哲族学校正式启动 9 年义务教育，学校由原来的 2 个初中班变为 3 个班。学生有 200 余名。1981 年，教学成绩有所突破，中学中考有 8 名学生考上了高中或师范学校，教学班级由原来的 9 个减少为 8 个（小学 5 个、初中 3 个）。1982 年，高中撤并到同江市第一中学。

1991 年，由黑龙江省民委拨款 27 万元，建起了 600 平方米的两层教学办公大楼。1997 年，同江市财政投资近 30 万元，为学校维修了校舍，并新建 320 平方米学生宿舍，新增微机室、实验室、图书阅览室、少先队活动室等。

2002 年，由省计委投资 82 万元，重建新校舍 936.8 平方米。学校有 8 个教学班，包括 2 个学前幼儿班。在校生 79 人，幼儿 52 人。教职工 36 人，其中专任教师 29 人（赫哲族教师 11 人）；本科 18 人，大专 15 人，学历达标 100%；高、中级教师 19 人，初级教师 16 人，市级骨干教师 4 人，省级赫哲族研究会会员 2 人。同年 10 月，八岔赫哲族学校顺利通过省标准化合格学校的验收。

2014 年 6 月，被洪水损毁的原八岔赫哲族学校 600 平方米教学楼和原 1200 平方米

大庆油田公司援建的学校（2014 年）　　　　大庆油田公司　提供

平房被拆除。大庆油田公司先后投资 800 余万元，建设了新校园。2015 年 6 月，工程竣工并交付使用。2016 年 5 月，大庆油田公司为八岔学校维修墙体、楼盖，添加防水设施。学校种植花草 1000 平方米。绘制围墙壁画，东墙为十余幅反映赫哲族渔猎生活的油画，南墙为 56 幅反映 56 个民族民俗风情的油画。

2016 年，八岔赫哲族学校总占地面积为 1.08 万平方米，其中建筑面积 2101 平方米。学校有教师 27 人（赫哲族教师 4 人），特岗教师 4 人，有学生 32 名（赫哲族学生 7 名）。八岔赫哲族学校被省教育厅确定为省民族文化教育基地。

群众文化生活　1969 年“文化大革命”期间，八岔生产大队成立了“毛泽东思想文艺宣传队”，走街入巷，到驻军部队驻地、边防派出所、学校、机关单位等演出三句半、快板、对口词等文艺节目，宣传毛泽东思想，并同勤得利农场、同江县、抚远县等地的赫哲族文艺团体交流联谊。八岔生产大队还组织了“老太太炕头班”，参加人员有十余人。主要是在业余时间采取不定期形式学习《毛泽东选集》《毛主席语录》等。由村里文化水平较高的人领讲，大家跟着学习。每次学习时间在 1 ~ 2 个小时，目的是提高思想觉悟，促进家庭之间、邻里之间、民族姐妹之间的和谐关系。

1983 年，实行家庭联产承包责任制后，八岔赫哲族人家分得了土地和捕鱼工具，家庭收入逐年增加，村民对文化生活有了新的追求。加之赫哲族人家素有组织家庭业余文化活动的传统，村民闲暇之余，特别是夏天渔闲、农闲时，都聚集在村里的树荫下，边纳凉，边听赫哲族老艺人说唱伊玛堪、唱嫁令阔，年轻人高兴之余，还载歌载舞。当时经常表演的老艺人有吴连贵、吴进才、董凤喜、付兴春、付喜凤、尤德顺等。有时，村民们聚在一起，摆上一桌子精美的江鱼宴，喝酒，唱歌。小孩子们则聚在一起，玩抓嘎啦哈、打瓦、翻花绳、打抱球等赫哲族传统游戏。村里按照讲卫生、讲文明、讲道德等条件评选出“五好家庭”。毕凤云、毕香兰、尤喜芳、尤喜敏等家庭被评为第一批“五好家庭”。

1990 年，八岔生产大队成立民族歌舞班、民族语言班，主要在寒暑假对赫哲族少年儿童进行赫哲族文化传承教育，教授濒临消失的赫哲族语言，主要是简单的赫哲族日常用语。歌舞教师 2 名，语言教师 1 名。学生有共 20 人。这些学生学成后，在不同岗位成为文艺骨干，经常参加市、县举办的文艺活动并获奖，在赫哲族文化的传承中发挥着积极带头作用。

1991 年，八岔生产大队群众自发地组成秧歌队和高跷队，主要在重大节日和渔闲、冬季娱乐活动少时为村民表演，也到外地进行交流演出。其成员由热爱群众文化的赫哲族男女青年组成。村内开办了 100 多平方米的舞厅，村民们晚上都聚集在这里跳交谊舞，只要交少许的费用就可以每天到舞厅跳舞。村内相继开办了卡拉 OK 歌厅、台球室、麻将厅等。

2015 年，洪灾过后，由村民自己设计，大庆油田公司援建的乌日贡广场建成并投入使用。该广场位于赫哲新区的中心地带，面积 1 万平方米。广场设有多种体育健身器材，并展示赫哲人传统房屋——地窨子、撮罗子。搭建了圣香台，5 根赫哲族文化景观柱呈弧形排列在广场北侧。广场周围是甬路和花坛、花池。广场南侧正中设中华人民共和国国旗旗杆和乌日贡大会会旗旗杆。南侧正门是以“乌日贡广场”题名的石雕。在景观树荫下，设有长条椅，供夏天到广场游玩的人们乘凉。广场西侧 500 米的防洪大堤外是供渔民停泊渔船的船坞，每天都有 100 多只渔船来往于该船坞。同年 5 月开办了伊玛堪传习所，有 16 名村民参加学习，教师为吴桂凤。

大庆油田公司援建的八岔赫哲族伊玛堪传习所（2014 年）
尤俊生　摄

2016 年，八岔村民的业余文化生活主要有看电视、用电脑或是手机上网，组织业余演出队在农闲时为村民及游客演出赫哲族歌舞，在乌日贡广场上跳广场舞等。

医疗卫生服务 1957 年 10 月 2 日，抚远县卫生局指派人员到八岔村建立卫生站。当时卫生站仅此一人，负责从八岔村到抚远县城采购药品，给八岔村民看病、接生、打疫苗。1958 年春季，八岔赫哲族流行麻疹，一名赫哲族儿童患上麻疹病，生命垂危，被卫生站大夫治愈。

1959—1961 年，勤得利农场先后向八岔生产大队派出卫生员 3 人，并由一名专业卫生员负责村里孕产妇检查和新生儿接生。

1961 年 6 月，村卫生站更名为卫生所。1969 年，从哈尔滨医科大学毕业的毕淑芹回到八岔村卫生所工作，成为八岔村第一位具有本科学历的赫哲族医生，并带回了先进的医疗技术和科学有效的治疗方法，基本保证了村民的医疗需要。

1974 年，卫生所由土房改建为砖房，面积是 120 平方米。1977 年，八岔村卫生院开始对病人进行住院和点滴治疗。

1981 年，国家重视少数民族医疗卫生条件的改善，拨款新建 400 平方米砖瓦结构房屋，其中包括 120 平方米家属房，由原来小炉子取暖改造为暖气供热。1983 年年初，鼠害严重，全村流行性出血热发生 5 例，后得到控制。1985 年开始 ，八岔村学校医生负责孕产妇检查和新生儿接生。1987 年，八岔村卫生院向省卫生厅申请配备 X 光机 1 台，

大庆油田公司援建的八岔村医院（2014 年） 八岔赫哲族乡政府 提供

并配置了离心机及化验室所需的各种器材。

2007 年，开始实施新农村合作医疗，村民参保率 100%，住院治疗报销比例达 95%。门诊统筹 90% 报销，分级诊疗和贫困人口 95% 报销，解决村民看病难问题。2013 年，开始实施免费咨询，艾滋病、乙肝、梅毒的检查治疗和孕产妇分娩国家给予补助政策。孕产妇孕前免费体检 5 次。每个 6 岁以下儿童自出生起免费体检 13 次。

2014 年 12 月，省卫生厅为村医院配备了救护车、迈瑞大生化仪器、血球分析仪、尿分析仪、心电机、多功能产床等现代医疗设备。医院利用现有仪器为 65 岁以上老人，35 岁以上高血压、糖尿病、间歇性精神病患者进行免费体检和辅助检查。

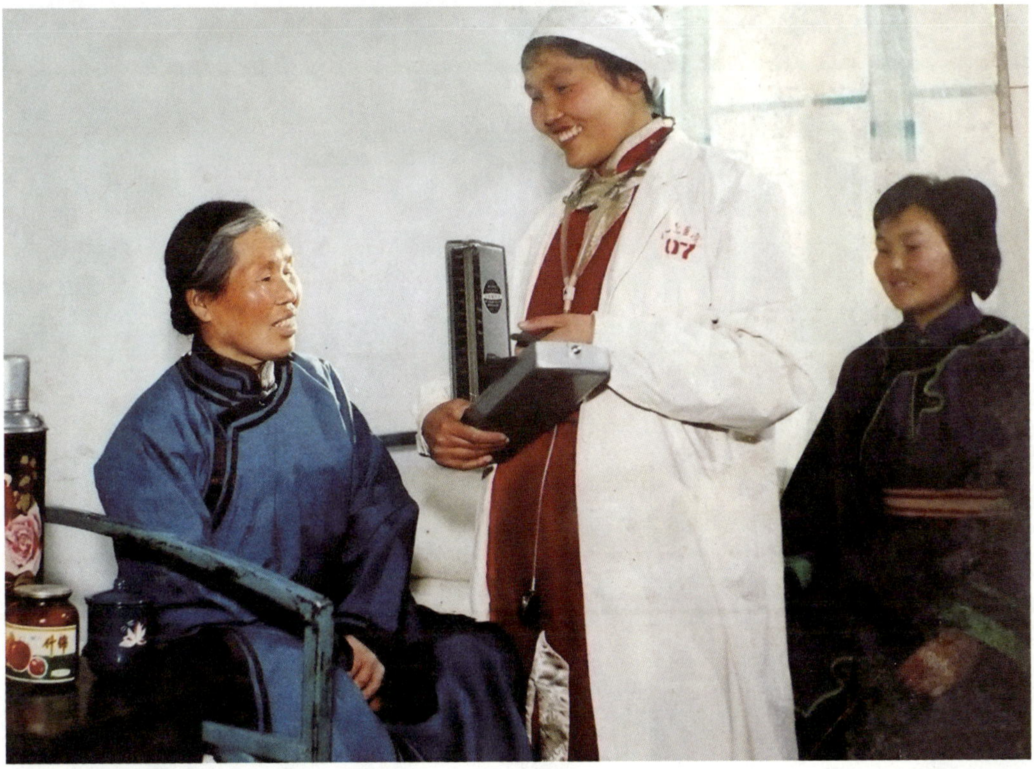

八岔村卫生院医生为赫哲族老人检查身体　　尤俊生　提供

八岔村丰收在即

村民生活

千百年来，八岔赫哲族先民鱼皮制衣，狗拉雪橇，沿江而居，凭借简单而原始的生活方式，在三江流域繁衍生息。清咸丰八年（1858）和十年，丧权辱国的《瑷珲条约》和《北京条约》，将原本为我国内河的黑龙江、乌苏里江划为中俄界江。1932年开始，日本帝国主义侵略中国14年，打破了赫哲族人原本宁静的生活，将赫哲民族推向了濒临消亡的边缘。新中国成立后，在党和政府的关怀下，八岔赫哲族人的生活发生了巨变，已经提前步入小康社会。

◉ 服饰

赫哲族早年的衣服、被褥多用鱼皮、兽皮制成，居处不同，所用材料也有所区别。居住在松花江下游至勤得利以上区域的赫哲族，制作衣饰的原料主要是狍皮、鹿皮，鱼皮次之；居住在八岔村以下至黑龙江下游和乌里江流域的赫哲族，制作衣饰的材料以鱼皮为主，狍皮、鹿皮为辅。赫哲族可用鱼皮、兽皮制作的衣饰有很多。有鱼皮衣裤，有鱼皮、兽皮混成的皮靴及鱼皮绑腿、鱼皮口袋、鱼皮烟荷包、鹿皮长衫、鹿皮女衣、鹿皮背心等。赫哲族人还喜欢在服饰及生活用品、用具上粘贴、刺绣、缝制、镌刻各种构图美观、色调鲜艳的纹饰图案。两三百年前，布匹传入赫哲族地区后，有很长一段时期，赫哲族制作衣饰是皮、布兼用，外衣是皮衣，内衣是布衣。清末民国初，赫哲族基本上是以棉布制衣。到了 20 世纪 50 年代，八岔村已见不到鱼皮、鹿皮做的衣服，只能看到猎人狩猎时穿的狍皮衣服和鱼皮套裤。现在，赫哲族着鱼皮、兽皮衣饰的生活早已成为历史，他们平时穿的衣服的材料、样式与汉族无异。在族人聚会或参加重大社会文化活动时，还是着本民族服装，但都是用现代材料制作的。

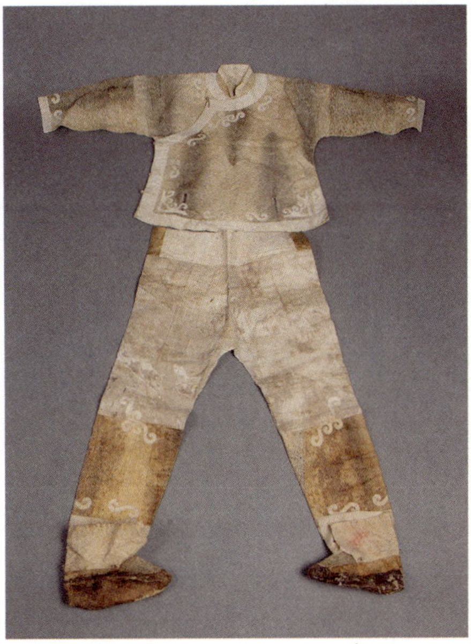

赫哲族鱼皮服饰　　　　尤俊生　摄

赫哲族鱼皮、兽皮衣服（尤其是被称为“乌提库”的鱼皮衣）已成珍品，被国内外许多学术研究机构和博物馆收藏，八岔村也唯有在舞台和民俗展览馆里还能看见赫哲族传统服饰文化的展演和展览。2006 年，赫哲族的鱼皮制作技艺被列入第一批国家级非物质文化遗产名录。

鱼皮服饰　制作鱼皮衣服多用鲑鱼、哲罗鱼、狗鱼、草根鱼、鲟鱼等鱼的皮。将鱼皮剥下晾干，用熟鱼皮的空库[①]和亥日坎[②]捶软后，即可拼接、剪裁、缝制了。缝制鱼皮衣服的线是用胖头鱼皮制作的。鱼皮衣服多为长衣，主要是妇女们穿用。女式鱼皮上衣身长过膝，腰身稍窄，下身肥大，呈扇面形，袖肥而短，只有领窝，没有耸起的立领。领边、衣襟、袖口一般都绣上云纹，或用鱼皮细条粘贴成动物、花草等各种图案，并用野生植物的花卉染成红、黄、蓝、绿等颜色。有的还在衣下摆缝上海贝壳、铜铃、璎珞珠、疏绣穗之类的装饰品，别致美观。衣服纽扣用骨头、木头制作，也有用皮条系扎，或以皮条结成疙瘩做纽扣的。

制作鱼皮套裤多用怀头鱼皮，也有用哲罗鱼皮和狗鱼皮的。套裤上端分齐口和斜

① 空库：赫哲语，意为木槌。

② 亥日坎：赫哲语，意为槌床。

口，男人穿的齐口套裤赫哲语称“卧又克衣”，女人穿的斜口套裤赫哲语称“嘎荣”。冬天狩猎穿套裤，既抗寒又防里面穿的长裤刮破或磨漏；春、夏、秋捕鱼穿套裤能起到防水和护膝保暖的作用。

制作鱼皮靰鞡（赫哲语称“温塔”）多用怀头鱼、哲罗鱼、细鳞鱼、狗鱼等鱼的皮。靰鞡由身、脸、靿 3 个部分组成。靰鞡身的前段抽褶，缝成半圆形的脸，用细鳞鱼皮、狗鱼皮缝成靰鞡靿子，缝上兽皮条或细绳做带，絮上捶软的乌拉草，穿时把靰鞡靿子裹在小腿上扎紧。冬天狩猎捕鱼穿鱼皮靰鞡，走在雪地上既轻便又暖和，还不透霜、不打滑。

兽皮服饰

兽皮衣服主要是男人在冬季狩猎捕鱼时穿。缝制兽皮衣要先把所用兽皮熟好。八岔赫哲族用兽皮制作的衣饰主要有狍皮大衣、狍皮长裤、狍皮帽、狍皮手套、鹿腿皮长靴等。

赫哲族人还用狍皮缝制皮被，用黑熊、野猪等的皮制作皮褥，以备冬季进山狩猎露宿时用。

狍皮大衣　赫哲语称“卡什克衣”。一般长至膝下，有对襟、偏襟两种。冬天穿的狍皮大衣用长毛皮制作，春秋穿的用短毛皮制作，夏天穿的用去毛光板皮缝制，前后有开衩。扣子是用细狍皮条拧绳打成结，缝在衣襟上，衣襟染有黑色云纹，缝制兽皮衣的线用狍、鹿筋制成。

狍皮长裤　赫哲语称“那斯黑克”。用熟好的狍皮缝制，用薄皮革或棉布做裤腰，是前后不分的便裤，多为男子严寒季节狩猎捕鱼时穿用。

狍头皮帽　赫哲语称“阔日布恩出”。制作方法是剥狍皮时，将狍子头皮完整地剥下来，熟好后，把耳朵、眼睛缝补好，再用狍子腿皮缝一对帽耳接上，用狍皮镶上边，一顶狍头皮帽就算做成了。以前狍头皮帽多是猎人冬天打猎时戴，后来也有妇女戴，现在已很难见到。

狍皮手套　赫哲语称“卡其玛”。用熟好的带毛狍皮制成，拇指单分开，手背、拇指处皮子抽褶缝连，腕里开一横口，便于把手由横口伸出扣动猎枪扳机和抓握东西。

鹿腿皮长靴　赫哲语称“温得”。用鹿腿皮拼成，衬里为短毛狍皮，靴底为野猪皮，靴口用水獭皮绲边，纯用鹿筋缝制，

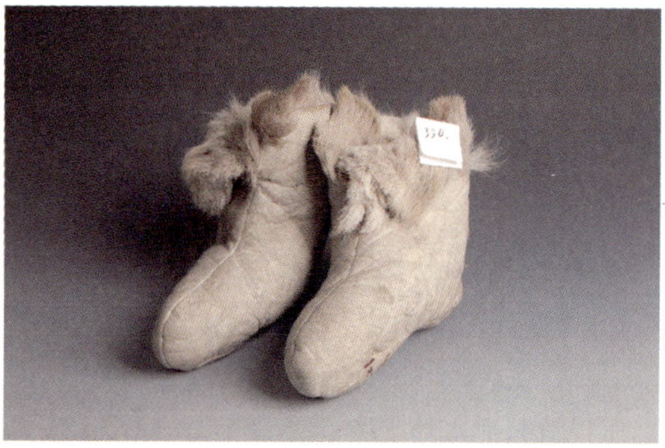

赫哲族狍皮袜　　尤俊生　摄

靴长至膝上，结实美观，很受赫哲族男子喜爱。

染料 用于服饰染料的植物有兰花草、杜鹃花、山丁子树皮、楂条等。兰花草可把熟好的鱼皮条染成蓝色，山丁子树皮可用于染黄色，楂条可用于染灰色。

女子装束 八岔赫哲族妇女的装束有自己的特点。姑娘梳一条长辫并用红绒线绳（早期用彩色皮条）扎紧垂于颈后；已婚年轻妇女多梳双辫；年纪稍大的，在脑后绾一个大发髻，别骨簪，后来别铜、铁、银簪。民国年间出现个别青年妇女剪短发。现在，赫哲族妇女普遍留短发，部分妇女烫发。年轻的妇女戴耳钳，年纪大点的戴耳环。最早的耳钳、耳环是骨制的，后来有了铜、银、玉石材质的。赫哲族妇女戴手镯，早年的手镯是木制的，后来才有了铜、银、玉石手镯。赫哲族妇女也戴戒指，早年戴的戒指是铜、银、玉石、玛瑙的，后来才逐渐戴起了金戒指。

◉ 居住

赫哲族人为适应渔猎生产的需要，均选择江河两岸高处和接近渔场、猎场的地方居住。他们早年的住房有地窨子、撮罗子、马架子和木刻楞。

赫哲族原始住宅

地窨子 赫哲语称“希日免克”。是一种穴居式的相对较为固定的住所。搭盖方法为向地下挖约 1 米深的长方形土坑，其大小根据居住的人口多少而定。在土坑中间前后立起柱脚，架上檩子，再搪上椽子。椽子上端搭在檩子上，下端直接戳在挖好的坑边约 50 ~ 60 厘米处，形成“人”字形架，在上面铺好笤条和草，培上 15 ~ 20 厘米厚的土即可。门朝向阳面开，门旁有简易的窗户。早年，多用去鳞的胖头鱼皮糊窗户，后来用纸糊，涂上鱼油，既结实又亮堂。屋内有的搭铺，有的搭火炕。

地窨子　　八岔赫哲族乡政府　提供

尖顶窝棚 赫哲语称“撮罗昂库”，“撮罗”意为“尖”，“昂库”意为“棚”。先用很多根木杆撮起上尖下粗的圆锥形架子，在上面绑上多道横条子，再从底部一圈一圈地向上苫草。苫一圈，绑上一道细条子压住草苫，防止脱落，这样一直苫到顶尖，用草绳或树皮绳扎住即可。门朝阳面开，草帘子盖门，没有窗户。在室内东、西、北三面就地摆好木杆，铺上一层厚草，再铺上兽皮或褥子即可住人，但不能过冬。

圆顶的棚子 赫哲语称“阔恩布如昂库”。它是用直径约 3 厘米的树条，烤软撅成马蹄形，然后拱形朝上，将两头埋在地里（4 ~ 5 根），再联结拱形木条，横着绑扎 5 ~ 7 根起苫草骨架和稳定作用的木条，前后两头埋、绑小木柱和木条，使整个屋架稳固不动。之后，在屋架上从下往上层层苫草，再用木条压住绑牢。门朝阳面开，侧后开窗。这种棚子大的长 3 米左右，宽约 2.5 米，高约 2 米；小的长约 2 米，宽、高均约 1.5 米。

树屋 赫哲语称“温特合昂库”。是为避水灾、火灾和猛兽的侵袭，构木或搭板建在树半腰上的小屋。屋架为“人”字形，苫草或蒙布，棚顶留有通风口，屋长 3 ~ 4 米，宽 2 ~ 3 米。

马架子 赫哲语称“卓”。是地窨子的发展，盖在平地上。其墙壁用土坯垒砌，架檩子，搪椽子，上苫茅草。它与一般土坯房不同的是，在山墙上开门，朝阳面，门两侧有窗，房内的东、西两边搭火炕，厨灶一般设在火炕的南端，烟囱多为空木筒，设在屋外。

木刻楞 赫哲语称“塔克图”。是一种在赫哲族村屯仍能见到的小型原木建筑，多数人叫它“鱼楼子”。它是用 4 根或 6 根木柱做柱脚，底铺原木，周围用原木刻[①]作墙壁。顶盖苫草，山墙开门，离地高低不等，大多为长方形的木屋。木刻楞主要放置猎物、鱼、兽肉干、粮食及一些小型渔猎工具。因木屋通风凉爽，夏季在土房里睡觉感到闷热时，也可到木刻楞里面睡觉。

民居变迁 解放前，由于渔猎游动的特点，赫哲族人主要居住在岸上临时搭建的撮罗子、地窨子、马架子里。1953 年，八岔建立初级社后，八岔赫哲族人在靠江边的地方建了一些用草垡子砌的草房。1984 年，黑龙江发生洪涝灾害，八岔村民房全部被淹没。1987 年，国家民委将八岔村的建设纳入扶持少数民

撮罗子　　尤俊生　摄

① 刻：横原木与立圆木通过刻出一铆槽互相固定，这种固定方法叫“刻”。

族发展的规划中，投资 118 万元，村民自筹 19 万元，新建了 15 栋砖混二层楼房和 2 栋铁皮瓦房盖平房，建筑总面积为 3750 平方米，62 户赫哲族群众搬进了新居。2005 年，在全国新农村建设中，民政部投资 200 万元，在八岔村建设 24 栋砖混结构平房，建筑面积 3024 平方米，解决了 48 户赫哲族村民住房问题。2014 年，大庆油田公司援建了 92 栋 184 户别墅式住宅及配套的附属设施，八岔村步入全国现代化村镇建设行列。

◉ 交通运输

传统交通工具

清代以前，赫哲族人居住的地方多为荒原，交通不便。因其饲养很多犬，清史称这些赫哲族居民为“使犬部”。江河封冻期，赫哲族人一般用狗拉雪橇作为交通工具，开江以后，生产船只大多兼作交通工具。犬、马、滑雪板、狗拉雪橇、桦皮船及快马子等，是赫哲族的传统交通工具。

桦皮船　赫哲语称“乌末日沉”。赫哲族用桦树皮制成的用于渔猎生产及水上交通运输的工具。船体长约 3 米，两端尖翘，中间宽约 60 厘米，船帮高约 50 厘米。这种船轻便、快捷，多用于叉鱼，或用于水上快速交通。

快马子　赫哲语称“乌通给”。用松木板做船体，船长约 3 米，中间宽约 60 厘米，两头尖而上翘，作用与桦皮船类似。

狗拉雪橇　赫哲语称“托日乞”。用木头制作的一种形制特别的爬犁，一般套三四

快马子　　尤俊生　摄

只狗，有时因路途较远，也可套十几只狗，主要用来运送食物、冬捕或狩猎工具及捕获的鱼、野兽等。

水路客运 民国时期，同江水路有哈尔滨至黑河班船往返于松花江、黑龙江航道，往返一次需 21 天。其次，有富锦至黑河线客船，往返一次需 9 天。乌苏里江至虎林线班船，需 21 天。八岔村民可乘坐同江至虎林线班船。1957 年后，八岔村才有外地拉鱼的卡车或是收鱼船可以搭乘。1964 年，途经八岔的客船叫“东方红号”，村民叫其“大零八”，用煤炭作燃料，后面两个露出水面大半的大扒轮向后扒水推动船体前行。整个航线为哈尔滨市经佳木斯市、同江县至饶河县，“大零八”的通航是当时八岔村的一道风景，每当该船停靠江边，全村能走得动的人都要到江边去看热闹，特别是孩子，每到这个时候就像过节一样。1966 年，街津口公社造机船 1 只，命名为“繁荣号”，转让给八岔人民公社之后改名为“团结号”，当时主要是为了应付突发情况，平时一般不用。

1970 年，同江县修建横江口码头，有 160 平方米的船站一座。码头距同江县城 2000 米，位于松花江主航道，有 2 个千吨泊位。水运上通哈尔滨、佳木斯、富锦等市、县，下抵抚远、饶河两县，北上萝北、黑河等处，客运量为 4000 人次，货运量为 2.3 万吨。该码头的建设，使八岔村开始通了真正意义上的客船，通航周期也有所缩短。

1976 年，改为“龙客 203 号”沿黑龙江上行同江县、佳木斯市，下行抚远县，1995 年停运。

公路客运 1965 年，八岔村冬天有公路，夏天一般不通行。1971 年，八岔到抚远战备路开通。1974 年，八岔村通客车，到佳木斯 7 天一个往返。1978 年，八岔至清水河（同抚界）公路施工。1979 年年底，铺完了砾石路面。1990 年，途经八岔村的省道同抚公路开始建设，1991 年完成，路面达到三级标准。1996 年，八岔至佳木斯客车实现当天到达，客车由两辆交替对开，八岔赫哲族群众每天都能坐上进城的客车。2001 年开始重建同抚公路，总投资为 3.3 亿元，标准为二级砼路面，2003 年 10 月竣工通车。从此，八岔有了通畅的交通环境，客运班车按时发车，村民去县城实现了当天往返。

2016 年，八岔村每天发出客车 2 个班次，平均运送旅客 120 人次左右。村民私人拥有小汽车 40 多辆。

◉ 日常生活

传统生活用具

八岔村没有专业的木匠、铁匠和雕刻、刺绣的工匠，但他们心灵手巧，许多生活用具都是自己动手制作。不少妇女还会在鱼皮、兽皮衣服和木质、桦树皮制的各类生活用具上或绣，或剪刻、粘贴上各种云纹与动植物图案。

新中国成立后，随着生产力的发展和物资的不断丰富，赫哲族木制器皿和桦树皮、鱼兽皮制作的各种传统生活用具，逐渐被现代工业制品替代。

木制品 木碗、木勺、木杯、木匙、木铲、木刀、木碟、木盘、木瓢、木盆、木锅、木桶、皮梳、麻梳、木槌、木床、木铡刀、木铡床、渔叉架、枪架、背夹子、火柴匣、油灯架、日历、摇车、网梭、水撮子、木杵等。

骨制品 骨筷、骨匙、骨针、袋口骨夹、骨簪子、骨扳指、狍鹿叫子、狍鹿角挂钩、狍蹄拉手等。

石制品 钩坠、网坠、臼等。

桦树皮制品 桦皮碗、桦皮瓢、桦皮杯、桦皮勺、桦皮筒、桦皮水桶、桦皮箱、桦皮盒、桦皮漏斗、桦皮帽、桦皮摇车等。

鱼皮制品 鱼皮袋、鱼皮刀鞘、鱼皮神杖、鱼皮烟荷包等。

兽皮制品 猎袋、斧袋、弓袋、箭囊、皮刀鞘、狍面具、马鞭、马鞍袋等。

铜铁制品 铜镜、吊锅、皮铲、刮刀、雕

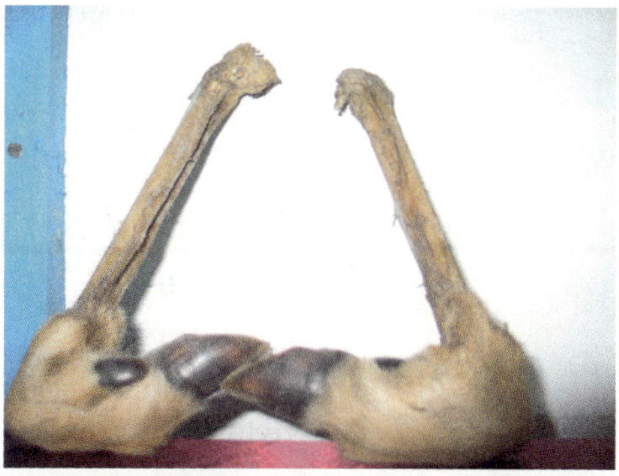

门拉手（狍子腿） 尤俊生 摄

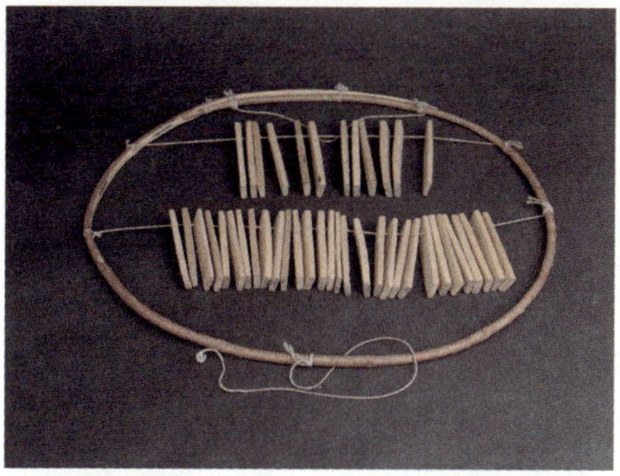

木制日历盘 尤俊生 摄

木碗 尤俊生 摄

桦树皮制品 尤俊生 摄

刀、渔刀、猎刀、斧、钻、火药瓶、枪油盒、灌火药漏斗，还有木铁合制的冰镩、冰崩子、抄罗子、刨钩、大掠钩等。

柳条编织品 赫哲族妇女用柳条编织柳条筐、鱼篓等多样用具。

村民收入 1953年建村时，八岔村民的收入非常不稳定。村民的收入全靠用渔猎捕到的鱼、野兽或鱼制品、兽皮与流动商贩进行交换，如果捕到的鱼或野兽多时，也会直接拿到集市上去交换或是买卖。如果运气好，收入就会多一点。当时全村年人均收入只有几十元。村民的支出也很简单，收入的钱主要用来买渔具、酒、日用品和衣服等。每家每户基本上收支平衡。

1956年，八岔村渔业大丰收，每个劳动力日值2.27元。

1958年，村里开始成立渔业捕捞小组，由于合作后的捕捞范围扩大了，捕捞方式有所改进，村民的收入有所提高。八岔生产大队农、牧、副、渔总收入为12万元左右，其中，渔业总收入10万元，占总收入的84%；农业收入2万元左右，占总收入的16%。全队总支出为9.6万元，其中，渔业支出9.1万元，农业支出0.5万元，主要用于生产资料的消耗及生产费、购置农具等。

1975年，全队农业总收入达153万元，其中，农业收入32万元，渔业收入121万元。全队社员分得的粮、钱、物总计36万元，占总收入的20%。全队人均收入2589元。平均劳动日值3.40元。

1983年，实行联产承包责任制后，八岔村开始大面积开垦耕地，赫哲族村民由以渔猎生产收入为主要生活来源，逐渐转向以渔猎和农业生产相结合的生产收入为主要生活来源，收入提高。全村总收入为50万元，年人均收入为5200元，支出项目没有太大的变化，个别农户家里有一些积蓄。

1984年后，赫哲族村民普遍使用机动船和以胶丝线、专用网漂、铅坠为原材料的三层大网进行捕鱼作业，产量明显提高，每年每条船平均收入1万多元。农户的支出项目也有所变化，开始购置较大的物件，比如电视机、收音机、自行车、手表等。村民积蓄逐年增加。

1987年，村民买了第一辆解放牌大货车，开始搞运输，主要是从同江向外地运输粮食和其他农产品，每年收入1万多元。

1996年，村民买了第一台北京吉普。

2010年，全村农业总收入达2104万元，其中，农业收入1425万元，渔业收入521

八岔村民的幸福生活　　邵国良　摄

万元，副业收入 158 万元。纯收入 282 万元，人均收入 6295 元。

2016 年，全村总收入 4614 万元。其中，农业收入 3570 万元，渔业收入 749 万元，畜牧业收入 105 万元，旅游及其他收入 190 万元。全村年人均收入 18386 元。

◉ 社会保障

口粮保障　1953 年，村里赫哲族居民主要以渔业为主，口粮由国家统一供给，赫哲族群众口粮有保障。男劳力每人每月 21.5 千克（其中白面 4 千克，大米 0.5 千克，杂粮 17 千克），妇女每人每月 14 千克（其中白面 4 千克，大米 0.5 千克，杂粮 9.5 千克），小孩每人每月 9 千克（其中白面 4 千克，大米 0.5 千克，杂粮 4.5 千克）。豆油每人每月 250 克。

人口政策保障　为保证赫哲族族群繁衍和人口繁盛，国家和黑龙江省相继出台了一系列相关政策。

自1994年7月1日起施行的《黑龙江省计划生育条例》第二章第七条规定，依法结婚的夫妻，女方年满28周岁，已生育一个子女并年满4周岁，夫妻双方均为全国一千万以下人口的少数民族或夫妻一方为鄂伦春族、鄂温克族、赫哲族、达斡尔族、柯尔克孜族的，经本人申请，县级以上计划生育行政部门批准，可再生育一个子女。

自2000年2月1日起实行的《黑龙江省计划生育条例》第二章第十条规定，依法结婚的夫妻，已生育1个子女，夫妻一方为鄂伦春族、鄂温克族、赫哲族、达斡尔族、柯尔克孜族的，经本人申请，县级以上计划生育行政部门批准，可以生育第二个子女，但生育间隔不少于4年。

自2003年1月1日起施行的《黑龙江省计划生育条例》第二章第十四条规定，少数民族也应当实行计划生育。夫妻双方均为全国一千万以下人口的少数民族，以及夫妻一方为鄂伦春族、鄂温克族、赫哲族、达斡尔族、柯尔克孜族的，依法生育一个子女后，可以再生育一胎子女，但生育间隔不得少于4年。夫妻双方均为鄂伦春族、鄂温克族、赫哲族、达斡尔族、柯尔克孜族的，依法生育两个子女后，可以再生育一胎子女。

自2016年4月21日起施行的《黑龙江省计划生育条例》第二章第十三条规定，少数民族也应当实行计划生育。夫妻双方或者一方为鄂伦春族、鄂温克族、赫哲族、达斡尔族、柯尔克孜族、锡伯族、俄罗斯族的，依法生育两个子女后，可以再生育一胎子女。

高考录取政策保障 自恢复高考制度后，党和国家非常关心少数民族考生的录取工作，赫哲族考生一直享受总分加20分的优惠政策。2015年6月，黑龙江省十二届人大常委会第二十次会议通过了《关于修改〈黑龙江省民族教育条例〉的决定》，其中对少数民族高考加分政策作了进一步调整和规范。调整后规定，使用本民族文字答卷的少数民族考生，经黑龙江省民委审核确认的户籍在自治县、民族区、民族乡镇，且学籍在户籍所在县高级中等学校的少数民族考生（当地连续3年以上户籍和当地高中连续3年学籍并实际就读），报考全国院校时，在高考成绩总分的基础上增加5分投档，由高校审查决定是否录取。经黑龙江省民委审核确认的户籍在该省的鄂伦春族、赫哲族、鄂温克族、柯尔克孜族、达斡尔族、蒙古族、锡伯族、俄罗斯族考生，在报考黑龙江省属院校时，在高考成绩总分基础上增加10分投档，由高校审查决定是否录取。此外，2015年1月1日前取得本省高中学籍的散居在汉族地区的其他少数民族考生，在参加2015年、2016年高考时，在所报黑龙江省属高校投档分数线下降低5分投档，由高校审查决定是否录取。

医疗保障 2007年，八岔村开始参加合作医疗保险。2016年，参加保险人数为502人，缴费标准为180元/人，参险率为100%。实行新农合即时结报制度，新农合参合率达100%。

养老保障 2012年，八岔村开始参加社会保障养老保险。到2016年，全村共有270人参加保险，参险率为53.78%。

其他保障 2016年，八岔村共有五保户2户、残疾人7户，村里负责保吃、保穿、保医、保住、保葬（孤儿保教）。低保户14户，国家补助标准为一类928元/季，二类522元/季，三类456元/季。将60周岁以上的赫哲族老人全部纳入低保范围。

赫哲族猎人在冬季狩猎时用兽皮取暖　　　　尤俊生　提供

村域经济

八岔村物产丰富，宜农适牧，风情独特，景色秀丽，依托丰富的资源优势，大力进行产业结构调整，走出了一条从传统单一的渔猎经济到农、林、牧、渔、商、游多业并举，协调发展的新路子。

◉ 农业生产

土地开发 1953年，八岔屯在互助组的基础上建立了初级社，至此，八岔村级组织形成建制。

1962—1974年，八岔生产大队共有农机技术人员10人参加培训，第一批拖拉机驾驶员是董双仁、张素华。张素华是杭州女知青，是全县第一位女知青拖拉机手。1968年9月至1975年，国家民委拨给八岔生产大队一台44.7千瓦带推土铲及全套农机具的拖拉机。在村南开荒330亩，种植大豆、小麦及蔬菜，主要解决知青的口粮问题。黑龙江省民委还拨给八岔生产大队两台磨面机，一台是小麦磨面机，一台是玉米磨面机。由桦川县制油厂到八岔生产大队换豆油。白面和豆油主要供给知青，剩余部分也分给村民调剂生活。村里从抚远县请来一位师傅，在村里开了第一个豆腐坊，专门给知青做豆腐。赫哲族村民开始不愿尝试，两年以后，才开始尝试吃豆腐。

1976年，黑龙江省民委又拨给八岔生产大队1台55.9千瓦拖拉机和1台20.8千瓦胶轮拖拉机、1台解放牌汽车（用于运输）。八岔生产

八岔村第一位女拖拉机手张素华（左一）
谢林珍　提供

八岔生产大队拖拉机手在检修机车（1982 年）
尤俊生　提供

大队成立了机务队，由 9 人组成，机务队队长单丙义，副队长吴国森，机务员董双仁、付志臣、付兴春、毕德福、董双义、李世江、董凤禄。同年开垦荒地 6000 余亩，开始大面积种植大豆和小麦。黑龙江省民委又拨给两台中型磨面机，全村正式结束粮食由国家全额供给的历史。

1977 年，从汤原县聘请两名朝鲜族水稻种植技术员到大队进行指导，开始种植水稻，当年种植 360 亩，亩产水稻 100 千克，收获水稻 36000 千克。之后，因八岔村土地不适宜种植水稻而放弃种植。

1983 年，八岔村实行土地联产承包责任制，村里的农机具作价处理给一部分村民，村里出现农机专业户，村委会将八岔岛的荒地按人口分配给农户，农户雇用农机专业户的机械进行开荒。全年开垦荒地 750 亩，全村耕地总面积 7080 亩，主要种植大豆、玉米、

八岔生产大队社员开垦荒地（1973 年）　尤俊生　提供

八岔村大片农田　　尤俊生　摄

小麦。此土地规模一直保持到 1988 年。

1995 年，村里大面积开荒 3000 亩，全村耕地总面积达 10080 亩，主要种植大豆、小麦。

1997 年，受同江市委、市政府赫哲族转产政策的鼓励，八岔村在八岔岛及其他荒地上陆续开荒。至 2016 年，拥有耕地 51000 亩。有农机技术人员 106 人。其中，有驾驶执照的农机驾驶员 58 人。

农业区划　根据地貌、土壤、植被、气候、水文和经营习惯等因素，八岔村被划在同江市东部低平原农牧渔区，以种植水稻、大豆为主。历史上曾种植过小麦，于 1989 年后弃种。由于水害严重，耕作粗放，单产不高，总产量不稳定。1979—1983 年，该区大豆平均亩产 50.5 千克，水稻平均亩产 139.5 千克。该区仅是单一的粮食生产，其他各业发展较差。

1983 年以前，八岔村的赫哲族居民以渔业和狩猎为主，农业种植为辅；其他民族以农业生产为主，渔业为辅。八岔村是当时同江县主要产鱼区之一。八岔岛林木葱茏，景色优美，拥有独特的自然风光和罕见的界江风情，是天然的旅游胜地。八岔村所在区域在以林业为主，牧业、渔业、农业并举，充分发挥自然优势，积极发展果、药、养蜂、采集山货等项生产的同时，进行全面规划，建设旅游区。2003 年，国家成立八岔岛自然保护区管理委员会，对该岛进行全面管控和开发利用。八岔村抓住了这一契机，对八岔岛自然保护区的旅游资源进行有效利用，并有计划地进行退耕还草、退耕还林，不仅有效地保护了该岛的自然环境，还使村域经济有了较快的发展。

农作物面积、产量 八岔村种植的农作物主要有大豆、小麦、玉米、杂粮、蔬菜。自建村以来，种植作物种类及面积在不同时期均有所变化。

1981 年，从 6 月下旬到 9 月中旬，共降雨 70 余次，降雨量 850 余毫米。降雨次数之多，雨量之大，时间之长，都是八岔历史上罕见的，加上黑龙江、松花江两江水势猛涨，江河水倒灌，造成同江县农田大面积受灾。八岔公社受灾最为严重，6330 亩土地全部绝产。1983 年，八岔村播种面积 7080 亩，平均亩产 68 千克，总产量达 463450 千克。1984—1985 年，八岔村连续两年受洪水侵袭，耕地全部绝产。

1987 年，国务院批准同江撤县建市，八岔村播种面积没有变化。至 2016 年，全村播种面积为 51000 亩，总产达 967.84 万千克。其中，大豆 44800 亩，平均亩产 133 千克，总产达 595.84 万千克；玉米 6200 亩，平均亩产 600 千克，总产达 372 万千克。

1968—2016 年部分年份八岔村农作物面积及产量统计表

表 2

年份	粮、豆、薯合计		
	面积（亩）	平均亩产（千克）	总产（千克）
1968	330	65	21450
1976	6330	65	411450
1983	7080	68	481450
1995	10080	120	1209600
2016	51000	189.773	9678400

◉ 农业机械

农机具 新中国成立初期，八岔村农业生产方式比较落后，开荒主要靠比较简单的铁锹、镐头等工具，有时也用人拉犁或是用马、牛拉犁，劳动强度大，生产效率低。八岔村自 1968 年开始出现农机具，1979 年以前，共有农机 3 台（件）、农机具 3 套。1982 年，是同江县农业机械化发展兴盛时期，八岔生产大队有拖拉机 4 台，119.8 千瓦，其中，链轨拖拉机 2 台，胶轮拖拉机 2 台，农机具 3 台（件）。实行家庭联产承包责任制后，八岔村农业机械不断增加，共有拖拉机 8 台（其中胶轮拖拉机 1 台），514.85 千瓦，联合收割机 1 台，农用载重汽车 1 台，农机具 8 台（套）。

2016 年，全村机械总动力 2461 千瓦，拥有大中型拖拉机 47 台，机械化水平较高。

农机耕种 新中国成立初期，由于国民经济处在恢复时期，当时种地是牛马拉弯犁、收割用镰刀。高级社组成以后，农村出现了种地用马拉播种机，割地用马拉收割机。农民初步尝到机械化的甜头。特别是大型农业机械的使用及推广后，农业机械化作业程度不断提高。

1968 年，拖拉机归农机站所有，实行为农村生产队代耕的制度。八岔生产大队机械耕作面积达 330 亩，占当年粮、豆播种面积的 100%。

1976—1977 年，八岔生产队机耕作业面积达 6330 亩，占当年粮、豆、薯播种面积的 100%。1983 年，实行家庭联产承包责任制后，八岔村农业机械不断增加，机械耕种面积为 7080 亩。1995 年，八岔村机械耕种面积为 10080 亩。2016 年，八岔村机械耕种面积为 51000 亩，占当年粮、豆、薯播种面积的 100%。

农机管理 1966—1969 年，同江县成立了农业机械管理总站，人、钱、物由县农业机械管理总站管理，业务受省农机厅、地区农业局领导，八岔公社成立了农业机械管理分站，分站执行经济独立核算。县农业机械管理总站执行统负盈亏。

1969—1970 年，同江县 4 个国营农业机械管理分站经营的大型拖拉机和农机具，作价卖给生产大队经营，生产大队开始依靠自己的力量发展农业机械化。在这个时期，八岔生产大队成立了农机专业队，在业务上受公社农机分站和县农机科领导，行政上受生产大队和公社的领导。县、社、队都配一名领导干部，统一管理全村的农机机务工作。

1973 年，根据《黑龙江省农业机械管理章程（草案）》和《黑龙江省农机管理局机务管理章程》，同江县农机科制定了《同江县农业机械机务管理细则》，这个细则包括农机具技术状态、使用操作、技术保养、技术革新、安全生产、物资保管、档案资料管理、农机队伍建设等方面的内容，八岔生产大队农机专业队认真贯彻“防重于治，养重于修”的

收割机　　尤俊生　摄

拖拉机　　尤俊生　摄

机务管理方针，做到有章可循。

1983 年开始，八岔村实行承包到户的生产责任制。农业机械的经营形式也冲破了公办框框，出现了合作经营和户营，村里出现农机承包户。村民承包机械 4 台、农机具 4 台套、机船 1 只。1995 年后，八岔村农业生产涌现出一批以联户机械种植为主要形式的机械化家庭农场。

2003 年，八岔村组建了农机合作社，固定资产 100 万元，资金由国家投资 60 万元，合作社自筹 40 万元。农机合作社的装备有 1048、1042 大型联合收割机，1004、1002 大马力拖拉机，配套浅翻深松犁、翻转犁、多功能整地机等农机具。2006 年，农机合作社采取股份制经营方式。通过股东大会选举产生理事会、监事会等管理组织，制定统一的机务管理、财务管理、生产管理等规章制度，充分调动生产经营者的积极性。农机合作社的组建和运营使八岔村农业发展实现了新突破。2012 年，八岔村作为试点村，全面实施土地“三三”轮耕，收获、深松、翻旋、起垄等作业项目全部实现标准化作业，合作连片整地作业面积占 60% 以上。

2016 年，有机械化家庭农场 12 个，经营土地 25500 亩。规模较大的尤红军家庭农场，资产规模 1100 万元。主要经营农业种植、粮食收购，主要种植作物品种为芸豆、大豆、玉米。年产值 280 万元，年效益 190 万元。

◉ 农业管理

良种培育和选用 20 世纪 60 年代，八岔生产大队基本处于“家家种田、户户留种”的情况。常常是种、粮不分，以粮代种，各种作物单产很低。小麦主要种植品种为“火麦”“大青芒”“光头麦”，玉米主要种植品种 为“小金黄”，大豆主要种植品种为“满仓金”。

随着农业科技水平的不断提高，八岔村先后引进其他良种。小麦种子先后引进过合作 2 号、合作 5 号、克强、克 66−701、龙幅 77−4067、克丰 2 号、克丰 3 号、合丰 22、合丰 23、丰收 10 号等品种。玉米种子先后引进过白头霜、双交种、单交种、火 −2× 维尔 100、合丰 22 号、合玉 11、合玉 14、东农 248、广四单 19、四早 6、合玉 17、龙丹 8、克单 8、合玉 11、合玉 14、东农 248、绥玉 7、德美亚 1 号等品种。大豆种子先后引进过合丰 25、绥农 11、绥农 18、合丰 39、合丰 44、合丰 47、黑河 43、丰源 55、嫩奥 1 号等品种。八岔村水稻种植不多，只是在 1997—1998 年进行过小面积试种，使用的种子为合江19、合江23，后弃种。

施肥 解放初期，八岔村民不善耕种，不重视施肥，农作物基本上是自然生长。20世纪60年代后，农家肥数量有所增加，但亩施肥不足千斤，仍靠土壤中的自然肥力，单产不高。20世纪70—80年代，村民对施粪肥有了新的认识，出现了以尿、粪、草为基本原料的“高温造肥”运动。生产队有专人负责，有专门的积肥车，还组织了积肥专业组。亩施农家肥600千克、化肥3.5千克。化肥主要用于小麦种肥、玉米种肥和追肥。水稻用化肥做追肥。由于八岔生产大队土地开发较晚，土壤自然肥力较高，仍然是自然肥力进行生产，每年用少量化肥。

八岔村处于同江县东部低温地区，气温较低，生育期短，雨量集中，历年来一般以基肥、口肥为主，化肥以追肥为主，种肥和追肥结合。1987年后，八岔村农用化肥以氮、磷肥为主，用量较少，主要有美国二铵、国产尿素等。叶面肥三十烷醇等化肥有少量施用。1993年，同江市农业技术推广站建立了土肥站，推广了测土配方施肥技术。八岔村年均测土配方施肥面积在3100亩以上。之后又推广复合肥、玉米锌肥、生根粉、多元微肥、生物磷肥、国产二铵、复混肥，每公顷用量为300千克。2000—2016年，在化肥使用上注重科学施肥，各种专用肥、复合肥、测土配方肥被广泛施用，八岔村深受其利，粮食产量有了很大的提高。

植物保护 1965年前，八岔村对植保工作不够重视。1965年以后，为防治金针虫、黑穗病，在小麦、玉米播种前用0.3%的“赛力”“六六六粉”拌种，以0.5%的颗粒剂防治玉米螟。1972年，开始用24-D丁酯防治谷地双子叶杂草，1974年，以此药防治麦田双子叶杂草，效果很好。1979年，开始以“氟乐灵”防除大豆田禾本科杂草。

自20世纪90年代开始，八岔村开始重视植物保护和植物检验。在病虫害施治方面，大豆的病虫害防治主要采取播前种衣剂拌种，或施用甲拌磷防治地下害虫和孢囊线虫；小麦的病害防治采用拌种双防治腥黑穗和散黑穗病；水稻的病虫害防治采取药剂浸种防治恶苗病，水稻插秧后或直播水稻三叶期喷施吡虫啉、辛硫磷防治潜叶蝇、负泥虫等，抽穗期喷施“稻瘟净”防治稻瘟病；玉米的病虫害防治采取种衣剂拌种防治地下害虫。

在作物的草害防治方面，对大豆的草害防治，采用24-D丁酯加乙草胺、豆磺隆配成药液喷施，喷施普施特、拿普净、克莠灵、杂草焚、排草丹等。进入初秋时节进行人工拿大草。对小麦草害防治，主要采取三叶期喷施24-D丁酯防治阔叶杂草。对水稻杂草防治，用丁草、农思它、禾大壮、吡嘧磺隆等。对玉米杂草防治，用乙草胺、豆磺隆混剂、阿特拉律、西玛津等。

2016 年，八岔村开展落实农业“三减”政策，化肥农药的使用开始得到控制。

栽培技术 八岔村大豆栽培曾主要采用小垄直播、平播、深松起垄播种、垄体内施肥、垄上双行精量点播三项“垄三栽培”综合高产技术、综合配套技术、种子包衣技术、“三行穴播”技术；玉米栽培曾主要采用人工点播、保护地催大芽、“旱密栽培”技术、“垄上精量点播”技术、“大垄双覆膜栽培”技术；水稻栽培曾主要采用直播种植、旱育稀植栽培技术、宽窄行摆栽技术和水稻种子包衣技术、大棚育苗技术；小麦种植主要采用 15 厘米行距平播栽培、12 厘米行距 48 行播种机平播作业、农药拌种或种子包衣等技术。

1989 年开始，在国家民委的支持下，八岔村开始推广蔬菜地膜覆盖和大棚栽培技术。2016 年，八岔村大豆栽培主要采取“垄三栽培”技术，有时也部分采用“垄上三行穴播”和“窄行密植栽培”技术；玉米栽培仍沿用“垄上精量点播”技术。

◉ 畜牧养殖

畜禽饲养 1953 年，八岔村畜禽饲养主要是一家一户的散养。1995 年，国家民委在八岔村搞畜牧养殖试点，村里批给养殖户草原 1200 亩，作为饲料地。第一年养牛 14 头，到 1998 年发展到 44 头，当年遭遇水灾，饲料基地全部被淹。2004 年，八岔村申请到多种经营项目——肉牛养殖小区建设项目。项目总投资 220 万元。其中省投 100 万元，群众自筹 120 万元，新建标准化牛舍 4 栋，1040 平方米，购置小型拖拉机 12 台套，输变电线路 0.5 千米，机电显示器 12 眼。当年新购肉牛 136 头。2016 年，八岔村存栏牛 8 头、羊 23 只、猪 150 头、禽类 450 只。

八岔村肉牛养殖小区（2004 年） 八岔赫哲族乡政府 提供

肉牛养殖基地 八岔村于 2015 年开始建设肉牛养殖基地，由同江市民宗局组织实施。基地位于八岔村东北方向 1000 米处。项目总

八岔村家庭养鹿（2003 年） 尤俊生 摄

占地面积 42148 平方米，其中，建筑面积 9399.28 平方米。2016 年，八岔村与云南品冠生物科技有限公司达成养殖合作协议，正式启动该项目。

特种养殖 2003 年，八岔村民开始尝试养鹿，主要是以卖鹿肉和鹿皮获利。第一年买鹿 12 头，同年发展到 20 头。2013 年，由于严重的水灾，鹿场全部没入水中，损失惨重，后放弃养殖。

1953—2016 年部分年份八岔村畜牧养殖数量统计表

表 3

年份	猪（头）			大牲畜			羊（只）			狗（条）	家禽（只）	鹿（只）
	合计	集体养	社员养	合计	牛(头)	马(匹)	合计	集体养	社员养	社员养	社员养	社员养
1953	0	0	0	11	1	10	0	0	0	156	0	0
1979	75	0	75	0	0	0	0	0	0	110	587	0
1983	156	0	156	115	115	0	240	0	240	105	766	0
1995	14	0	14	0	0	0	0	0	0	96	0	0
1996	32	0	32	0	0	0	0	0	0	95	0	0
1998	44	0	44	0	0	0	0	0	0	90	0	0
2003	62	62	0	0	0	0	0	0	0	75	0	20
2004	180	0	180	136	136	0	0	0	0	70	1400	25
2014	130	0	130	0	0	0	0	0	0	10	120	0
2016	150	0	150	8	8	0	23	0	23	12	450	0

◉ 渔业生产

渔业区划 1953 年以后，根据自然环境、水域类型、渔业资源分布及渔业基础等方面的特点和条件，同江县将域内划为 7 个渔业发展区。八岔村被划在东部泡沼养殖区。东部地区包括八岔、银川、金川、临江 4 个乡、镇。八岔村境内共分布大型的泡沼 5 处，为“四泡一河”，水面 9.39 平方千米，具有丰富的渔业资源。

捕鱼季节与区域 “衣鱼兽皮，陆行乘舟”是过去八岔赫哲族人渔猎生活的写照。赫哲族是一个渔猎民族，并且是中国少数民族中唯一曾以渔业为主的民族。他们四季捕鱼，从谷雨到小满的一个多月时间为春季鱼汛期，是网捕的好季节，可以捕获各种杂鱼。在夏季渔闲期，渔民修理捕鱼工具，为捕鱼季节的到来做准备。端午节前后，为捕捞鲟鱼、鳇鱼的旺季，可持续 20 天左右。从白露开始为秋季鱼汛期，是捕获大马哈鱼（鲑鱼）的好季节。封江以后，冬季捕鱼开始，主要的捕鱼方法是用网打水趟子、“鱼窝子”① 和钩捕等。历史上，赫哲族人的捕鱼活动一般以个体为单位。在集体捕鱼时，要选一位德高望重的人，由他组织和主持捕鱼生产及分配。清末以前，集体捕鱼所得平均分配，并且照顾到鳏寡孤独和未参加捕鱼的人。渔场历来是公有的。

1953 年，八岔村建村时，区域内有网滩 10 个、鱼亮子 12 个，一直沿用至今。国务院为了保障赫哲族渔村渔业经济发展，特批了位于抚远县境内的乌苏里江畔白灯滩为大马哈鱼捕鱼期八岔村与街津口赫哲族村的专用网滩，八岔村的赫哲族渔民可以到抚远县管辖的网滩——白灯滩打大马哈鱼，大马哈鱼期过后，渔民自行返回。

捕鱼工具

赫哲族在漫长的生产生活中，由于以渔业为生存主业，独创了一系列捕鱼工具。这些工具既体现了赫哲族人在渔业生产中的捕鱼智慧，又是赫哲族渔业文化长期积累的物质资源。1953—1964 年，八岔村民捕鱼的主要工具为叉、钩和麻线网。赫哲族人擅长用叉捕鱼，鱼叉有叉大鱼的活柄叉和叉小鱼的连柄叉等。用叉捕鱼，主要是渔民拿着叉在河边或是沟边静静地等待，有时也在船上站着等待，待鱼出现时，根据积累的观察经验，用叉子向鱼叉去，经过训练和经验积累，基本上百发百中。用鱼叉捕鱼是赫哲族人最为

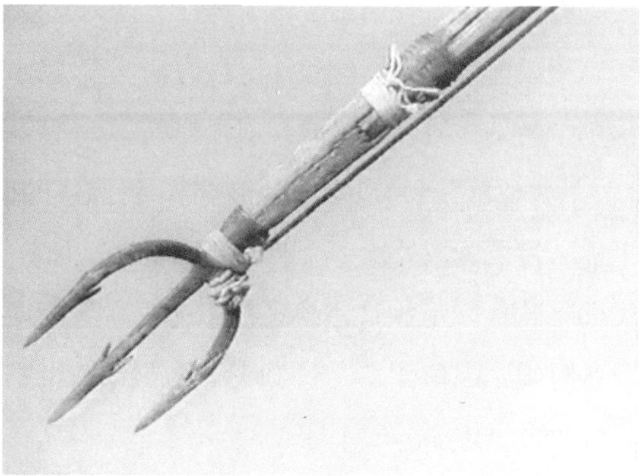

赫哲族原始捕鱼工具——带倒须的鱼叉　　杨光海　摄

① 鱼窝子：水下鱼积聚的地方，有的是人工引诱形成的，有的是自然形成的。

古老的捕鱼方式之一。因对鱼类有极大危害，加上效率较低，此方法现在已很少使用。后来，钓鱼也是一种被普遍运用的捕鱼方法。

鱼叉 赫哲语称“卓布固”。铁制，3个齿，叉齿扁平，中间一齿稍长一些，有两个倒须，两边叉齿里侧和外侧各有一个倒须。叉头固定在叉杆上，为连柄鱼叉。

活柄鱼叉 赫哲语称“莫通库依玛哈卓布固”。叉头与连柄鱼叉样式一致但大小不同，叉杆长约4米，叉库连带叉杆上拴一根两丈多长的蹓绳，蹓绳的另一头拴一个用怀头鱼泡做成的漂子。捕鱼人叉到大鱼时，叉杆脱落，大鱼带着鱼叉游蹿，捕鱼人顺着鱼漂子追撵，待鱼力竭，捕鱼人将船划至近前，拉起叉绳将鱼拽到浅滩上。

漂杆 赫哲语称“得各逮莫”。用一根3米左右的柳条子（如独根不够长，可用铁线接出一根竿头）当钓鱼竿，在鱼竿的顶端拴一根3米左右的细麻绳，麻绳的末端1米左右的地方拴一个漂（最早是用干高粱秸秆去皮后，切10厘米左右制成，后来用泡沫，再后来用塑料制成各种空心漂，颜色也各异），拴一个或是间隔着拴2～3个鱼钩，往下留下一小段距离后再拴上一个小金属坠，在鱼钩上串上鱼食（鱼食可用小块的豆饼，或是蚯蚓，或是用面做成很小的块状物，加上鱼喜欢的气味）。人双手拿着鱼竿，借着金属坠的惯性，把渔线甩进水里，等待鱼上钩。最原始时，是一人只拿一根鱼竿，凭手上的感觉判断鱼是否上钩，后来发展到在钓鱼竿顶端安一个小铃铛，这样一人可以同时控制几根鱼竿。鱼一上钩，鱼竿顶端的小铃铛就会响，钓者就知道鱼上钩了。如果感觉是小鱼，就可以直接拽上来。如果是大一点的鱼上钩，就要慢慢地往上拽，感觉下面的鱼用力往回拽，人就要松一松，等鱼累了，人再往上拽，反复多次，最后把鱼拽上来。后来用尼龙线代替了麻线，再后来用胶丝线。这种方法一直沿用至今。现在的鱼竿、鱼漂、鱼钩、鱼食等都采用了新型材料，其功能有很大提高。

“秋特乐”钩 用硬木做钩把，将撅成的钢钩穿在木把上，用椴树皮纤维做钩纲、钩爪绳，每个钩弯处拴一个黄菠萝树皮漂子和石头小坠，下到江里，钩尖朝上，鱼碰触到钩尖即被钩住。下钩时，渔民在江边或岸上等候，当发现钩住鱼时，划船赶到，将鱼摘下。早些时候，因鱼太多，到了晚间要将钩取出挂在钩纲上，以免钩住大鱼或钩住的鱼太多而导致钩被带走。

甩钩 赫哲语称“牙卡拉”。用三四个大钩绑成锚形，捕鱼人站在石砬子或小船上，将钩甩在急水流里，来回用力地拉，以便钩到路过或游动捕食的鱼。这种捕鱼方法很危险，曾有人被钩住的大鱼拖进江底再也没能上来。

毛毛钩 赫哲语称“措拉丰”。在钩柄上绑些兔毛或羊毛，捕鱼人站在岸上把钩甩入水中，往返不停来回地蹓，诱使大鱼误以为是小鱼在水面游动，急追吞食，随即被钩住。

“刻格勒”钩 在钩柄上拴一个铝质小勺，用绳系在木杆上，甩到水里拉着走，使得铝勺不断地晃亮，如同小鱼在翻转游动，诱使大鱼来吞食上钩。

滚钩　　尤俊生　摄

滚钩 也称“快钩”。赫哲语称“克日斯克”。这种钩是二十世纪二三十年代由汉族地区传入的。制作这种钩要经过摵钩、烧钩、淬火、炒钩等 70 多道工序。钩制成后，要把钩尖锉得尤为锋利，然后拴上钩爪绳，系在钩纲上。一般一竿子要拴 200 多个钩，每隔 30 个钩拴一铁盒漂子。

这种钩是赫哲族曾经普遍使用的捕鱼工具。它的特点是使用方便、钩鱼多。但因对鱼有伤害，此钩在 20 世纪 60 年代已不再使用。

蹶达钩　　尤俊生　摄

蹶达钩 赫哲语称“各钩罗固”。冬季捕鱼用的工具。一般是在水面冰冻得能够撑住人的时候，在冰面上相距 1.5 米左右打两个冰眼，人站在两个冰眼的中间。鱼钩是用铅或锡制成的小鱼形状，两钩尖相对朝上，钩的另一端浇铸在“小鱼”中。用一根 3 ~ 5 米长的胶丝线，一端拴在“小鱼”背部的小铁环上，另一端拴一个小木棍，便于钓者手握。钓者一手拿一把鱼钩，交替上下拽动胶丝线，水下的“小鱼”就跟着不停地上下摆动，附近的大一点的鱼以为是真的小鱼在游动，就会追过来一口咬住，最终被钓上来。此种捕鱼方法，冬季在江河上会形成一道奇丽的风景，远远望去，好像几十人在风雪江面上翩翩起舞，蔚为壮观。

底钩 赫哲语称“喝日各衣勒固”。在江河的边上钉一个木头桩子，用一根长 10 ~ 30 米的线绳（根据鱼活动区域的远近决定线绳的长短），线绳末端拴钩。串鱼食，方法与钓竿的拴法基本相同，只是不用鱼漂，坠的重量也要比钓竿的坠重一些。钓者在距鱼线末端约 1 米左右的地方横拴一根小木棍，将小木棍放在手的食指和中指中间，用手握住木棍，将鱼线末端的一段线甩起来，在末端鱼坠的重力作用下，借着惯性把线甩入江河中。每次可根据鱼情下几把、十几把、几十把钩。一般第二天去蹓钩。如果有鱼，把鱼摘下来，串好鱼食，再把线甩进去。可循环使用。

鲤鱼钩 赫哲语称“钝固”。在一根长 50 米左右的麻绳（后来用胶丝线）上，每隔 30 厘米拴一个钩，不下鱼食，鱼在行进中被钩住。以上拴法为一杆钩，一般每只船可下 8 杆钩左右。

鲟鱼钩 赫哲语称“刻日乞克”。钩拴在粗麻绳上，相距 50 厘米拴一个钩，不下鱼食，鱼在行进中被钩住。一般每只船可下 4 杆钩左右。

快当钩 赫哲语称“克衣特”。一杆拴 240 ~ 260 把钩，拴在一根长约 50 米的粗网纲上，上面有漂，两头用锚石固定在水下，当大鱼通过时，水中的钩可钩住大鱼，鱼受惊翻滚时，其他的钩再次钩住鱼身体的其他部位，最终把大鱼捕获。

蚯蚓钩 赫哲语称“波特过货”。就是在钓鱼的钩上串上蚯蚓做鱼食。

麻线蹚网 赫哲语称“混它合细克特达龙阿勒恩阿迪勒”。用细麻绳织成，单层网，网眼为 15 厘米，网长 60 米，120 个漂，240 个坠，每只船可下 5 张网。先将渔船开到江心，将网的一头拴上一个大漂（最原始的一般用猪膀胱吹起来，把口扎紧当漂，后来用泡沫板当漂，还有的用塑料壶当漂），放到江里，随后利用水流的拉力，将网一段一段地往江里放，直到放完为止。当网全部放完后，整张网在水面上形成一道横向的屏障，顺流而下，由于鱼是逆流而上，撞到网上被套住便被捕获。但由于麻线网所使用的麻线遇水后颜色比水深，鱼一般见到后会立即躲开，因此收获并不大。

棉线蹚网 赫哲语称“又汁细克特达龙阿迪勒”。1964 年后，采用棉线网。用细棉线织成，单层网，网眼为 15 厘米，网长 80 米，160 个漂，320 个坠，每只船可下 5 张网。捕鱼方法与麻线网基本相同，但由于棉线是白色，下到水里颜色相对较浅，鱼不容易发现，因此捕鱼量明显增长。

胶丝三层网 赫哲语称“胶丝依兰借了各衣阿迪勒”。1969 年，下乡知识青年带来了新的捕鱼工具胶丝三层网。一天，知青李三怀、曲本泽、刘德奇与时任八岔渔业生产大队长、船长毕忠胜一起捕鱼，聊天时知青们谈到了当时八岔赫哲族渔民用的网太落后，不如他们家乡的网先进。于是毕忠胜就派李三怀等人回老家温州带回了先进的网具——胶丝三层网。此网一出现，立即引起同江渔业界的关注。

胶丝三层网长 120 米左右，中间一层网眼 12.7 ~ 14 厘米，两侧附两层大网，网眼 40 厘米，128 个漂，256 个坠，一只船一般可下 6 张网。捕鱼方法与其他渔网相同，但由于此网使用胶丝线织成，胶丝线下到水里后呈透明状，鱼很难发现，加上此网两侧有两片大

八岔村渔民冬捕连拉网　　迟伟臣　摄

网，鱼撞上网后，中间的网衣子就会形成一个兜，鱼越是挣扎，就越是被缠得结实，此网可捕到小至2000克的鱼、大到500千克以上的大鳇鱼。1969年，八岔生产队因使用此种网，捕鱼量猛增，年捕鱼量超过百万斤，村集体收入增加了3倍多。之后，凭借此网的捕鱼技术，八岔村的收入逐年上升。

拉网　赫哲语称“阿低勒”。最早的拉网，用“黄芹”（赫哲语称“乌吉牙尔辛”）、“鳖麻子”（赫哲语称“飞克特”）等加工过的野生植物纤维织成网片，椴树皮与柳树皮绳制作网纲和拉网绳，黄菠萝树皮做成网漂子，黄泥掺白浆土烧制网坠。到了清朝中叶，由依兰哈拉（三姓城，即今依兰县城）换回了织网的线麻，后来从俄国传入“玛塔拉斯克”洋麻线，再后来又由汉族地区传入了棉线。拉网，是赫哲族最古老且网线演进最大的捕鱼网具。一般网高约2.6米，网眼约6.6厘米，每片长约6.6米，捕鱼时将多片连在一起，用人或船在水中拉着走，顺水、逆水均可。

旋网　赫哲语称“烁音阿迪勒”。织网时，由内向外逐渐加眼，口越来越大，长度在10米左右，最外圈用铅坠加重。捕鱼时，人站在岸上或船上，用一根绳的一端将网的小头拴住，另一端套在一只手上，把网捡起来后，另一只手向江中甩，网快速向江中沉去，岸上或船上的人拽手里的绳子，由于网坠的作用，大圈收缩在一起，鱼被锁在网中。

铃铛网　赫哲语称“地日嘎阿迪勒”。是一种冬季捕鱼的工具，一般选择在江河水流较急且离江边不远的冰上搭一个木板房，房盖上留一个洞，在房子里面向岸边方向用冰镩打一个长15 ~ 20米的条形水槽，用铁管或木杆，沿水槽每隔2米左右一根，绑上网障插在水中，用柳条做一个直径 40 厘米左右的圈，拴在一个 5 米左右筒子网的一端开口处，给进网的鱼一个空间，在网口用一根粗网线（收口绳）将四周穿起来，并把这根网线拴在小房的墙壁上或是横杆上。在网口外端布置 7 根细网线直通冰面，拴在收口绳的横木棍上，每根网线上拴一个铃铛（现在已经用电铃、电灯泡，7 根网线连着 7 个搭铁线，相当于 7 个开关），网的另一端用网线扎死。用粗木杆将网下到水底，借着水流的力量把网展开，当有鱼入网，鱼撞到网线上时，搭铁线瞬间接通，电铃会发出声音，灯泡亮起，这时把收口绳向上提，直到把网口扎住为止。再用粗木杆把网提出水面，把网里的鱼倒出来，再把网下到水底，等鱼进网。可重复进行。

张网 赫哲语称“吐拉阿迪勒”。一般选择在离岸边不远的合适位置，用粗木杆交叉搭建一个直径 5 米左右的大囤，里面用大量的砂石沉住，在囤的上下各拴一条粗钢丝绳，一直延长至岸边，在岸边挖一个长方形的大槽，里面放一根粗大的横木，将钢丝绳拴在横木上，用土把槽子填平，将钢丝绳固定住，在钢丝绳与兜网末端之间再拴一根粗绳，在两根钢丝绳之间拴一个宽 30 米左右、高 3 米左右的大兜网，网长 80 ~ 100 米，兜网的末端用绳子（锁口绳）扎住，再往回返 6 米左右，用一根粗网线穿在兜网的四周，另一端引出水面拴在粗绳上。起网时，渔民站在船上用双手交替拉固定住的粗绳，船向前行，行至收口绳处，将收口绳收起，带出最后一段兜网，将兜网末端的锁口绳打开，将鱼倒在船上，然后再将兜网放入江中。

待河网 赫哲语称“蒙哥阿迪勒”。在河边埋上树桩子，挡上箔，在箔的口门上支起这种网。当鱼顶水游到箔上时，它便沿着箔往下找出口，箔的尽头就是待河网的入口，待鱼游到箔的尽头，随着水流的冲击力，鱼便进入网内。坐在船上等待的捕鱼人，此时手中的“消息脉线”便会颤动，捕鱼人要迅速提起网后端的网筒取鱼，若有迟缓，鱼会返身逃走。

抬网 赫哲语称“图其耶其库阿迪勒”。网长约 6.6 米，宽约 2.6 米，用木棍支开，将网放入水中。网中放上鱼饵，当鱼进网吃食时，捕鱼人拽起拴在撑杆顶端的拉绳，将网抬出水面取鱼。

挂网 赫哲语称“图库阿迪勒”。棉线织成，网高约 2 米，长 16 ~ 20 米不等，下在水中犹如一面墙。捕鱼人在四周以石或木棍击水轰鱼，促使鱼游动将其腮或鳍挂在网上。

圆锥网 赫哲语称“吉哈拉库阿迪勒”。麻线织成，长约 3.3 米，网口宽约 1.6 米。

捕鱼时将网口张开，用船在水中拉着走，鱼从网口入网，从网尾取鱼。

丝挂子网 赫哲语称“卢库斯阿迪勒”。用丝线织成，棉线合成网纲，秫秸切成约6.6厘米做漂子，网脚子用铅制做，网眼约12.6厘米，每片网长约33米，网脚子重250克。这种网有两种使用方法。一种是下浮网，一种是底网。下浮网是网漂子露于水面下的网，专逮起浮的鱼；底网是撤漂子，加铅脚子，使丝挂子网贴近江底，专捕在江底游动的鱼。

蹚网 赫哲语称“达龙阿迪勒”。蹚网是赫哲族人春、夏、秋季最常用的网捕方式。由二人驾船，在适宜撒网的江段上把网横向撒到江里，淌到既定位置，把网起出，可捕不同季节的各种江鱼。蹚网在20世纪50年代，多半由尼龙线织成；六七十年代后，普遍使用胶丝线织成的蹚网。

挡亮子 赫哲语称“卡迪勒毕日德拉”。最初挡亮子的箔是用直径约3.3厘米的柳树条编成一片一片的帘子，后来的箔是用铁丝编成的。江河涨水时，鱼游进适合挡亮子的小河或大泡子，待水将停未撤时，把编好的箔绑在木桩上立入水中，把鱼挡在河或泡子里。挡的如是草芽子水[①]的鱼，水停后即用拉网将鱼取出。如果在伏天或秋天挡亮子，要等到冬天河泡结冰约6厘米厚，拉上旋网，用抄罗子或拉网起鱼。

渔船 赫哲语称“特么特肯”。随着技术的发展，八岔村的赫哲族人使用的渔船也不断变迁。最古老的渔船是用一整株杨木凿成的独木舟。最具特色的是桦皮船，具有轻盈、快捷的特点。木制快马子也曾盛行一时。其他曾经使用过的船还有舢板、丝挂船等。

独木舟 赫哲语称“敖拉沁”。也称杨木雕船。它是截取一段粗大的杨木树干，用斧、锛砍凿成长约3.3米的木槽，一头略尖并微翘，一人乘坐叉鱼用。

三页板 赫哲语称“腾木特克”。用粗大的松木锯成3块薄木板，一宽两窄。宽板做船底，两个窄板做船帮，前后两头钉上木板，船底及船帮钉几条扁木方加固，钉木板的钉子用“暴马子”[②]木制作。造船时用松脂油涂抹钉眼，用“地茅”[③]封堵船缝。此船长约6.6米，宽约13.3厘米，主要用于拉网。

---

① 草芽子水：指江河岸边青草刚发芽时的水面。

② 暴马子：学名暴马丁香，落叶乔木。树皮灰褐色，有横纹。

③ 地茅：即苔藓。

花鞋船　赫哲语称“衣日嘎萨波特么特肯”。因船形似花鞋而得名。花鞋船用松木板做成，较三页板大。其前行方式是一人站在船中间划棹板（也有前边一个棹板，后边一人或左或右划一个单棹板），船尾有一人掌舵，主要用它运鱼。

桦皮载重船　赫哲语称“吉拉”。以松木做肋条，用桦树皮包船体，船底圆形，两端尖翘，最多有 15 人搬桨（其中 1 人掌舵），载重量大，划行起来速度快。

机械船　赫哲语称“玛铎鲁”。1983 年，八岔村开始使用机械船，由于速度快，下网捕鱼的次数增加，产量也随之增加。机器船一直使用至今。

水产养殖　中共十一届三中全会以后，八岔村加快了水产养殖业的发展，放养水面逐年增加，自然资源不断被开发利用，科学养鱼技术逐渐被认识和应用。养鱼专业户、重点户、新经济联合体大量涌现。从 1998 年开始，八岔村在曹大爷河、腰屯大泡、十里泡开办了养殖场，养殖的品种主要是鲫鱼、鲤鱼和草鱼。

2004 年，八岔村开始控制自然捕捞船只数量，积极推广泡沼养鱼、网箱养鱼。重点开发了莲花泡、十里泡两处养鱼基地，新增加养殖水面 3500 亩，全村养鱼面积达到 6000 亩，其中，散养面积 5000 亩，精养面积 1000 亩，渔业年产量 35 吨。八岔村鲟鳇鱼养殖场先后繁殖鱼苗 30 万尾，全部销往山东烟台等地。2004 年，全村渔业实现产值 350 万元。

八岔村利用泡沼养鱼　　尤俊生　摄

2010年开始，在莲花泡、十里泡、曹大爷河养殖鲫鱼、鲤鱼、草鱼、鳌花鱼。放成鱼4000尾，收获成鱼16000千克，收益40万元。之后进行规模养殖。

2016年，八岔村共有规模化养殖场5个，养殖水面7200亩，每亩平均放养鱼苗6000尾。全年渔业总收入为749万元。

◉ 狩猎生产

狩猎工具

赫哲族人狩猎用的工具有猎犬、弓箭（后来为枪）等。弓箭是赫哲族人最古老的狩猎工具之一，历史记载为“楛矢石砮”，是赫哲族先民标志性的贡品。扎枪也是赫哲族人古老的狩猎工具。后来，火绳枪、“洋炮”、赫哲族原始狩猎工具——“别拉弹克”枪、连珠枪、套筒枪、毛瑟枪、三八式枪、捷克枪等先后传入赫哲族地区，狩猎进入火器阶段。赫哲族人在冬季惯用滑雪板狩猎，足踏木板，溜冰雪而射。其他狩猎工具还有累刀、下闸、窟窿箭、夹子、扑貂网等。

弓箭　赫哲语称“勃力牛录”。弓用硬木撅制，弦用鹿筋制成。箭杆用一种叫“王八骨头”[①] 的硬木制作，箭镞是铁的。上古时代，赫哲族的先民就知道用楛木做箭杆，用木化石做箭镞，故有“楛矢石砮”献于周王朝之说载于史册。赫哲族用弓箭狩猎的历史非常久远，弓箭材料和附属配件也几经变易。石箭镞变为铁箭镞，骨扳指变为石扳指、银扳指。1958年，中国科学院在对赫哲族社会历史做调查时，当年65岁的董金宝老人说，他祖父就曾使用过弓箭猎马鹿、罕达犴等大野兽。那个时候虽然狩猎工具原始，但由于猎源丰富，猎取生活所需的猎物有保障。

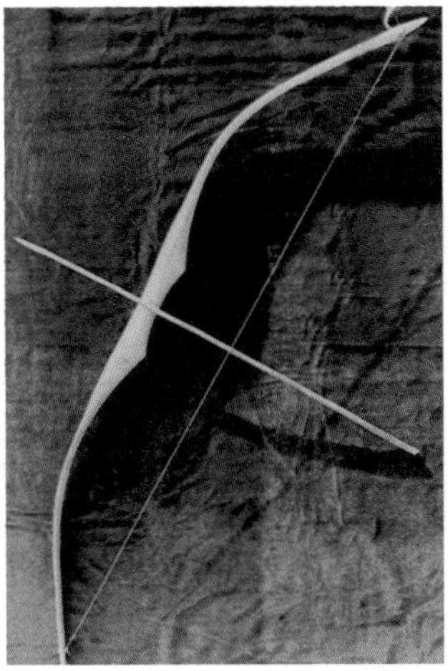

弓箭　　尤俊生　摄

扎枪　赫哲语称“激达”。早期的扎枪，把小型硬质原木削尖即成。有了铁以后，才有了铁制的枪头。铁制枪头为菱形，有大有小，有枪裤[②]，安

① 王八骨头：学名金银木，落叶性小乔木。

② 枪裤：扎枪前端枪头与枪杆连接且与枪头焊在一起的空心部分。

装长约 2 米的木柄。扎枪是勇敢剽悍的赫哲族人猎取野猪、黑熊等大野兽最为常用的工具。钢枪传入后，逐渐取代了扎枪。

伏弩 又称地箭。赫哲语称“舍拉迷”。制作伏弩的弓，用的是较有弹性的硬木，弦是狍、鹿筋，箭杆是硬木，铁质箭镞。伏弩有大有小，大伏弩捕狍子、野猪等大野兽。使用时，将大伏弩设在猎物走的道上，用高约 60 厘米的树杈或木架支起来，野兽走过，触动销栓，箭头即发出，平射在猎物身上。小伏弩捕鼬鼠、貂、水獭等较小的野兽。小伏弩是从上往下射的，架设原理与大伏弩一样，只是发箭角度不同。

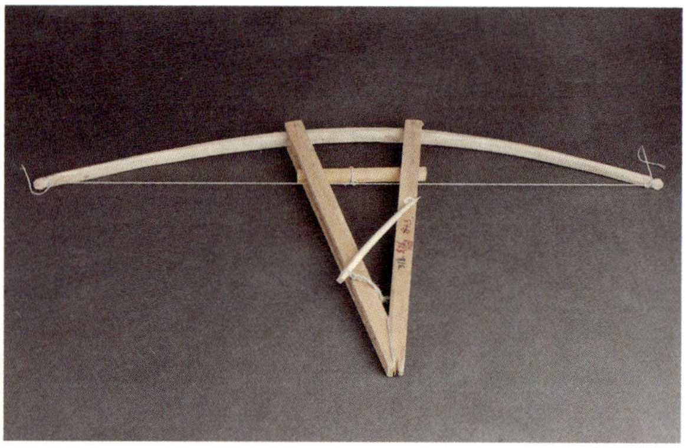

伏弩　　尤俊生　摄

袖筒网 赫哲语称“乌库”。用麻绳线织的袖筒状的网。使用时，支在貂洞口，猎人到洞的通风口处驱撵，使其出洞钻入网内。

碓板 赫哲语称“扣林米克”。把长约 9 厘米、直径约 4 厘米的干木劈成两半，将其中一半削成凸形，另一半劈成薄板，削成凹形，另在长约 20 厘米的细条一端刻 3 厘米长的豁口，做机关销。然后将其支在一小块较平整的地面上，上面压一根大木，下面横一根枕木。碓板的后面设一个长约 25 厘米的小房，里面放些鱼、肉类食物，以作诱饵引鼬鼠入内。鼬鼠去吃食，必触动机关，大木即压到鼬鼠的脖子或腰间。

下闸 赫哲语称“胡发”。是赫哲族猎人随手可做且很早就开始使用的工具。把一根空筒木劈成两个半圆弧形，用其中一个在中间凿眼，上面支闸柱，使机关直伸到前面，再用一立木支撑，支在貉子洞口上。待貉子从洞里出来时，触动机关，压在上面的大木随即掉下来把貉子压住。

夹子 赫哲语称“卡布卡那”。有木制和铁制的两种。赫哲族人用夹子捕猎有多种方法。将夹子下在水里，在离夹子 20 厘米远的地方放一条鱼。当貉子或狐狸隔着夹子去吃鱼时，就踩上机关而被捕获。将夹子下在沙地上，盖上沙土、树叶、杂草等，将诱饵挂在树上。貉子、狐狸嗅到诱饵后，会绕树四周打转，踩到夹子必被逮住。有时将夹子下在沟塘边、水泡沿等鼬鼠频繁活动的雪地上。上面盖一张白纸，纸上撒层薄雪，只要鼬鼠在上面走过，多数都会被擒。无论下什么夹子，猎人在下好夹子后，都会倒退着走，把自己的脚印用沙土或雪掩盖好，以免被猎物发现。一般还要把夹子拴在树根、塔头[①]或石头上，以防夹子被较大的猎物拖走。

猎枪 赫哲语称“毕罕各一达”。19 世纪末，由汉族地区传入了“火绳枪”。后来的几十年间，又有了“洋炮”枪、“十响毛瑟”枪、“别拉弹克”枪；二十世纪四五十年代后，又使用过三八式步枪、7.62 毫米口径半自动步枪等多种猎枪。

传统狩猎习惯 狩猎活动一般要集体进行，推选一名“劳德玛发”领导。少则二三人，多则十几人，一般由亲属和好友组成。居住在松花江流域的赫哲族人，主要以鹿、狍子、野猪和各种毛皮兽为猎取对象；居住在乌苏里江流域的赫哲族人，貂是其主要的猎取对象；居住在黑龙江下游的赫哲族人，以猎取貂等细毛兽为主，还猎取鹿、熊、虎等大兽。

狩猎方法 赫哲族人熟悉野兽的习性，狩猎方法花样繁多。赫哲族人谙于捕貂，捕貂是狩猎者的主要收入来源。在貂经常通过的路线做碓板捕捉；用烟熏貂洞，迫使其进入洞外的网内；设地箭触而射之等。赫哲族人丰富的狩猎技术在猎鹿时表现得淋漓尽致。其猎法有围猎、蹲碱场、卡鹿道、诱猎。围猎，就是几个人围住鹿，向射手隐藏的地方轰赶；鹿需要吃碱，猎人便蹲守在碱场下风口狩猎；等候在鹿常走的道路附近伏击，即为“卡鹿道”；在鹿发情时，猎人模仿鹿的叫声，引诱其到猎人埋伏处，趁机捕杀。在猎取其他野兽时，赫哲族人也同样掌握了众多熟练的技巧，显示出特有的智慧。

八岔村狩猎队（1959 年）　　尤俊生　提供

① 塔头：东北方言，也作“塔头墩子”。是一种高出水面几十厘米甚至 1 米的草墩，由沼泽地里各种苔草的根系死亡后再生长，再腐烂，再生长，周而复始，并和泥炭土长年累月凝结而形成。

八岔赫哲族猎人用猎枪狩猎（20 世纪 50 年代） 杨光海 摄

收获 1963—1978 年，是八岔赫哲族人捕猎的高峰期，这期间主要捕猎狍子、野猪、獾子等猎物，交通工具主要用滑雪板、马或是狗拉雪橇等。八岔生产大队组织了狩猎队，负责人叫毕青林，共有7人，武器是三八式步枪、夹子、套子、窖等。当时野猪、狍子、孬头、獾子非常多，每人每天平均能捕到 10 只左右，每只价格为 5 元，肉主要供村民食用，皮子可以用来做帽子、围脖、套袖、大衣等。上交给国家还能换外汇。

1979 年以后，由于猎物大量减少，加上国家出台保护动物的法令，赫哲族人才逐渐停止了打猎。主要靠打鱼和种地为生。

新农村建设

八岔村新农村建设是赫哲族聚居地建设的一个缩影。新中国成立后，在党和各级政府、社会各界的大力支持下，八岔村民的居住条件和生活环境得到明显改善。从原始状态的地窨子、撮罗子、马架子，五六十年代的土草房，七八十年代的砖瓦房，九十年代的二层楼，到现在的花园式别墅，从江边的泥泞小路、村中的砂石路到如今笔直的水泥路，沧海巨变，旧貌换新颜。

◉ 街道建设和绿化、亮化

街道规划 20世纪80年代开始，八岔村村屯建设开始规范，注重街道规划，在1986年和2005年两次新村建设时，都对街道进行较高标准的设计规划，但没有确定街道名称。2014年第三次新村建设时，充分考虑了街道的实用和美观，并对八岔村的街道进行了富有赫哲族特点的命名，与整个新村建设相得益彰。整个村的街道有六纵二横8条主干道，11条巷道。纵向街道自西向东依次为黑龙江大街、福勒贡街、爱伊街、莫日根大街、巴音街、弟库土街、斯亲街，横向街道自北向南依次为别亚路、修恩路。整个新村共规划了11条巷道，东区自北向南分别为芒么巷、毕拉巷、木克巷、乌日肯巷；西区自北向南依次为塔斯和巷、玛佛咔巷、库玛克巷、胡霞巷、乌力克伊巷、纳篓克巷、道戈斯克巷。

绿化 八岔村一直较重视绿化。20世纪80年代以前，绿化主要依靠自然林木，树种多为柳树。90年代开始，每年都有计划地栽植一些柳条和杨树苗，并陆续开始栽植丁香、云杉等。2013年洪灾后，村里绿化成果全部被水毁。从2014年开始，结合新区建设，加大绿化投入。2014年，投入资金10万元，

八岔赫哲新区家庭旅馆（2015 年）　　　　邵国良　摄

主要栽植柳树 3000 株、云杉 200 株、丁香 500 株。2015 年，投入资金 120 万元，对新村进行了高标准绿化，主要栽植银中杨 12000 株，糖槭 1000 株、小叶丁香 3000 株、垂柳 8000 株、紫穗槐 2000 株。2016 年，投资 90 万元，铺设草坪 3000 平方米，栽植云杉 500 株、垂柳 1000 株、小叶丁香 500 株。

新区亮化　同江市八岔赫哲新区亮化工程项目为 184 栋居民住宅楼房前侧主体安装变色、暖色、白色灯带，前院围墙安装射灯，每户安装时间控制器及电费计量，安装

八岔村街道绿化（2015 年）　　尤俊生　摄

八岔赫哲新区亮化（2016 年）　　尤俊生　摄

八岔村宽畅整洁的街道（2016 年） 八岔赫哲族乡政府 提供

168 盏路灯，工程由同江市批准，佳木斯赫哲部落文化传媒有限公司中标后施工。

主要亮化工程于 2016 年 12 月实施，预算资金 732630 元。

环境整治 1996 年，八岔村成立环卫队伍，由专人清理垃圾。2005 年，购进运垃圾车 2 台、清扫设备 1 套。2016 年，专业环卫工人 2 人，垃圾车 2 台，清扫设备 1 套。由乡、村两级统筹部署，组建了专业保洁队伍，安排专职保洁员 6 人，购买专用清运车辆 2 辆，设置垃圾箱 50 个，实现了村内垃圾日产日清、垃圾集中处置。同时，每季度开展村内环境卫生综合整治活动，集中人力、车辆全面清理环境卫生，保持村内环境整洁。结合新村建设实际，修订完善了《村规民约》，制定了具有公信力和约束力的农民自主管理条约。建立了门前“三包”机制，与农户签订门前“三包”责任书，农户自家房前屋后必须保持清洁，树木管护、冬季清雪等全部落实到户，将道路、树木的管护都落实到村民，形成了一套乡村建设成果农民共享、长效管护、农民共担的管理机制。2014 年，完成了八岔村水毁人行道路工程项目。该项目投入资金 181 万元，完成 8050 平方米步道板铺装和 1 万立方米土方回填工程，新建水泥排水边沟 600 延长米，修建临街栅栏 600 延长米，完成八岔村绿化项目和尾项工程。由大庆油田公司投资 360 万元，完成广场配套设施铺设、安装，完成巷道铺设、新增改水设备、锅炉改造。

八岔赫哲新区一角（2015 年） 尤俊生 摄

八岔赫哲新区建设

2014 年，大庆油田公司按照中共黑龙江省委、省政府指示，承担了同江市八岔赫哲族乡八岔村灾后援建工程，并将该工程列为 2014 年油田总公司重点项目。建设单位大庆油田有限责任公司（大庆石油管理局）大庆油田同江救灾援建工程项目经理部；监理单位大庆石油工程监理有限公司；EPC 总承包单位大庆油田工程有限公司（大庆油田建设设计研究院）；房屋建筑及配套工程施工单位江苏南通三建集团股份有限公司；道路及场地工程施工单位大庆油田工程建设公司路桥工程有限责任公司。大庆油田公司同江救灾援建工程概算投资为 16052.03 万元，工程规划用地面积 17.22 公顷，分为赫哲新区、小学校幼儿园、卫生院及配套基础设施四部分，居民房建筑面积 18903.83 平方米，公建及配套共计 7 个单体，建筑面积 4616.4 平方米。

建设内容 赫哲新区规划年限为 20 年，由居住小区、文化广场和仓储堆场构成。项目实施建设规划中的 92 栋、184 户，每户民居围院面积 285 平方米，围院内住宅分为 4 种户型（户型内包括 20 平方米仓库），新区内设置 1 处文化广场 1.36 公顷（位于赫哲

大庆援建的赫哲新区民居的基本户型（2015 年）　　大庆油田公司　提供

新区中心），配套建设图腾灯柱、题名石、健身器材、照明灯柱等广场设施。面积 2 公顷的仓储堆场 1 处（位于赫哲新区西侧，临防护堤），堆场上设置库棚两栋（1500 平方米）、晒谷场等。集中建设村委会和文化站两处公建设施。同时规划建设小学校、幼儿园、卫生院、锅炉房、给水泵房等配套基础设施。

新区按八岔乡镇区总体规划，配套建设道路、给排水、消防、供热、供电、通讯及绿化工程。新区建设南、北侧城镇道路（6 米宽），东、西侧城镇支路（3.5 米宽），广场两侧道路（6 米宽），城镇巷路（3.5 米宽），穿越军事区道路（10 米宽）及荷兰砖宅前路。新建混凝土道路总计 3.4 千米，荷兰砖宅前路总计 2.8 千米，主干路维修 1.03 千米，乡政府门前道路维修 3820 米。给排水、消防及供热系统包括明渠 2.1 千米、钢筋混凝土管道 4880 米、钢管 26.93 千米及各项配套设施。供电、通信系统包括变电站 2 座、供电线路 8.2 千米、电缆 18 千米、光缆 23.5 千米、路灯 80 套等设施。绿化工程分为宅前绿地、文化广场绿化、道路两侧绿化及防护林等内容。

工程进度　2014 年 5 月 8 日，项目经理部成立。根据中共黑龙江省委、省政府领导和大庆油田公司项目领导小组关于大庆油田同江救灾援建工程首先要确保赫哲族受灾群众当年入住的总体要求，项目经理部组织监理单位、EPC 总承包单位确定了两阶段施工的总体目标，即 2014 年优先施工住宅、给水泵房、锅炉房、小学校幼儿园等主体建筑，确保赫哲

八岔赫哲新区（2015 年）　　八岔赫哲族乡政府　提供

族受灾群众入冬前入住有暖的房子。其余施工内容在 2015 年施工完成，并交付使用。6 月 30 日，工程全面开工。11 月 15 日，项目经理部与八岔赫哲族乡政府举行交钥匙仪式，新建住宅正式移交。11 月 21 日，项目通过竣工预验收。2015 年 4 月 9 日，项目经理部组织各参建单位进驻现场，陆续开展绿化、军事区道路、广场设施、给水泵房扩建、锅炉房扩建等工程施工，并根据 4 月 16 日油田公司项目领导小组质量回访现场办公会议的要求及地方政府的建议，陆续对赫哲新区给水泵房和锅炉房进行相应的扩建调整，同时对大庆油田同江救灾援建工程进行全面整改、提高及完善。9 月 16 日，工程（除尾项外）全部完成。

◉ 堤防和护岸工程

黑龙江堤防　八岔村位于黑龙江南岸。黑龙江为中俄两国界江，由于同江市境内黑龙江边境线长达 170 千米，没有形成固定护岸堤防设施，国土每年都因江水冲刷而损失严重。近几年，部分岸段修了堤防，已筑黑龙江堤防位于黑龙江中游右岸，被街津山和勤得利山分为东、西两段。

八岔村处于黑龙江堤防同江段东部，村域堤防涉及两段，共 35 千米。分别位于卧牛河口—八岔段（堤路结合段，全长 40 千米，原防洪标准为 50 年一遇）、八岔—黑泡河口段（原防洪标准为 20 年一遇）。

黑龙江堤防同江段是三江平原综合治理的主要防洪工程之一。1984 年 10 月，经黑

黑龙江护岸工程建设现场（2004 年）　　尤俊生　提供

龙江省水利勘测设计院和佳木斯市水利勘测设计院联合进行初步设计，1986 年 2 月 15 日，由松辽水利委员会批复兴建。建设工期 4 年，同年 4 月 20 日正式开工。1988 年 10 月，堤防土方工程全部竣工。完成工程土方 950.19 万立方米，完成投资 1128.7 万元。1992 年，工程全部竣工。工程质量达到合格标准。

2004 年，同抚大堤卧牛河口至八岔段（堤路结合）由同江市交通局、水务局共同投资，完成长 43 千米的堤路结合段施工，顶宽 12 米，堤顶海拔高度 49.97 ～ 50.40 米。

黑泡河堤防工程　黑泡河堤防位于八岔村境内，右侧堤防长 16.9 千米，左侧堤防长 9 千米。由佳木斯市水利勘测设计研究院设计。

1999 年，松辽水利委员会批准立项黑泡河堤防工程。工程投资 2338 万元，治理除涝面积 9727 公顷，工程量 1771390.4 立方米，其中土方 177.02 万立方米，砂石 59.4 立方米，混凝土 1131 立方米，工期 2 年。2003 年 6 月至 2004 年 9 月，完成投资 612 万元，其中国家投资 306 万元。完成工程量土方 170 万立方米。防洪标准为 10 年一遇。

2015 年，在八岔村黑泡河岸建设了黑泡河排水闸站，堤防级别均为 2 级，防洪标准均为 50 年一遇。黑泡河排水闸站位于黑泡河口堤防通乌段上，桩号 16+058，自排流量

50.23 立方米 / 秒，强排流量 35.16 立方米 / 秒，黑泡河排水闸站为新建泵站，总体布置主要由进口引渠、拦污栅桥、前池、泵房压水池、穿堤涵洞、防洪闸、消力池及出口海漫组成。工程总造价 6000 余万元。

1984—2015 年部分年份八岔村水利建设国家投资统计表

表 4　　　　单位：万元

年份	1984	1985	1988	1996	2003	2015
投入金额	1164.7	308	121.64	387.81	2950	6000

八岔护岸工程　1976—1979 年，中共中央“大办农业，大办粮食，以粮为纲”及“开发三江”“向三江要粮”的指示下发后，由外地移民到同江东部、东南部建点开荒。先后新建 6 个公社。农业人口及耕地面积成倍增长，水利建设也有相应的发展。1966 年以后，同江治水“以防洪为重点，以小型治涝为中心，稳步发展水、旱田渠灌溉”，对原有的堤防进行了加固和重建，使八岔村的堤防能力大大提高。

1987 年，同江市水利勘测设计队对八岔护岸工程进行规划设计。1988 年，水利部松辽水利委员会批准实施八岔护岸工程。护岸长 1400 米，工程总投资 121.64 万元。工程于 1992 年开始施工，1993 年结束，完成护岸 900 米，完成工程量 3.7 万立方米，投资 121.64 万元。

八岔护岸工程施工现场（1996 年）　　尤俊生　提供

1996 年，对已建 900 米护岸底部破坏部分进行维修，护岸的结构形式为干砌石护坡，一级马道，工程总投资 387.81 万元。

2016 年，水利部门在八岔村共修护黑龙江防洪堤 35 千米，修筑大型抽水灌溉工程 2 处、大型排涝工程 2 处。全村防洪排灌工程在建，计划于 2018 年修建完成。

八岔排涝工程 八岔村地处三江平原末端，地势平坦、低洼，径流迟缓。土壤持水性强、透水性差，积水难以下渗，土壤长期处于饱和状态。夏季高温多雨，地表水与地下水连通，地表积水成涝，加之水利基本建设基础薄弱，极易成灾。

1984 年 4 月 20 日，由八岔到黑鱼泡河口的防洪排涝工程开始施工，全长 14.5 千米，投资 36 万元，完成土方 60 万立方米。

1985 年末，完成鸭绿河北部防洪排涝工程总土方 215 万立方米，投资 183.5 万元，完成主干工程、排水工程。

2003 年，浓鸭河涝区工程开始建设。该涝区位于八岔村境内，控制面积 14.59 万亩，计划投资 2338 万元。到 2005 年，累计完成投资 1290 万元，修建了黑泡河一排支、二排支、三排支 3 条排涝水渠，黑泡河堤防 25.9 千米，其中左侧堤防 9 千米，右侧堤防 16.9 千米。浓鸭河涝区的治理对同江东部地区粮食生产的安全发挥着重要的保障作用。与涝区骨干工程相配套的农田除涝工程，是在 1990—1998 年全省范围内开展的“黑龙杯”竞赛中完成的，除国家投资外，同江市政府、全市各乡镇、村、农民及全市人民集资 4600 万元。工程按水利部门统一的规划设计，完成了市属区域内农田排水除涝干、支、斗渠网络建设。同时，以水利建设为基础，进行了大规模的农业开发。建设了处于东部内涝区的“粮食自给工程”，面积 6 万亩，以及其他开发工程。这些工程的建设使农田除涝工程配套成网，内涝弃耕的土地得以复垦，大片低洼湿地被开垦成农田。

◉ 产业项目建设

惠民现代农机合作社 惠民现代农机合作社成立于 2011 年 3 月，合作社建设在八岔村域内，由村委会文书李景山带领 3 名党员成立，注册资金 500 万元，成员 12 名，入社耕地 9200 亩。2015 年，合作社为进一步扩大规模，申请了 500 万元的旱田现代农机项目，并于 2016 年 10 月顺利实施，现拥有价值 500 万元的大中小型现代化农机具 14 台套，年产值实现 500 万元。

赫翔渔业农民专业合作社 赫翔渔业农民专业合作社成立于2015年6月，由村委会主任王洋带领9户农民组建，注册资金450万元。合作社依托天赐湖与八岔河水贯通、无污染的资源优势，围绕生态、健康、高效的特色养殖发展思路，带领赫哲族群众探索绿色、名优品种特色渔业养殖，带动周边“四泡一河”养殖户共同发展生产。2016年，养殖鲤鱼、草鱼5000尾，总产量1.5万千克；投放河蟹10万只，总产量1万千克，产值100余万元。结合村规划建设项目，合作社发挥八岔赫哲族旅游文化产业优势，进一步扩大养殖规模，利用资源优势在天赐湖周边湿地大力发展农家鸡、鸭、鹅养殖，建设农家菜园子，打造农家乐模式的民族休闲旅游基地。

腰屯泡淡水鱼养殖专业合作社 成立于2011年1月，注册资金500万元，拥有养殖水面750亩。合作社有社员12户、专业养殖人员4人，主要以生态养殖、名优品种养殖为主，养殖品种包括鲤鱼、鲫鱼、草鱼、鲟鳇鱼、鳌花等十余种。合作社已完成投资200万元，建设了200平方米的办公室、仓库和接待室，100亩无公害养殖基地，栽种树木7800株。2016年，水产养殖产量实现240吨，收入实现20万元。

赫哲部落旅游文化发展有限责任公司 成立于2016年。八岔村党支部通过招商引资，积极与社会资本对接，在村党支部和村委会的领导下，村集体与赫哲部落旅游公司共同经办营销，围绕渔猎体验和民俗体验，打造赫哲八岔渔猎文化体验区，在基础设施建设、人员培训、市场开发、餐饮住宿服务上进行合作开发经营。已开发了赫哲民俗体验游和勘查生态八岔岛赫哲渔猎体验游两条旅游线路，并积极传承和发展民族文化，公司先后参与承办“渔猎文化节”“冬捕节”等多项民族节庆活动。通过公司努力，八岔村的旅游业初具规模，2016年，共吸引游客3万人，旅游综合性收入达150万元。

二道江滩地界江观光渔猎体验区 同江市八岔岛二道江滩地位于八岔村西北8千米处，八岔岛国家级自然保护区境内，与俄罗斯仅一江之隔。滩地总面积3万平方米，水域面积147万平方米，是赫哲族传统的捕鱼地点。滩地生态良好、环境优越、滩面开阔、水质清澈，盛产“三花五罗十八子”、马哈鱼、鲟鳇鱼、狗鱼、鲤鱼、鲫鱼、草根鱼等多种淡水鱼类。有渔民45户、船只45艘，每年捕捞野生鱼量4.5万千克。2014年起，八岔村大力推进民俗旅游发展，依托八岔岛自然湿地风光和赫哲族传统民俗优势，着力打造二道江滩地界江观光渔猎体验区。自2016年年初开始建设，累计投入50万元，将6栋地窨子修缮改造成赫哲族风情民宿，修建互动操场1个，配备游船2艘。开辟江滩渔家乐1处，提供生态鱼宴和烤鱼自助等美食服务。

船坞休闲广场　　八岔赫哲族乡政府　提供

八岔村自驾游营地　自驾游营地位于八岔村船坞广场及周边，原为2013年洪水大坝开口处，借助黑干工程修建项目，建设为集堤防、渔猎、户外拓展于一体的自驾旅游休闲营地。建设张拉膜钢架棚宇2处，500平方米；道路硬化2000米，沙石铺垫10000平方米；建设餐饮设施2处，可满足600人就餐；设置休闲帐篷35处、游江渔船4艘，游乐面积达15000平方米。自驾游营地二期工程已启动，二期工程投资800万元，在原船坞广场北侧建成以天赐湖公园为中心的全省为数不多的沿黑龙江岸具有民族特色的集休闲娱乐、旅游观光、渔猎体验、户外拓展、生态环保于一体的自驾游营地综合体。

特色文化

赫哲族渔猎文化是赫哲族先人流传下来的宝贵文化遗产。在长期的渔猎生产生活中，赫哲族人民创造了以伊玛堪、特仑固、说胡力、嫁令阔为代表的丰富多彩的特色文化。八岔赫哲族人以其聪明才智和过人的技艺对本民族文化进行了很好的传承，并发扬光大。特别是在民间舞蹈、图案艺术和鱼皮艺术等方面更是锦上添花。

历史久远，古老淳厚，神秘而传奇的伊玛堪，宛若道道星迹，划破长空，独放异彩。

◉ 伊玛堪

伊玛堪是赫哲族千百年来在生产生活中独创的一种口耳相授、世代传承的古老口头文学样式。它全面、鲜活地记录了这一中国北方渔猎民族的起源、生存环境、生产生活、民族风情、宗教信仰和历史发展，集中反映了该民族特有的生存方式、思维方式、生活智慧、文化意识和民族精神，是赫哲族的历史记忆和文化象征。被誉为“北部亚洲原始语言艺术的活化石”和“人类文化多样性的一个活标本”。是中华民族文化百花园中的一朵奇葩，是一代代赫哲族人集体创作的积累与生活智慧的结晶。它在赫哲族精神文化生活中占有特殊的地位，深受广大赫哲族民众喜爱。2011 年，赫哲族伊玛堪说唱被联合国教科文组织列入“急需保护的非物质文化遗产名录”，这在赫哲族历史和中华民族文化史上都具有重要意义，也标志着对赫哲族伊玛堪说唱的保护与研究已成为国际瞩目的重大文化课题。

说唱形式 伊玛堪说唱，由一人表演，无伴奏。歌手先拉长声调说个“啊郎——”，然后用散文体说白，对故事发生的时间、地点、人物作一番交代，接着徒口唱“赫哩勒调”。一般来讲，主要的对话都是唱，主要人物

八岔村老艺人吴连贵为人们说唱伊玛堪（20 世纪 70 年代）　　尤俊生　提供

的思想感情发生转折变化时，也都以唱来表达。如主人公遇难、作战求救、苦诉衷肠、欢庆胜利等都要起唱。使用的腔调也时有转换。男有男腔，女有女调。有老头调、老妇调、小伙调、少女调。得胜有高兴调，败阵有悲伤调，绝望有凄苦调，各种腔调随时随着故事的情节和说唱的需要而有所变化。由唱转为说白，一般用“啊郎——”，也有以“额乞合希安切阿日纳——”来结束唱段的，意为“我的话你记住了没有？”就这样，说一段、唱一段地往复交替，间或有听众发出“克！……克！……”的应和声，直到把一部完整演绎莫日根传奇人生的故事讲（唱）完。

伊玛堪在行猎、打鱼露宿时唱，在村中漫漫冬夜里唱，在婚丧嫁娶、逢年过节时也唱。当一群猎手结伴进山行猎，或者一群打鱼人在江上打鱼时，只要这群猎人、渔夫中有表演这种说唱故事的人，人们就会主动地帮他喂狗、拾柴、烧水、做饭，把他侍候得极为周到。到了夜色笼罩四野、露宿闲歇下来的时候，人们就会点起篝火，把他围在当中，请他说唱伊玛堪。伊玛堪篇幅有长有短，长者可连续说唱好多天，短者仅十几分钟。

说唱内容　伊玛堪是赫哲族传统的有说有唱的叙事文学，大量作品都是歌颂古代英雄的，常以“某某莫日根”为名。多是赞美英雄、颂扬神力，叙述部落之间征战、联盟，反映纯真爱情、社会生活和表现渔猎生产技能及原始宗教的流传等。大多有强烈的英雄色彩，反映了赫哲族崇尚英雄的习俗。

赫哲族的伊玛堪至少有四五十部，内容比较完整的有30余部。已采录发表、记载的伊玛堪长篇和片断篇目有《安徒莫日根》《满斗莫日根》《马尔托莫日根》《夏留秋莫日根》《木竹林莫日根》《香叟莫日根》《阿格弟莫日根》《希尔达鲁莫日根》《木都力莫日根》《吴胡萨莫日根》《沙伦莫日根》《满格木莫日根》《坎特莫日根》《希特莫日根》《木杜里莫日根》《乌力莫日根》《多如坤莫日根》《哈斗莫日根》《咕咕叨莫日根》《深沟莫日根》《丢沉莫日根》《爱珠力莫日根》《修德鲁莫日根》《莫土格格富真》《葛门主格格》《阿尔奇五》《什尔大如》《杜步秀》《土如高》《木出空》等。其中在八岔村采集到的伊玛堪有《安徒莫日根》《木竹林莫日根》《乌力莫日根》《深沟莫日根》《土如高》等。

说唱人 赫哲族群众称说唱伊玛堪的人为“伊玛堪奈依”或“伊玛卡乞玛发”。他们博闻强记，知识丰富，具有诗人般的创作才能，普遍受到赫哲族民众的爱戴与尊敬。赫哲族当代著名的伊玛堪说唱人有莫特额、古托力、葛德胜、葛长胜、芦升、芦明、吴进才、吴连贵、尤树林等。其中，八岔村的吴进才、吴连贵是当时众多伊玛堪说唱人中的佼佼者。

流传状况 赫哲族伊玛堪已有上千年的历史，是一代代优秀的伊玛堪说唱人，把一部部史诗般的伊玛堪作品传唱到了今天。20世纪50年代，伊玛堪讲唱活动还较兴盛，60年代开始，群众性的伊玛堪讲唱活动逐渐衰落。只有一些专家学者会同伊玛堪说唱

八岔赫哲族文艺工作者吴福常（左）采访赫哲族老艺人（1983年） 尤俊生 提供

人，采录并向世人介绍赫哲族伊玛堪，这期间，也有伊玛堪说唱人在赫哲族乌日贡大会上表演伊玛堪。但随着会说和能够听懂赫哲语的人越来越少，尤其是老一辈伊玛堪说唱人的相继离世，到 21 世纪初，赫哲族的伊玛堪几近失传。2006 年 5 月，在国家和省相关部门及热心于赫哲族伊玛堪保护的专家、学者的推动下，赫哲族伊玛堪被列入国家第一批非物质文化遗产保护名录。2011 年 11 月，又被联合国教科文组织批准列入“急需保护的非物质文化遗产名录”。

八岔村于 2013 年建立了伊玛堪传习所。老一代伊玛堪说唱人吴连贵的女儿吴桂凤是八岔村赫哲族伊玛堪的代表性传承人。八岔村从事伊玛堪传承工作的还有吴桂凤、尤俊宏、尤俊艳、董菊茹、毕旭等十余人。

附 1：安徒莫日根 ①

啊郎——

早年，在顺江中游的地方，住着一个小伙子，名叫安徒。在他很小的时候就没有了阿爸和阿妈，他的阿爸和阿妈是被敌人抓去做奴隶了，过日子的一切都是自己动手干。他每天捕鱼，打猎，采野果、野菜。安徒很聪明，也很能干。

有那么一天，安徒来到江边，看见有只大船顺着江边划过来，他很高兴。很长时间没见过有人来往了。不一会儿，船就划到他跟前。安徒一看，船上划桨的，岸上拉纤的，都是姑娘。他就蹲在江边打水玩儿，看热闹。姑娘们看见了安徒，都停下划桨、拉纤，因为安徒长得很好看，姑娘们越看越爱看，都忘了干活儿了。这个时候，有个小伙子从船舱里伸出头来，骂姑娘们为啥不划桨、拉纤，总盯着那个小伙子瞅。这时，船上又有个老人出来劝小伙子不要怪姑娘们，省得惹事，这样船就划过去了。

安徒还站在江边，东张张西望望。过了一会儿，又来了一只船，这只船上划桨的、拉纤的也都是姑娘。姑娘们看见安徒发呆了，又都停下了划桨、拉纤。这个时候，又有一个小伙子从船舱里伸出头来骂姑娘们为啥不干活儿。可是，这小伙子仔细一看，认出了安徒是他表哥，姑娘里最漂亮的那个是安徒的表妹。

安徒认出了自己的表弟和表妹，也很高兴，就请他们到自己家里来做客。安

① 吴进才说唱，尤志贤翻译整理。

徒家里一下子来了这么多的客人，自己也不会做啥好吃的，咋办？他想了想说：“姑娘们，你们自己动手做吧，塔克图里面有啥，你们就做啥吃吧！”

姑娘们有劈柴的，有担水的，有洗米的，有切菜的，有收拾鱼的，有拿鱼干儿的，一起动起手来。不大一会儿工夫，饭菜都端到桌上来，大家便吃喝起来。客人们在安徒家里住了三天三夜，安徒和他的表弟喝了三天三夜的酒，他们喝得烂醉如泥。

安徒的表弟不能在这儿耽搁太久，他们准备动身了，还劝说安徒跟他们一起走。安徒很高兴地答应和他们一起去。一个人在家也没有意思，还要就便替阿爸、阿妈报仇。

安徒离开家这天，痛痛快快地喝了一顿酒。为了表示报仇的决心，他把酒壶、酒杯都给摔了。

安徒离开家的时候，心里很难过，把家里的东西收拾了一下，把各种神也都安排好了，然后向神祈祷说：

赫哩勒——赫哩勒——
那尼——赫哩——给格——
请诸位神灵听清楚，
我就要离开家乡出征了，
我的心里很不好受。
请你们在这里保佑好家园，
要是我在外边有灾难，
请诸神前去搭救我。
听着、记住了吗？
啊日那——

啊郎——

安徒是个大胆的好汉，他又朝东南西北四个方向大声叫着：

赫哩勒——赫哩勒——
那尼——赫哩——给格——
要是哪个有能耐的神，

能够战胜我家的神，
占住我可爱的家园，
我甘愿绕三百里走过去，
也决不回到这里找麻烦。
我会把我的家园让给他。

啊郎——

安徒把一切都安排好了以后，就和他的表弟、表妹上了船，离开家走了。

这样走了几天。一天，安徒走出船舱，站在船头上张望，发现船也没走出多远，还能看到他的家乡。安徒嫌船走得太慢，有些不大高兴。他对姑娘们说："你们歇会儿吧，我来想想法子。你们把船帆扯上去。"说完，安徒向自己家乡的方向祷告，请他的神灵来帮助。刚祷告完，就刮起了大风，船像被风吹起来一样。船身晃得太厉害了，没有人能掌住舵。于是，安徒又祷告，请神灵来掌舵。刚祷告完，就从西北方向飘起一朵白云，飘到船的上空就散了。大家忽然觉得好像有个啥东西坐到了船的尾部，船立刻就平稳了。这船乘着风，破开了满江的浪，带起来的大浪漫过了两岸的高岗，填平了江边的洼甸，像箭一样向前飞去。这样走了几天，来到一个霍通[①]。他们把船停下，上了岸，往霍通里走去。来到霍通里，看见一群人，正围着一个白发苍苍的老人。这个老人就是这个霍通的额真[②]，他正朝着大家说：

赫哩勒——赫哩勒——
那尼——赫哩——给格——
英雄好汉们听清楚，
我有个女儿十八岁了。
前来说亲的人太多了，
我也不好答复你们了，
只能用比武选女婿了。

① 霍通：赫哲语，意为有围栅或护墙的城。
② 额真：赫哲语，首领、皇帝、城主、酋长均可用此称之。

现在我提出三个条件：
一是正南树洞里有一只恰克陈[①]，
二是东南水中有一条爱新达乌[②]，
三是西南山坡上有一个库玛卡[③]。
谁把这三件东西拿来，
就把我的女儿嫁给谁。
听清记住了吗？
啊日那——

啊郎——

人们听了这三个条件后，都摸摸脖子，挠挠头，没有一个敢吱声的，因为，那是很难办到的事情。

可大家都说老人的女儿长得很漂亮，神灵本事也很大，虽然说这三件东西很难拿到，可也还有人想碰碰运气。这时，有个小伙子从人群中走出来，他说要去试试。人们都很佩服他，也替他担心，可也只能是为他向神祈祷。

这个小伙子回家收拾了一下就出发了。走了一个多月也没个信儿。后来，人们听说这小伙子在道上被狼吃掉了。消息传开以后，额真又召集了霍通里的人，告诉他们，如果有谁再去试试，还可以去。这回一个也没有要试的了。

这个时候，安徒从人群里走出来说："如果你们谁也不敢去，那我就去试试看。"安徒告诉表弟在这里等他几天，说完就出发了。

一天，他来到一个到处都是死人骨头的地方，十分可怕。可这没有吓住勇敢的安徒莫日根。安徒踏着尸骨往前走了不远，就见到一棵几个人搂不过来的老枯树，树干上有个大窟窿。安徒觉得奇怪，捡起一个死人的脑壳儿扔到窟窿里去。过了一会儿，从里面飞出一只恰克陈。这只恰克陈又大又凶，爪子又长又尖，但是看来有些老了。恰克陈看到安徒，伸伸脖子，张张嘴说：

① 恰克陈：赫哲语，意为老雕。
② 爱新达乌：赫哲语，意为金鲑鱼。
③ 库玛卡：赫哲语，意为鹿。

赫哩勒——赫哩勒——
那尼——赫哩——给格——
小伙子你听着，
咱们无仇无恨，
你来干啥？
是来抓我的吗？
那咱们就试一试吧。
我虽然老了，
也不会白让你制服的。

啊郎——

恰克陈说完，直奔安徒扑上来。安徒上前抓住恰克陈的两个翅膀就摔打起来。他们在地上翻滚着，一会儿恰克陈翻到上边，一会儿安徒翻到上边，这样打了好大工夫。恰克陈有点儿支持不住了，被安徒摔倒，把它的两条腿和两个翅膀捆上，背回霍通来。

霍通里的人们听说安徒把大恰克陈抓回来了，都很佩服，大家把安徒围起来，问这问那的。老额真也很高兴，招待了安徒，鼓励他再去捉回爱新达乌。

第二天，安徒又朝着东南方向出发了。过了几天，又把爱新达乌给抓来了。

这次，安徒又向西南方向出发了。走了几天，来到一座大山脚下，看见西南山坡上有只库玛卡在吃草。安徒很怕惊跑它，在草地上慢慢地向前爬，可还是被库玛卡发觉了，它拔腿就跑，闪了两闪就不见了。安徒也使出平生的力气，两脚蹬得沙石乱飞，乌烟瘴气，快似火光地追去。

正在这个时候，不知道从哪里来了一个讨厌的家伙，挡住了安徒的路。安徒问他为啥挡住自己的道儿，想干啥？这个不知名姓的小伙子说有事要和他说一说。安徒问他要说啥，小伙子说：

赫哩勒——赫哩勒——
那尼——赫哩——给格——
我叫火图莫日根，
现在正和别人打仗，

需要有个人帮助我。
我今天和你交朋友，
也好日后互相帮忙。

啊郎——

安徒哪里顾得上这些，他说：

赫哩勒——赫哩勒——
那尼——赫哩——给格——
你说的事情我明白了，
这些事情以后再说吧。
我要赶快追那库玛卡，
追不上就得输给人家，
也不能去替阿爸阿妈报仇了。

啊郎——

火图说："这个好办，我来帮你的忙。把我的金镯子送给你，你在这里等着，我去替你抓库玛卡。不过，你千万不能把这金镯子给别人呀。"说完，火图就像扔火炭儿似的火星乱溅，一晃就不见了。

过了一会儿，火图就把库玛卡拖回来交给了安徒，还说，以后有啥困难，连叫三声"火图"，就会来帮助他。说完，火图就走了。安徒和火图就这样成了好朋友。

火图走了之后，忽然，从西南飞来一只阔力[①]。它伸伸脖子，张张嘴，对着安徒说：

赫哩勒——赫哩勒——
那尼——赫哩——给格——
刚才来的那个小伙子，

① 阔力：赫哲语，意为伊玛堪中妇女变幻的萨满神鹰。

送给你的那个金镯子，
那是他偷我的，
请你还给我吧。

啊郎——

安徒不理她，背起库玛卡回来了。

额真看到安徒完成了他提出的三件事，非常高兴，答应把女儿嫁给他，让他们结婚。这一来，全霍通的人们都忙起来了，热热闹闹地办置酒席。

在宴席中，安徒给客人挨个敬酒。当酒敬到一个叫奇布求莫日根的时候，他故意难为安徒，三次倒酒，三次都装作没接住，把酒杯掉到地上。安徒很生气地对奇布求说：

赫哩勒——赫哩勒——
那尼——赫哩——给格——
你这个小子真不识抬举，
比武的时候要取回三件东西，
你像老鼠躲猫一样藏了起来。
我拿回三件东西你却眼红，
敬你酒不喝倒找起毛病来，
有能耐咱们出去比试比试。

啊郎——

奇布求也火了，他俩到外边就摔打起来。打了几天，也不分上下。这时候，空中飞来一只阔力，对奇布求说：

赫哩勒——赫哩勒——
那尼——赫哩——给格——
你干吗费这么大的劲，
请你往旁边躲一下。

我给他一点儿厉害看看，
让他知道我们是不好惹的。

啊郎——

阔力说完，从空中俯冲下来。这更气坏了安徒，安徒把两腿叉开，用力踩脚一站，双腿插进地里，一直没到膝盖。他抬起一只脚时，地皮掀开，土块儿乱溅，从他的脚后跟下也飞起一只阔力，向奇布求的阔力冲去。没几下，安徒的阔力就把奇布求的阔力从空中劈下来，摔死在地上。死了的阔力是奇布求的妻子。

打胜了的阔力，对着安徒伸伸脖子，清清嗓子说：

赫哩勒——赫哩勒——
那尼——赫哩——给格——
你知道我是谁吗?
我是你表妹撒尼德都。
自从你离开家园，
我一直在跟着你，
一时一刻也没离开过。

啊郎——

接着，这只阔力又对奇布求说：

赫哩勒——赫哩勒——
那尼——赫哩——给格——
你要是有能耐，
就站稳你的脚，
亮出你的头，
让我来撞一下，
看你的脑袋有多硬。

啊郎——

奇布求听了很生气，站起来迎战，安徒的表妹从空中猛冲下来，把他给劈死了。

一场战斗之后，又继续喝了几天酒，大家对安徒都很敬佩。可是，安徒没和额真的女儿结婚，让她给他的表弟撒拉秋莫日根做了妻子，撒拉秋也就成了这个霍通的新额真。

这回安徒一个人出发了，他决心要为阿爸、阿妈报仇。

安徒一个人走了几天，又到了一个村屯，这个村屯是奇布求管的，因为他们的额真被安徒打死了，所以老百姓都降了安徒。他们为表示对新额真的忠顺，便设宴庆贺。安徒正在喝酒的时候，他的表弟、表妹和同船出来的姑娘们抓来了一个姑娘。这个姑娘是奇布求的妹妹奇布钦德都[①]。他们抓来这个姑娘，是让她嫁给安徒的，安徒很高兴，于是，他就在这里娶了第一个妻子。

安徒娶了第一个妻子后，住了几天就又出发了。

走了几天，他来到一个地方，前面是一座很高的大山，在山坡上只有一座孤孤单单的小房子。安徒在房子周围仔细看了一遍，觉得很奇怪。这里没有别的东西，都是一些女人用的各种工具，像水桶、扁担、柳条筐、熟皮子的木槌和木砧什么的。

安徒走进屋里一看，有一位很漂亮的姑娘，正坐在炕上做针线活儿呢。这个姑娘见安徒进了屋，好像老熟人一样，给安徒点烟、倒水。唠了一会嗑儿，姑娘说：“我给你做饭吃吧”。立时就换上了紧身衣衫，穿上半截短袍，扎上了围裙，“齐日叉日”“梯斯他斯”[②] 地炒完了菜，摆满了一桌，还暖了一大壶酒，叫安徒坐了上座，自己在旁边陪着喝酒。

安徒很喜欢这个姑娘，喝了三杯酒，安徒就向这个姑娘求婚，姑娘也很高兴地答应了。这是安徒的第二个妻子，叫尼莫内德都。安徒在这里和尼莫内德都过了几天甜蜜的日子，又出发赶他的路。

走了几天，又来到一个霍通。霍通中间立着一个大托落杆子[③]，上面落着一只阔力。阔力看见安徒来了，就向着霍通喊天呼地地喊起来：

---

① 德都：赫哲语，意为姑娘。

② 齐日叉日、梯斯他斯：形容炒菜的声音和干活干净利落。

③ 托落杆子：在房子西墙边立一木杆，杆顶立一只木鸟，木鸟下有一木盆用以供奉神灵。

赫哩勒——赫哩勒——
那尼——赫哩——给格——
你们抠抠耳朵好好听着，
多少天就等着的安徒来了。
现在已经进了我们的霍通，
赶快准备领兵迎战吧。
听着了吗？
啊日那——

啊郎——

安徒进了霍通，刚走到一家门口，就从屋里出来两个粗壮高大的莫日根，看来是哥儿俩。他们走出来啥话也不说就拽着安徒打起来。

他们这样打了几天几夜，安徒越来越弱了，只能招架，没有力气进攻了。这个时候，安徒请求他们哥儿俩停一下，歇一歇。哥儿俩一看，安徒也快完了，在他死前满足他的要求也算对得起他了，就说："好，叫你歇一会儿。"安徒借着休息的空儿，朝着家乡插蒿当香，磕头祷告，请求他的神灵保佑，还叫火图前来帮助。刚祷告完，忽然刮起一阵飞沙走石的大风，随后，火图来了，把他们哥儿俩随风带走了。

全霍通的老百姓都降顺了安徒，照例设宴庆贺新额真。过了几天，火图也不知道从啥地方转了回来，安徒高兴极了，俩人碰杯痛饮，发誓要永远互相帮助。说完，火图又自己打仗去了。

火图走了以后，尼莫内德都和撒尼德都，还有几个不认识的德都，又抓回来一个姑娘。尼莫内德都向安徒介绍说，这几位德都是火图的妹妹，抓回来的姑娘是被火图带走的那哥儿俩的妹妹，叫胡沙德都。她们把胡沙德都给安徒做了妻子。她成了安徒的第三个妻子。

安徒在这里住了几天，又出发了。一天，来到一个高岗上，他坐下一边休息，一边四下看。忽然看见西边的江面上有一只船划来。安徒走下高岗，上前打招呼。那船也靠了岸，船上坐着七个男人，他们是七兄弟。这七兄弟的大哥忙格莫日根对安徒说：

赫哩勒——赫哩勒——
那尼——赫哩——给格——
你这个小伙子好好听着，
你知道这是啥地方吗？
这里不能让你随便路过。
我们七人打你一个不公平，
我们也不想欺负外乡人，
咱们就比一下谁跑得快。
往南一百里有棵金树，
谁要先跑到那里再跑回来，
继续跑到北沙滩上就算胜。
你要是胜了就从这里过去，
你要输了就从这里退回去，
那时可别说对你不客气了。
记住了吗？
啊日那——

啊郎——

安徒没有法子，就同意了他们提出的条件。刚喊“一、二！”七兄弟就一溜烟儿地跑了。

安徒哪能跟得上他们，落在了后面。这时候，尼莫内变成一只阔力飞来，送给他一块手绢儿，告诉他把手绢儿摇几下，就可以飞起来。说完，尼莫内就飞走了。安徒很高兴，试着把手绢儿摇了几下，果然飞起来了，很快就飞到这棵金树跟前，躺在树下。等了好久，那七兄弟才跑到。七兄弟看见安徒躺在那块睡着了，非常奇怪，但还是不服气，还要跑到江北沙滩上去才算数。

这回安徒让他们先跑。等他们跑走了以后，安徒又把手绢儿摇了几下，又飞起来了，一眨眼的工夫就飞到了江北沙滩上。安徒等了好久，那七兄弟还不到。他等得不耐烦了，便把手绢儿放在岸上的一个土台子上，顺着岸边的小毛毛道走下去。

没走多远，安徒看见前面有座房子。走进去一看，炕上坐着一位半红半白脸的德都，这个德都很殷勤地接待了安徒。过了一会儿，德都到外边去看了看，不一会儿却哭着回来了。安徒很奇怪，问她哭啥，姑娘说：

赫哩勒——赫哩勒——
那尼——赫哩——给格——
陌生的哥哥你听着，
我是七兄弟的妹妹，
名字叫忙金德都。
我哥哥不识英雄好汉，
竟敢和你比试快慢。
看到台上放着金光，
他们趴下就磕头，
头扎进地里拔不出来了。

啊郎——

安徒听了，出去一看，果然他放手绢儿的地方放着金光，七兄弟的头并排扎在地里拔不出来了。安徒上前把手绢儿拿起来，金光就消散了，七兄弟的头从地里也拔出来了。七兄弟赶忙向安徒赔礼道歉，还请他到家做客，叫他们的妹妹炒菜、备酒，好好招待。席上他们轮流敬酒。酒传了三巡，大哥忙格莫日根对安徒说：

赫哩勒——赫哩勒——
那尼——赫哩——给格——
我看你是个善良的莫日根，
我家只有这么一个妹妹。
为了报答你对我们的恩情，
愿把妹妹忙金德都嫁给你，
今后她对你会有帮助。
你要是遇到啥难处，
只要召唤我们七兄弟，

我们一定会很快赶去帮助你。

啊郎——

安徒也不好拒绝，于是就在这里娶了第四个妻子。

安徒在这里住了几天，又出发赶他的路。也不知走了几天，来到一棵大树下，看见一只阔力落在上面。阔力对安徒说：

赫哩勒——尼赫哩勒——给格——
我是你的妻子胡沙德都，
专来给你报信儿的，
我在这里已经等了三天。
你再走三天有个霍通，
那里住着木初坤莫日根，
这个人力大无比。
他已经知道你快到了，
要用轿来迎接你，
这是一个大毒计。
你不要坐他的轿，
你不要喝他的水，
你不要抽他的烟，
这些东西都有毒。
听懂、记住了吗？
啊日那——

啊郎——

阔力说完就走了。安徒继续往前走。

走到第三天头儿上，果真有一群女人抬着轿前来迎接他，说是他们的额真听说莫日根要来，特地让他们前来迎接的。女人们请安徒上轿，又请他喝水、抽烟，安徒都没上当。可是架不住女人们还是再三地劝让，安徒觉得这样太不近人情了，心想：水可以不喝，烟可以不抽，坐坐轿有啥不可以？再说这些天走路走得也太累了，于是他就上了轿。刚刚坐下，女人们就把轿门上了锁，在轿上拴了大石头，把轿扔到江里去了。

安徒被扔到江里，轿虽然没沉下去，可是憋得已经受不了了，自己又没办法，只好等死了。这样过了一天，忽然，空中飞来了一只阔力，这只阔力对着安徒说：

赫哩勒——尼赫哩勒——给格——
我是胡沙德都你的妻呀，
告诉你的话你全不听，
今天在这里受罪了。
我也只有想办法救你出去，
实在不行再找别人来。

啊郎——

这只阔力从空中俯冲下来，抓住轿顶，从水里往上吊。可是怎么也吊不起来，实在没有办法，只好落在岸边的树上发愁。正在这时，又飞来四只阔力，其中一个说：

赫哩勒——尼赫哩勒——给格——
我是尼莫内德都你的妻子呀，
还有你的那两个妻子和表妹。
知道你遇了大难，
特地赶来搭救你。

啊郎——

这时候，五只阔力一起飞上云层，然后俯冲下来，抓住轿顶，用齐了劲往上吊。可是她们费尽了力气，也还是吊不动，她们也没有办法了，只好落在树上发愁。

不一会儿，从北面飞来一只小阔力，停在阔力们落的那棵树上，细声细语地说：

热讷讷那——格以给格——赫哩勒
你们不认识我吧，

我是安徒的妹妹，
名叫佛木兰德都。
阿爸阿妈被人抓走时，
阿妈生下了我。
他们当时也顾不了我，
把我装到皮口袋里，
刚挂在树上就被抓走了。
当时我哭得很厉害，
感动了北海的卓禄玛发和卓禄玛玛。
他们被我的哭声打动了心肠，
把我救去抚养大。
我现在已经十三岁了。
本想十五岁以后再出面。
可是哥哥现在遇了大难，
实在想不出别的办法，
我就得出来搭救他。

啊郎——

这一番话，感动了她的嫂子们，为这个苦命的小妹妹流下了同情的眼泪。

小阔力说完，就飞上云端，然后俯冲下来，抓住轿顶飞到空中去，在空中吊着轿，绕着霍通飞了三圈儿，飞到霍通的中间，把轿扔下来。轿被摔得粉碎，安徒被救出来，他的妻子们赶紧上去把他抬走了。

这个时候，安徒的朋友火图也来了，火图和木初坤摔打起来。这样打了几天，不分胜败。这时候，佛木兰德都回来了，她说：

热讷讷那——格以给格——赫哩勒
火图莫日根哥哥你躲一躲，
我要和木初坤比一比。
我要挖出他的心和肝，

供奉卓禄玛发和卓禄玛玛，
报答他们对我养育的恩情。

啊郎——

小阔力说完，又飞入空中，俯冲下来抓住木初坤，吊着飞向北方去了。

打完了仗，安徒和火图进霍通喝酒庆贺。过了几天，火图告别走了，可是安徒的妻子和表妹们又抓来了一个姑娘，把这个姑娘给安徒做了第五个妻子。这姑娘名字叫木秋德都，是木初坤的妹妹。

安徒在这里住了几天，又出发了。一天，空中飞来了一只阔力，对着安徒说：

赫哩勒——尼赫哩勒——给格——
我来给你送个信儿，
火图遇到了大敌，
他要你快去帮助。
他的对手是哥儿俩，
他哥儿俩有个妹妹，
他们三人有能耐。
妹妹的神通更大，
拔下大毛变阔力，
拔下小毛变小鸟。
它们都能够打仗，
请你快去吧，
去晚了就来不及了。
听清、记住了吗？
啊日那——

啊郎——

阔力说完就走了，安徒却发起愁来：这么远的路，咋去呢？安徒向地、向天、向神灵祈祷求助，然后两腿蹲下，用双手拍着两个膝盖一跳，啊呀！真是神的助力。安徒飞身离地，像箭一样飞射出去，眨眼就到地方了。

这时，只见火图被那哥儿俩打得血淋淋的，很可怜。安徒气得啥话也没说，上前把火图推到一边，就和这哥儿俩摔打起来。这样打了几天，安徒也要抵不住了，眼看要被这哥儿俩打败了，这时他忽然想起七兄弟，嘴里就默默祷告，叫七兄弟赶快来助战。

不一会儿，平地忽然刮起了一阵狂风暴雨，转眼间，七兄弟就来了。安徒退到一边，七兄弟上前把那哥儿俩抓住就架走了。

安徒和火图一起进了霍通，在一起喝起酒来。正当他们喝酒喝得高兴的时候，安徒的第三个妻子胡沙德都又来送信儿说：

赫哩勒——尼赫哩勒——给格——
安徒你听清记住了，
你的妻子们都受伤了，
你的表妹也被抓去了，
只有你妹妹去追赶敌人，
现在你快去帮帮她们吧！

啊郎——

可安徒就像没听见似的，仍然继续喝酒。过了几天，安徒的妹妹和妻子们又抓来了一个姑娘。这姑娘叫莫土德都，是那哥儿俩的妹妹，给安徒做了第六个妻子。

安徒帮助火图打了胜仗，又出发继续赶路。

一天，安徒来到一个村子。从村里的一个房子里走出来一个很魁实的小伙子，向安徒问好。这个小伙子名字叫木都力莫日根，他把安徒请到屋子里设宴款待。俩人喝酒喝到兴头上，木都力莫日根对安徒说：

赫哩勒——赫哩勒——
那尼——赫哩——给格——
我知道你在哪里住，
我知道你到哪里去，

我也知道你的为人。
我有个妹妹长得不算美，
但是为人很温顺，
我已决定把她嫁给你。
你可千万要答应，
对你也许会有点用。

啊郎——

安徒不好不答应，就在这里和木都力莫日根的妹妹木日新德都又结了婚。

安徒在这里住了几天，又继续向前赶路了。

一天，安徒又来到一个村子。走进村子时，从最东头的一家走出一位老玛发。这个老玛发现了安徒，热情地吻了他的脸，把他让到屋里，当作客人招待，睡觉时，又给安徒铺上皮褥子。

安徒躺下后咋也睡不着，于是，他爬起来，轻轻地走到外边，捡了一根小木棍向自己的头上敲了一下，变成一只小蜂子，在村子的各处飞绕。忽然，他看见有一家人家还点着灯。安徒飞到那儿，落在窗户下往里瞅。

屋子里有很多德都在说笑，其中一个德都正说安徒的坏话呢。另一个德都劝她不要说人家的坏话，安徒早晚要来的。可是，越劝，那个德都越要说，于是劝她的那个德都不高兴地离开她们，走了。

这个德都走出来以后，安徒就在后边跟着她飞，看见她走进一个屋子，安徒记住了她的住处，就又飞回来了。

这时，德都们都已经走了，只剩下说安徒坏话的那个德都，这个德都就是这家主人的女儿。客人们走了以后，她让奴仆支起蚊帐，准备睡觉。安徒趁机飞进屋里，钻到蚊帐里。

过了一会儿，这个德都露着雪白的前胸睡着了，安徒飞到她身上，在她的两个奶子中间轻轻地刺了一下。他刺得不重，那个德都也没觉出来，翻了个身又睡过去了。安徒一看，她没事儿，又狠狠地在她胳膊肘上刺了一下。这下子德都可受不住了，“哟”的一声叫起来，骂骂咧咧地叫奴仆们在蚊帐里和屋子里乱打。这时候，安徒早飞走了。

他飞到那个不让说安徒坏话的德都这里。这个德都回到家睡不着觉，让奴仆放好桌子，准备酒菜，还告诉奴仆放两双筷子、两个碗、两个酒杯。奴仆很纳闷儿：为啥叫多准备一个人的？平日都是她一个人吃喝呀。酒菜准备好了，德都就大声地请安徒进屋来喝几杯。安徒一听，也不好再藏了，就进屋跟她一起喝起酒来。喝了半宿，安徒告别了她，回到老玛发家里睡下了。

第二天一早，安徒被吵吵声闹醒了，也不知道是啥事，这么吵吵嚷嚷的。老太太说："村子里有个德都昨天夜晚被蜂子蜇了一下，就闹起病来了。"安徒一听，明白了，也不觉得奇怪。过了一会儿，听说那德都家派人到处请萨满给她治病。

安徒问老太太，他去看看热闹行不行，老太太说行。安徒就跟着人群去看热闹，还装作帮助干点儿啥的样子。只见请来的萨满们有的说降灾者已经来到村子边上了，有的说已经来到村子里了。有一个萨满说："我们治不了这个病，有一个叫都日斗的萨满，请她来看看，或许治得了。"于是，人们又去把她接来。安徒一直没离开这里，他要看一看这个萨满的神通咋样。

都日斗萨满来了一看，就知道是安徒做的鬼，但她不愿意得罪安徒，于是她说：

啊日麻哩——梭哩给尼——格给呀——
降灾者已经来到你家门外，
我也不知道他进屋来了没有。
我可知道他是哪一个呀，
叫刚来的安徒给你看病吧。
病看好了你就嫁给他吧，
主人听清、记住了吗？
啊日那——

啊郎——

这时，管事的在人群里找到了安徒，请他给德都看病。

安徒推辞说："我是路过这里的人，也不是萨满，还是请神灵大的萨满给她看吧。"管事的一再央求，安徒实在推托不了了，就说："那好，我就给看看，治好了也别高兴，治不好也别埋怨我。"

然后安徒向各位萨满谦让了一下，就装着嘴里嘟嘟囔囔的，祈祷神灵。随后，便把这个德都得病的经过详详细细地说了一通，说得可真切了，因为这是他自己干的事嘛！安徒看过病后，嘴里还叨叨咕咕的，然后又吹了一口气儿，德都的病就好了。德都的阿爸答应把女儿查格德都嫁给安徒，告诉奴仆们做菜备酒，举行婚礼。

安徒在新婚宴席中，依座次给大家敬酒。当敬到一位长得很粗壮的小伙子那的时候，他几次故意不接，安徒很生气地说：

赫哩勒——赫哩勒——
那尼——赫哩——给格——
你这个小子太没有道理，
人家请萨满治病的时候，
你像蝙蝠一样躲了起来。
现在你凭啥来挑剔我，
有能耐咱们到外边比比。

啊郎——

这样，安徒和这个小伙子就在外边摔打起来，打了几天，不分胜败。这时，空中来了一只阔力对那个小伙子说：

赫哩勒——尼赫哩勒——给格——
你和这小子打个啥劲？
他也不配做你的对手。
请你先往旁边躲一躲，
我给这小子点儿苦头吃，
叫他知道我们的厉害。

啊郎——

这个阔力原来是那个粗壮小伙子的妻子。说完，她替丈夫和安徒打了起来。

这时，安徒为了迎战，两腿用力站稳，把一只脚往后一蹋，从他脚后跟抬起的地方也飞起一只阔力迎上去。两只阔力在空中打开了，不一会儿，把那个小伙子的妻子叨死在空中。得胜的阔力是安徒的第一个妻子奇布钦德都，她向安徒说：

赫哩勒——尼赫哩勒——赫哩给格——
我亲爱的丈夫安徒莫日根呀，
你不能这样耽搁下去，
也不能总是这样打下去。
你应该多保重自己，
快点儿报完仇，
早点儿回家乡。
接着，她又向那粗壮的小伙子说：
你要是真有本事，
就和我较量一下吧。

啊郎——

安徒的妻子说完，就从空中猛冲下来，把那个小伙子一下就撞死在地上。

这时，安徒不再敬酒了，自己坐下喝起酒来。因为他在这里治好了别人的病，又打了胜仗，人们都很敬佩他。

安徒住了几天，又出发了，继续往前走。

一天，他看见远处有个村子，这个村子就是被他打死的那个粗壮小伙子管的，现在这里的百姓又都归顺了安徒。为了庆贺新额真的到来，人们用飞禽走兽肉炒菜，备上各种酒，摆满了几大桌，轮流给安徒敬酒，款待安徒。这时，安徒所有的妻子和妹妹们都来了，大家聚在一起，十分热闹。安徒想起还得去给阿爸阿妈报仇，不能总在这里待着呀，便又出发继续赶路。

走了几天。一天，他来到一个高山上。站在高处四下张望，看见远处江边停着一只船，安徒就向这船奔去。到船跟前一看，有两个壮年人坐在船上正喝酒呢。安徒问他们姓啥，叫啥，是做啥的。这两个人不理安徒，也不回答他的问话。安徒想，这也太看不起人了，就生气地说：

赫哩勒——赫哩勒——

那尼——赫哩——给格——
你们这两个家伙，
一点人事儿也不懂。
拿我不当人看待，
问啥也不告诉我，
有本领就下来比一比。

啊郎——

这两个壮年人被骂得受不住了，立刻从船上跳到岸上，你踢我打地把安徒打死。

安徒迷迷糊糊的，不知道自己是活着还是死了。忽然他摸到自己头上长了青草，听说死人头上才长青草，这才知道自己是死了。可是，安徒不愿意在这里停留下去，还想走。于是，他的灵魂离开尸身飘走了。

安徒的灵魂一直往前飘着。忽然，空中飞来一只阔力，这是他的第二个妻子尼莫内德都，她对安徒说：

赫哩勒——尼赫哩勒——赫哩给格——
我亲爱的丈夫安徒莫日根呀，
你现在已经是死了。
你的魂灵千万不能再往前走了，
前面就是山阴比拉[①]。
那里是有去无回的地府呀，
请你赶快停下来吧。

啊郎——

可安徒一点儿也不听她这些话，还是继续往前飘去。尼莫内德都一看，也没有别的办法了，只好从空中飞下来，抓住他的灵魂背走了。安徒也不知道是从哪儿来，要到哪儿去。尼莫内德都告诉他说：

① 山阴比拉：赫哲语，意为阴阳界河。

赫哩勒——赫哩勒——赫热给格——
我亲爱的丈夫安徒莫日根呀，
你正一步步走向阴间地府。
过了山阴比拉你就完了，
再也无法返回人间。
我急得实在没有办法，
才把你的灵魂抢回来。
你的灵魂已经附上身，
现在救你你要活过来。

啊郎——

尼莫内德都说完，安徒就悠悠地醒过来了。见到安徒醒了，没事了，尼莫内德都送给他一块方手绢儿，让他拿着赶快去追赶那两个壮年人报仇。

安徒十分感激他的妻子，拿起手绢儿就往前追去了。一路上啥光景也不看了，尘土飞扬、沙石乱溅地往前追。

第三天追上了，两下里也不搭话，扭在一起就摔打起来。那哥儿俩用大刀劈下来，安徒用方手绢儿一挡，大刀就断成两截了，安徒捡起半截大刀把那哥儿俩给砍死了。

安徒战胜那哥儿俩后，坐上他们的船，由奴仆们侍候着，自由自在地边喝酒边继续往前走。

安徒这样坐着船走了几天。一天，来到被他砍死的那哥儿俩管的村子，老百姓们已经知道他们的额真被打死了，也就降顺了安徒。人们照例炒菜，备酒，庆贺新额真的到来。安徒在这里住了几天，又出发了，继续赶自己的路程。

这天，安徒来到最后一个霍通，这里就关着安徒的阿爸和阿妈。霍通中间立着个大托落杆子，上面落着一只阔力。这只阔力见安徒来了，马上向着霍通的方向挠挠头，张张嘴，呼天喊地地叫起来：

赫哩勒——尼赫哩勒——给格——
你们都要听清楚啊，
这下子可不好了。

安徒莫日根来到了，
赶快准备迎敌吧。
晚了就要被堵在屋子里，
死也不知道是咋死的。
听清、记住了吗？
啊日那——

啊郎——

霍通的额真阿日根朵和莫日根朵哥儿俩听了以后，马上叫自己的三百六十只阔力和三百六十个好汉，成群结队，遮天盖日地扑出霍通来。

安徒这边有他的八个妻子、一个妹妹、一个表妹，加上火图莫日根、忙格莫日根七兄弟，人虽少点儿，却不是好对付的。

两下摆开阵势就摔打起来。霍通里的这些人，被安徒他们摔死的摔死，打伤的打伤，逃跑的逃跑。阿日根朵和莫日根朵一看情形不好，得亲自出马了。

这哥儿俩长得非常粗壮、魁实，两个打一个，来势又凶又猛。哥儿俩和安徒一边打，一边往山里退去。安徒越战越强，哥儿俩眼看抵不住了，就请求安徒让他们向阿爸和阿妈拜别，这样就是死了也甘心。安徒不在乎这些，就答应了他们的请求。可是，这哥儿俩并不认输，而是想借着拜别阿爸、阿妈的空子向神祈祷，求神来帮忙。

哥儿俩刚祷告完，忽然从空中掉下来两套盔甲，哥儿俩赶紧穿上，又和安徒打了起来。没过多一会儿，天上下起雨来。不一会儿，天又晴了，太阳又晒起来。哥儿俩穿着盔甲，不在乎这胡乱变的天气。可是，安徒却受不住了，先是被雨淋得像个落汤鸡，这会儿又被太阳晒得浑身直冒油。

这次轮到安徒请求哥儿俩歇会儿了，也让他向阿爸、阿妈拜别。哥儿俩答应了。安徒就来到一旁，插上香蒿，跪下祈祷，求自己的神灵来帮忙。他刚祷告完，就从空中丢下来一套皮盔甲，安徒赶紧穿上它，又和那哥儿俩打起来了。不一会儿，天上下起雪来，接着，又刮起三九天的“大烟儿泡”[①]，真是风吹雪打，寒气冻死人呐。安徒因为穿了毛皮盔甲，不在乎这些风雪。可是这回，哥儿俩可受不住

① 大烟儿泡：东北方言，指漫天弥漫的大风雪。

了，冻得直打哆嗦，手也僵了。

这时候，空中飞来一只阔力，叫着阿日根朵的名字说：

赫哩勒——格以给格——赫哩勒——
阿日根朵我的丈夫，
你们这样要打到啥时候?
请你们哥儿俩先躲一躲，
让我来和这小子试一试。

啊郎——

这是阿日根朵的妻子。安徒听了她的话，两腿一叉，站稳了脚，帽子摘掉，一扔，亮出脑袋瓜，站在那里等着让阔力冲。

这时，那只阔力高高地飞入云层，然后直向安徒的脑袋猛冲下来。就在她离安徒的脑袋只有一尺远的危险时候，从安徒脚后跟下面冲出一只阔力，接住阿日根朵的妻子，在空中打了起来。没打几下，阿日根朵的妻子被打败逃走了，安徒的阔力在后面紧紧追去。

两只阔力飞走以后，那哥儿俩又和安徒摔打起来，正在打得起劲的时候，空中有只阔力叫着安徒说：

赫哩勒——尼赫哩勒——赫哩给格——
你知道我是谁吗?
我是七兄弟的妹妹，
你的妻子忙金德都。
他们哥儿两个很厉害，
我是特地来帮助你的。
你抓住这两个家伙，
用足力气往家乡的方向甩去，
我就有办法治住他们。
听清、记住了吗?

啊日那——

啊郎——

安徒听了妻子的话，抓住他们哥儿俩的肩膀，用尽力气向自己家乡的方向甩去。说也奇怪，这哥儿俩一下子轻得像棉花团似的，一溜烟儿地被甩没影了。安徒坐下来喘着粗气休息，过了一会儿，起身进了霍通。安徒在霍通里各处走，各处看。他走进一家，见到一位老太太在那里摇着都力[①]哄小孩儿睡觉，可是，都力里的小孩子越哄哭得越厉害。安徒生气了，拍了拍都力，没承想，这小孩子忽然从都力里跳到地上，拽着安徒就打起来。安徒打他一下，小孩子就长一下，越打就长得越大，到后来，长成了一个强壮的莫日根，安徒和他打得很费劲儿了。

这时，空中又飞来一个阔力，是忙金德都转回来了，她对安徒说：

赫哩勒——尼赫哩勒——赫哩给格——
我的丈夫安徒莫日根呀，
你要在这里打一辈子吗?
请你先往旁边躲一躲，
让我收拾这个小畜生，
看他到底有多大本事。

啊郎——

说完，忙金德都高高地飞进云里，然后连续俯冲下来三次，可是都被小孩子躲过去了。这时，阔力又飞上空中，在空中哈哈大笑，对着安徒说：

赫哩勒——尼赫哩勒——赫哩给格——
以为我打不过这个小东西吗?
我在天上、人间、地下三个地方，

① 都力：赫哲语，意为用桦树皮做的摇篮。

三次寻找他的哈您[1]。
现在已经抓到了，
我把他的哈您扔给你。
你一定要把它收好，
他咋求饶也不能给他呀。

啊郎——

说完，从空中扔下一个像小娃娃似的玩意儿。这时候，那个小孩子就开始讨饶了。可是安徒没放过他，抓住小孩子的两腿，双手左右一扯就给劈开了，那个小孩子马上就断了气儿。

安徒擗杀了小孩子后，走到一座房子跟前，看见有个老太太在里面捣米。安徒走过去，轻轻地用鞭子在她背上碰了一下。老太太嘴里嘟嘟囔囔地骂道："你们这些坏蛋好不了，我的儿子就要来了，那时候再和你们算账。"

安徒一听，知道这是自己的阿妈了，问了一下，正是他的阿妈。安徒就跪在地上一声一声地叫阿妈，阿妈也抱着儿子大哭起来。安徒又问他阿爸在哪里，阿妈说他的阿爸在给人家干活儿呢。安徒就把他阿爸也找回来了。他问了阿爸、阿妈二位老人受罪的情况，也讲了自己一路征战的经过。

安徒找到阿爸和阿妈，替二位老人报了仇。阿爸、阿妈和安徒都有说不尽的高兴，于是炒菜，备酒，设宴庆贺。这时候，安徒的朋友、妻子和妹妹们也都来到了，大家在一起团聚，喝酒，真是热闹啊！

安徒的妻子和妹妹们来的时候还抓来了一个德都，她就是阿日根朵的妹妹，叫阿日兰德都。大家把她嫁给了安徒，这是他的第九个妻子，也是最后一个妻子。

大家在这里高高兴兴地住了不少日子。一天，安徒说："阿爸阿妈也救出来了，仇也报了，我们不能总在这里住下去了，咱们得回去重建家园。"于是，安徒叫霍通里的人们准备了很多大船，男男女女都上了船，一起出发回到家乡去。

在回去的路上，安徒莫日根到处受到人们的欢迎和招待。

回到家乡，安徒莫日根一家和乡亲们一起动手重建家园，过起幸福的日子。

① 哈您：赫哲语，意为灵魂寄托物。

◉ 特仑固

“特仑固”为赫哲语，意为传说。它是完全靠讲述完成的口头叙事文学。它述说了赫哲族祖先的来历、先民的迁徙、姓氏宗族的起源、部落历史上的重大事件和杰出人物。还有人民抵抗侵略斗争中可歌可泣的历史，部落与部落之间的关系，等等，被称作是赫哲族历史生活的“百科全书”。

讲述形式 特仑固题材广泛，篇幅短小，讲述对象不分男女老幼，讲述场合也极为随意。网滩猎场、村边炕头、白天夜晚、劳动空隙或群众聚会时，特仑固总是少不了的内容。在渔猎活动中，如果有刚参加的新手，老手一定要给他们讲好多特仑固。比如怎样对付各种野兽，怎样捕鱼，如何遵守山里水上的规矩，如何对待神灵，举出“实例”来说明在各种场合遇到不同情况的行为规范等。

传说内容 有远古传说、祖先传说、历史传说、山水传说、渔猎传说、生活传说、民俗传说、物产传说、莫日根传说、萨满传说等。

主要篇目有《人和万物的来历》《太阳和月亮的后代》《火神》《白城人的后代》《七姓人和依兰》《唐王借鱼》《鱼中皇》《天鹅湖》《男女岛的传说》《老把头的传说》《玛夫卡的传说》《鸳鸯鸟的传说》《赫哲人和大马哈鱼的传说》《比武招婿》《挑女婿的习俗》《猎人、狼和狗》《月亮里的姑娘》《神叉苏布格》等。

讲述人 八岔村特仑固讲述人以吴连贵、吴进才为代表。他们讲述的特仑固涉及天文地理、渔猎生产、社会生活、宗教信仰等方方面面，计有数十篇。大多在《民间文学》《黑龙江民间文学》《同江民间文学集成》等一些报纸杂志上发表。他们在讲述时，多是引证历史，或以第一人称及亲眼看见的口气，把事情说得有根有据、有名有姓，让听者觉得真实可信。

省级特仑固传承人——八岔村吴明祥　　尤俊生　摄

流传状况 赫哲族的特仑固，在赫哲族民间世代流传，原来都是用赫哲语讲述的。20 世纪 60 年代中期以后，随着赫哲语语言环境的缺失和收音机、电视机的逐渐普及，赫哲族讲述特仑固的传统方式已由口头讲述变成了文字阅读，以往聚在一起听讲特仑固的场景已不再现。现在，赫哲族的特仑固已被列入省级非物质文化遗产保护名录。

附 2：赫哲族人和大马哈鱼的传说①

早年，有个叫什尔大如的额真为国复仇，因为敌国兵强马壮，什尔大如的人马只好连夜败逃，一直逃到三江下游。因为人马很多，粮草也没有了，就困在江这岸了。

这时候，追兵还在追，不容什尔大如喘歇。马无草，人没粮，又是秋天的晚上凉飕飕的。什尔大如听见马叫、人哭，急得他两脚直跺，两手直搓，太阳穴上的青筋都蹦起多老高。

正在这时候，有一个老兵禀报，说他有一个办法……说完了，什尔大如就叫手下的人照办了。

没有猪，打野猪；没有香，找些圣克烈达紫香花枝当香给龙王上供，求龙王搭救。

龙王看什尔大如也太可怜了，就派虾兵蟹将老鳖元帅和大鲸鱼，把大马哈鱼都在这时候从海里赶回去，让他们的人马好有吃的。因为大马哈鱼是江里生的。

那时候刚刚过了白露，大马哈鱼正是甩籽的时候，大马哈鱼说：“等我们甩过籽再撵我们回江吧！”

龙王喝令：“不行！虾兵蟹将老鳖元帅和大鲸鱼们，在这一个月的光景内，把大马哈鱼都给我赶回江去！”

大马哈鱼从海里被撵回来，一赌气就都绝食了，奔江逆流而上，一直回到了黑龙江、松花江和乌苏里江。因为乌苏里江水清流急，所以大马哈鱼游回来的最多。大马哈鱼很齐心，游回到江里什么也不吃，肚子里可干净啦，等把鱼子甩完了，把小鱼抚养大了，这帮老的也就死了。不死的，也护着自己的鱼崽，别的鱼若是欺负它的鱼崽，舍命也要保护自己的后代。

在大马哈鱼回来的时候，什尔大如的人马就专指捕捉大马哈鱼来过这难关。

---

① 吴进才讲述。

说也怪事，马，别的鱼一点也不吃，就吃大马哈鱼；人，也爱吃大马哈鱼。

大马哈鱼真是味美新鲜，营养丰富。不管人还是马，吃过了几天之后，都胖了。马，一个个膘满肉肥；人，一个个身强力壮，脸色绯红，不像以前那么狼狈了。

由那以后，什尔大如重整兵马，过了江，追兵也不追他们了，什尔大如就在这沿江一带住下了。听老人说，这些人就是赫哲族的人，他们专指捕鱼打猎为生。特别是一到秋天，都到乌苏里江来打大马哈鱼。所以这么多年以来，一到白露后，各地渔民都来赶大马哈鱼市，大马哈鱼就成了赫哲族家乡最著名的特产了。

附 3：江水为什么向东流①

很早的时候，江水任意流淌，人不用划棹，不用费劲，你一上船，江水就把你送到要去的地方。

在江边，住着一对年轻的渔猎夫妻，男的整日打猎叉鱼，女的熟皮子，缝衣服，膝下有一个三岁的小男孩，日子过得满舒心。

因为江水任意淌，所以那时的人都不会划船，也不会水。有一年春天，这夫妻俩一起在江边的一座大石砬子山上打猎。

男的撵一头鹿，撵着撵着，鹿跑下了山，又顺着江上化的冰块跳跃着跑过了江。男的急眼了，也跟着大步撵了过去。刚撵到江中心，冰块一晃荡，男的没站稳脚，一不小心掉进了江里，淹死了。

女的站在江边，见她男的掉进江里没影了，伤心地哭了起来，眼泪掉进了江里。说来也怪，这么一来，江水缓缓开始向东流去。不一会儿，这个男的穿着一身新衣裳、新裤，出现在江面上。他向妻子说：“你回家去吧，好好照看孩子，长大了叫他不要像我一样，应该学会水性，学会划船，当真正的赫哲人！我这会儿被江神请去了，现在和你见上最后一面，你千万别伤心！快回去吧……”说着说着，不见影了。

女的忍着眼泪回到家，含辛茹苦，把孩子抚养成人。教孩子学习游水、练习划船，天长日久，练出了一副游水如鱼、划船如箭的本领。

---

① 吴连贵讲述。

从打那以后，江水再也不随意流淌了，总是一个劲儿地流向东方，流向大海。住在江边的渔民也个个学习游水划船的本领，个个练出了好水性、好体格、好本领。以前用鱼叉站在江边叉鱼，现在学会了划着船上江里叉鱼，撒网，打鱼的本领越来越高，赫哲族人中间出现了很多打鱼莫日根。

◉ 说胡力

“说胡力”为赫哲语，意为故事，是赫哲族民间尤为活跃的口头文学形式之一。它想象丰富，幽默风趣，深受人民群众的喜爱。赫哲族的说胡力妙趣横生，意境深远，是赫哲族人聪明才智与道德观念的完美体现。

讲述形式　说胡力篇幅短小，常常是一袋烟的工夫就能讲完。它包罗万象，通俗易懂，多用不加修饰的语言，来反映人们乐观向上，爱憎分明的思想感情。它讴歌人间的正义，赞美劳动人民的智慧和善良，嘲讽好吃懒做、自私自利的丑陋，鞭挞背信弃义、贪婪凶残的邪恶。它常以物喻人，或者通过动物及各类故事的简明释义，让人从中悟出做人做事的道理。

故事内容　赫哲族的说胡力，主要有渔猎故事、生活故事、动物故事、英雄故事、萨满故事、爱情故事，以及滑稽故事等。

八岔村是赫哲族说胡力蕴藏量较大的村落。主要篇目有《额敦叉鱼》《一双温塔》《渔夫和狐狸》《白兔和灰兔》《黑瞎子、狐狸和猎人》《蛤蟆、耗子和四不像》《抓“老等”》《撒谎的渔民》《白耶玛发和雅得勒玛发》《刹生鱼的来历》《圣开列花》《种子》《毕拉坑萨满》《乌鸦和孩子》《叉鱼能手莫尔高》《粗心的猎人》《猎野猪》《蝴蝶和瞎虻》《丢鬃绳》等各类故事近百篇。部分作品发表在《赫哲族民间故事选》《黑龙江民间文学》《同江赫哲风物》等刊物上。

讲述人　八岔村的说胡力代表性讲述人有吴连贵、吴进才、董凤喜、尤德顺等。他们讲述的说胡力主题突出，善恶分明。在吴连贵等几位说胡力讲述人的口中，故事情节形象生动，人物刻画有血有肉，让人听后回味无穷。

流传状况　伴随赫哲族人走过了千百年的说胡力，随着老一代说胡力讲述人的相继故去和受到现代文化的冲击，已不再如往昔那般活跃，或者说在赫哲族现实生活中已经很难再见到。现在，赫哲族的说胡力已被列入省级非物质文化遗产保护名录。

附 4：刹生鱼的来历[①]

从前，有这么一家子：老头、老太婆、儿子和一个刚过门的新媳妇。

按照传统的民族习惯，当婆婆的总要想方设法考考新媳妇是不是聪明能干。新媳妇呢，要是考赢了，左邻右舍都夸奖，连娘家门上也光彩。要是考输了呢，不光是公公、婆婆瞧不起儿媳妇，在人前背后没鼻子、没眼睛地对待她，就是回到娘家，也要受父母兄弟的耻笑。

这一天，老太婆对新媳妇说："巧姑呀，今天咱们炖几条兔子鱼尝尝。"

"好，我一会儿就去收拾！"

"炖这鱼可有一条，鱼熟了，鱼肉可不能散花，还得结结实实，一块儿是一块儿的。你要做不出来，别怪别人笑话！"

媳妇一听，知道是婆婆有意出题考她，笑着说："媳妇我手脚笨，要是做不好，您老人家可千万别生气呀！"

老太婆心里想，这儿媳妇说话嘴怪甜的，但不知道生着这张聪明脸孔的，到底是什么肚肠。嘴里说："去吧，中午尝尝你的手艺！"

新媳妇来到厨房，把几条新鲜的兔子鱼麻利地收拾干净，用洗衣棒把兔子鱼结结实实打了顿，然后用刀在鱼身上切了几道口，放到锅里用油一煎，再放了一些姜、葱、盐等佐料，架上猛火就炖上了。不一会儿，屋里屋外到处弥漫着鱼的喷香味。

中午吃饭时，媳妇给公公、婆婆端上了两大碗。婆婆接过鱼尝了一口，鱼汤味道又鲜又好吃。用筷子一夹，那鱼肉一块儿是一块儿，厚实实的，一点也不散花。

这时，婆婆的脸上露出了笑容。她一边招呼媳妇一起上炕吃饭，一边说："巧姑！你这兔子鱼炖得真好吃！"

"妈妈过奖了。"

婆婆见儿媳妇没往下说，着急了，心想：今天非得寻根刨底，挖出个金娃娃来。便问："我说巧姑，你今天这兔子鱼是怎么做的呀？"

新媳妇一五一十地讲了一遍。老太婆一听，眉开眼笑，高兴地对老头子

① 吴连贵讲述。

说："托老天爷的福，咱们家娶了一个聪明的媳妇！"

老头子听了老太婆的话，想出了一个主意。他说："巧姑，光会做熟的不行，还得会做生的。这种鱼外表看着是生的，吃着又是熟的。你能做吗？"

巧姑想了想，说："好，晚上就给你们做着吃！"老婆婆见媳妇答应得这么痛快，便说："巧姑，你能做好吗？不会做可千万别逞能，要不你公公可要找你难堪的！"

媳妇微笑着说："妈妈，你放心吧！"

傍黑天前，老头打鱼回来了，鱼叉上拴了六条大鲤鱼。新媳妇从新鲜鱼中挑了两条，用水洗净后，放到菜板上，用刀削下鱼脊梁骨两边的鱼肉，飞刀切成了细鱼丝，放在一个大桦木盆里。再把两块鱼皮往火上一烤，吱吱直响，直冒鱼油。她拿出来一抖落，鱼鳞全都掉了，鱼皮烤得焦黄喷香。她把这些鱼皮也切成细丝，然后又炸了一点儿土豆丝，加上一些豆芽、盐末、辣椒油和葱。一搅拌，一大盆生鱼做好了，放到了炕桌上。

媳妇又给老公公烫了碗酒，送到跟前说："两位老人家，生鱼做好了，你们尝尝吧！"

老头一看，果然是生鱼，红红绿绿，十分好看。拿起筷子夹了一口尝尝，味道香脆可口，吃不出"生"鱼味，老头这下可真服气了，连连点头称赞。

从此，一传十，十传百，这个聪明的媳妇便出了名。她刹生鱼的制作法也传了下来，成了赫哲人的佳肴。

附 5：白兔和灰兔 ①

有一次，两只调皮的黄毛兔子在一起玩儿，打起赌来。

一只兔子说："咱俩赛跑吧，谁要跑得快，谁就是大哥；谁要是跑得慢，谁就是孬种！"

另一只兔子说："好，就这么办！"

"谁反悔谁就是王八蛋！"

① 董风喜讲述。

两只黄毛兔子开始并排跑了起来，一袋烟的工夫，它俩就跑过了两个山头，身上累得出汗了，浑身的毛都湿漉漉的。

一只兔子路过桦树林子时，在树皮上蹭了几下，树皮上的白粉粘在了它的湿毛上，使它变成了一只白兔子。

另一只兔子路过一堆猎人做过饭的灰堆，不小心摔了一跤，在灰堆上打了个滚儿，顿时变成了一只灰兔子。

等到这两只兔子同时跑到终点时，互相都认不出来了。

白兔环顾了一下四周，只见有一只灰兔，没有和它一起赛跑的黄兔，就自言自语地说："哈哈，我赢啦！"

灰兔也环顾了一下四周，没找着那只一起赛跑的黄兔，只见到一只白兔，自言自语地说："哈哈，我赢啦！"

这时候，来了一只老兔子，它看到这两只兔子身上沾满了桦树皮粉和草木灰，就招呼它们说："看你俩淘气的，身上多脏呀！快上泡子里去洗一洗吧！"

这两只小兔子跑到泡子里洗了一个痛快澡，上到岸上，刚才这两只白兔和灰兔又都变成黄毛兔子了。

它俩都惊讶地瞅着对方，一只兔子感叹地说："原来是你呀！我刚才不该自夸自吹。"

另一只兔子也说："刚才我也没有认出你来，我也自吹自夸赢了呢！"

两只黄毛兔子都认识到了自己的错误，从这件事得出了一个教训：凡事都要多思量，不要轻易下结论。

◉ 嫁令阔

嫁令阔，赫哲族民歌的总称。是赫哲族渔猎生产生活中，一种音乐、文学结合抒发内心情感的歌唱艺术样式。

演唱形式 多以个人演唱为主，也有对唱和齐唱。在狩猎时唱，捕鱼时唱，谈情说爱时唱，亲朋聚会时唱，哄孩子时唱，早年也在祭祀神灵时唱。总之，赫哲族人的生活里离不开嫁令阔。赫哲族的嫁令阔，可分为古歌、萨满歌、渔歌、猎歌、悲歌、喜歌、节令歌、礼俗歌、情歌、叙事歌、摇篮歌、新民歌等。

八岔村老人唱嫁令阔
尤俊生　摄

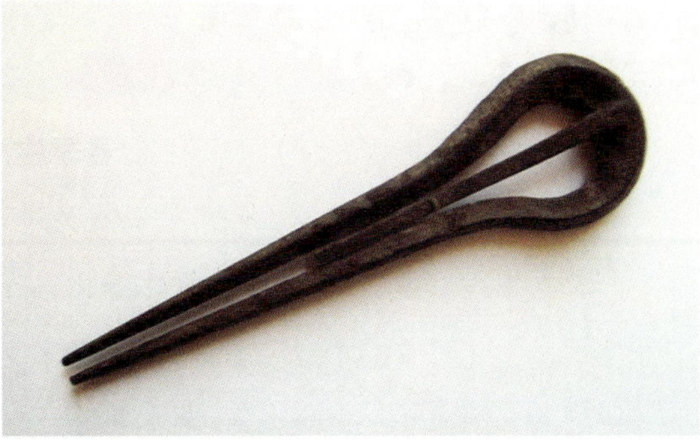

赫哲族特有的演奏乐器——口弦琴　　尤俊生　摄

演唱内容　赫哲族民歌形式多样，内容丰富。礼俗歌主要反映婚丧嫁娶内容；悲歌、喜歌、情歌主要表现赫哲族人内心世界情感变化的内容；新民歌以歌唱翻身解放、赞美幸福生活的内容为主；古歌、迁徙歌、英雄征战歌以叙事为主；敬酒歌以迎宾待客内容为主；请神歌、谢神歌主要反映萨满活动内容。

主要作品　八岔村流传的赫哲族民歌，反映生产劳动、爱情生活和歌颂共产党的民歌数量最大。主要作品有《春季生产歌》《渔歌》《狩猎歌》《求爱歌》《思念歌》《迎归歌》《婚礼祝福歌》《向着太阳飞翔》《赫哲人最爱新生活》《心中的歌》《欢乐的伊玛堪唱给党》等数十首。最具代表性的是吴连贵用箫吹奏的《想情郎》。

民间歌手　八岔村早期和稍晚些的民间歌手有吴连贵、吴进才、董凤喜、付兴春、付喜凤等。听着他们唱的赫哲族民歌，就像划着渔船漂荡在波浪起伏的大江上，或是驾着"托日乞"飞奔在茫茫雪野里；品味他们演唱的赫哲族民歌，会被他们生动的语言和丰富的情感所吸引，他们唱出了赫哲民族的心声，反映了赫哲族人真实的生活。后来年轻一代的歌手吴福常、毕淑华、尤俊丽、吴桂凤、尤俊宏等进行了创造性的传承。在传承的过程中，新、老歌手当中有多人在全省或全国少数民族文艺会演、比赛、交流的舞台上演唱过优美动听的赫哲族民歌。有不少民歌作品在《诗刊》《民间文学》《中国赫哲族》《黑龙江日报》等报刊上发表。

流传状况　八岔村赫哲族民歌创作、演唱活动在 20 世纪 50 ~ 80 年代为历史高峰期。这以后，由于老一代民歌手相继离世和受到现代流行音乐的影响，赫哲族的民歌创作、演唱及流传现状不容乐观。2006 年，赫哲族的嫁令阔被列入省级非物质文化遗产保护名录。

附 6：嫁令阔选录

春季生产歌

吴进才

雪已融化，
江河也开；
草木萌芽，
蝶鸟齐飞来。
春天的景致有多么美丽啊！
男女青年们，
愉快地在大叶柳树林中歌唱，
在钻天杨林里玩耍。
村里青年们双手不停地往渔船上装网。
绕过滩嘴，
奔向网滩，
搬着四副桨的渔船，
划破了平静的江面。
青年们使劲地划桨，
领网老人出色地出网，
打几网就能满载而归，
到家要做好合理分配。
妇女把捕获的鱼，
肥的炒“鱼毛”，瘦的晒“鱼条”。
男人生产常在外，
女人留在家加工鱼。
男女齐动手，
“鱼毛”装满包，
“鱼条”挂满架，
储备好全村全年的食粮，

晒好网后收起它。

金色的太阳

吴连贵

金色的太阳光芒万丈，
把波替那尼月[①]心儿照亮；
“鱼皮鞑子”[②]当家做主，
迈步在社会主义大道上。

共产党来了天地变，
古老的渔村换了新装；
毛主席的恩情深似大海，
赫哲人世世代代把您颂扬。

赫哲人最爱新生活

吴连贵

赫尼哪，赫尼哪——
江里的哲罗鱼，
最爱水流清又清。
山上的梅花鹿，
最爱嫩绿的青草坪。
翻身解放的赫哲人，
最爱社会主义新生活。
当家做主的赫哲人，
最爱救星共产党，
最爱伟大的毛泽东！

---

① 波替那尼月：赫哲语，意为赫哲族人。
② 鱼皮鞑子：旧时对赫哲族的蔑称。

高唱“嫁令阔”献给党

吴连贵

别看我老玛发[①]
鬓发斑白七十一，
如今是——
枯木逢春心欢喜赫尼哪。
打猎捕鱼不减当年勇，
敢和小伙比高低赫尼哪！
别老是——
劝我在家多休息赫尼哪，
我心头哇，
老是惦着队里新船新网新天地赫尼哪。
前半辈子苦水里熬，
后半辈子甜如蜜赫尼哪。
唱一曲嫁令阔献给党，
表表老玛发我的心意赫尼哪！

◉ 鱼皮文化

赫哲族在漫长的历史生活中，创造了独具民族特色的渔猎文化，其中，鱼皮文化更是独树一帜，广受世人瞩目。

据《皇清职贡图》载：“奇楞在宁古塔东北二千余里亨滚河处……以捕鱼打猎为业，男女衣服皆鹿皮、鱼皮为之……”《宁古塔山水记》中曾记载：“鱼皮部落，食鱼为生，不种五谷，以鱼皮为衣。”在赫哲族说唱文学伊玛堪中也经常出现有关鱼皮文化及制作技艺的描述，这都说明了赫哲族鱼皮文化有着非常悠久的历史。鱼皮制作技艺在历史上曾是赫哲族人一种十分重要的生存技能，它的创造与发展，代表了赫哲族渔猎文化的主

---

① 老玛发：赫哲语，意为老头。

八岔村民创作的鱼皮画（一）　　尤俊生　摄

八岔村民创作的鱼皮画（二）　　尤俊生　摄

要特征。鱼皮文化已成为赫哲族的民族符号，更被誉为“鱼皮部”的不朽传奇。

鱼皮艺术　以鱼皮画为代表的赫哲族艺术品，以赫哲族生产、生活、民俗、信仰为题材，通过赫哲族艺人传统的粘贴、镂刻技法和当代艺术工作者的加工创造，以独特的形式表现了赫哲族人民的聪明才智和群体审美意识，是中华民族的文化艺术瑰宝。2006 年 6 月，赫哲族鱼皮制作技艺被列入第一批国家级非物质文化遗产名录。

鱼皮画　赫哲族传统文化之一，以前村里都是渔民个人分散制作，或是到外地学习制作。2014 年，八岔村民开始有组织地系统学习鱼皮画制作。鱼皮画制作技艺已进学校课堂，通过校园平台得到更有效的传承。八岔村民制作的鱼皮画也对外进行销售，带动地方经济，促使更多的村民学习和参与鱼皮画制作。2016 年 5 月，鱼皮画传承人加入到迎接习近平总书记的队伍里，受到习近平总书记的亲切接见，他们倍受鼓舞，制作鱼皮画的积极性更高了。2016 年 11 月，八岔村民毕秀琴荣获同江市妇联举办的手工编织制作技艺比赛一等奖。

◉ 特色民间舞蹈

赫哲族能歌善舞。早期的舞蹈多是模仿飞鸟、游鱼，模拟狩猎活动和战争场面的。由于他们尊崇萨满文化，请神、祭神、以歌舞娱神又是赫哲族舞蹈的另一主要形式。赫哲族舞蹈有狩猎舞、捕鱼舞、生活舞、萨满舞、篝火舞等。八岔村的舞蹈作品主要有《天鹅舞》、《鱼鹰舞》、《神鼓》（萨满舞）、《天鹅家乡的姑娘》、《冬渔姑娘》、《跳路神》（萨满舞）等。其中，大多数作品在赫哲族乌日贡大会上演出并获奖；个别舞蹈作

1959 年 3 月 25 日，八岔村民吴进才（中排右三）、董凤喜（中排右一）、付景贤（后排左一）、尤桂兰（前排左二）、付喜凤（前排右二）、尤玉芝（前排右一）参加黑龙江省少数民族群众业余文艺会演，表演《天鹅舞》并获大奖。右下角照片为尤桂兰（左一）、尤玉芝（中）、付喜凤（右一）合影　　尤俊生　提供

品和业余舞蹈演员还在全省少数民族文艺会演中演出，或在全国乃至国际文艺交流的舞台上崭露头角。1959 年，八岔村的付喜凤、尤桂兰、尤玉芝、董兰香等几位民间舞者把新编的《天鹅舞》带到了省会哈尔滨市，参加了全省少数民族群众业余文艺演出，并得到了专家学者和赫哲族群众的认可。应该说，当代最具特点和最有影响的赫哲族舞蹈就是《天鹅舞》和萨满舞。

《天鹅舞》 赫哲族妇女早年最喜爱跳的舞蹈。舞者舒展双臂，移动身形，仿佛天鹅在蓝天碧野间自由地翱翔；模仿雌雄天鹅相交头颈，亲昵爱抚，拟现天鹅热恋、育雏那无比幸福的情境和忠贞不渝的爱情；或欢快地鸣叫，嬉戏，跳跃，寻觅，隐喻地表现了赫哲族人生活的喜悦和对美好未来的憧憬。《天鹅舞》由八岔村赫哲族业余舞蹈演员首演之后，不断出现在赫哲族民间或省、市文艺比赛活动中。2010 年，赫哲族《天鹅舞》被列入黑龙江省非物质文化遗产保护名录。

萨满舞 源于赫哲族萨满请神治病、驱魔撵鬼、祭祀祈祷等神事活动。

传统萨满舞分独舞和群舞。独舞是萨满请神、治病、驱魔撵鬼时的舞蹈。舞蹈时，萨满敲击神鼓，甩动腰铃，做着各种夸张怪异的表情和动作，伴以请神驱鬼的诵词和咒语，气氛迷幻阴森，令人战栗。群舞是“跳路神”，赫哲语称“温吉尼”，通常是在村屯的路上，萨满在前领舞领唱，众人随舞应和，时有善舞者相互竞比，热闹非常。

萨满舞的姿势主要有 3 种：一是立舞，上半身略微前倾；二是伛舞，上下身子成直角；三是蹲舞，两腿蹲下而舞。萨满舞跳法是手执鼓槌斜击鼓面，腰身随鼓声左右摇动，腰铃随着晃动发声。步法是双脚随着鼓声和腰铃的晃动，前进一步，左右摇摆三下，如此反复，交替前行。

解放后，萨满舞就很少有人跳了。1985 年，赫哲族的文艺工作者挖掘、整理并把萨满舞作为民间艺术搬上了省少数民族文艺会演的舞台。这以后，八岔村董凤喜、吴福常、尤俊宏等，都在赫哲族乌日贡大会及其他节庆和对外文化交流中表演过萨满舞。2010 年，赫哲族萨满舞被列入黑龙江省非物质文化遗产保护名录。八岔村萨满舞代表性传承人有尤俊宏、毕旭、李景山等。

八岔村民尤俊宏跳萨满舞　　尤俊生　摄

萨满舞

特色体育

历史上赫哲族是一个崇尚武力、崇拜莫日根（英雄）的民族。为了适应部族生存和发展的客观需要，一些实用性的体育活动在渔猎活动和相互征战中孕育产生并得到了不断发展。赫哲族人根据聚居地的地理环境、历史条件和自己的喜好，创造了具有地域民族特色的体育形式。有些体育项目如摔跤、射箭、滑雪、叉草球等早就盛行于民间。已知的赫哲族传统体育项目有四五十种。

◉ 传统体育竞赛项目

摔跤

赫哲语称“发日合玛乞咪”。源于13世纪，从它形成的年代开始，就一直与人们的生活相伴。无论是在渔滩还是在猎场，摔跤都是人们在劳动之余不可缺少的娱乐形式，也是渔猎能手们比试本领的主要竞技项目。20世纪中叶，摔跤这项体育运动在赫哲族民间一度盛行。

如今的赫哲族摔跤，是一代代摔跤手在抓腰带摔的基础上总结出来的一个体育竞技项目，是增强体力、锻炼技巧、培养拼搏精神和顽强意志品质的群众性竞技体育运动。同时也是赫哲族大型文体活动中必不可少的体育竞技项目和观赏性节目，特别是在赫哲族盛大节日——乌日贡大会上，摔跤更是人们尤为喜爱的体育比赛项目之一。

形式 摔跤是赫哲族历史上最被看重的体育运动之一。在被誉为英雄史诗的伊玛堪里，可以看到所有的莫日根都有超凡的摔跤本领。在征战、复仇、比武招亲时，多半都要由摔跤决定胜负。这样，摔跤也就成了赫哲族男人把握人生命运节点或是求得生存的重要手段。经过千百年的演变和发展，久而

赫哲族传统体育项目——摔跤　　尤俊生　摄

久之，赫哲族也就有了喜爱摔跤的习俗。摔跤有花脖搂腰、支黄瓜架、抢摔和抓腰带等多种形式。花脖搂腰式是两人面对面站立，两臂互从肩上、腋下抱住对方。比赛开始，两人即用臂膀、腰腹的抱、扭及腿脚的绊力互摔，除双脚外，身体其他任何部位先着地者为负；支黄瓜架势是两人互抓对手双肩，比赛开始，两人即推、拉、抡、摔，并可用脚扫、绊，除双脚外，身体其他任何部位先着地者为负。抢跤是两人相距 1 ～ 2 步站好，一脚在前，一脚在后，两腿弯曲，身体稍侧前倾，两臂置于体前张开。比赛中，双方进退躲闪，寻机抓抢对方适于自己的有利部位，结合腿脚勾绊，使对方倒地，除双脚外，身体其他任何部位先着地者为负。抓腰带摔是二人赤膊，腰扎一条结实柔软的布带（古时多为熊皮皮带），预备时，双方互抓对方腰带，一手互搭对方肩膀。比赛中，双方抵、拉、扭、抱，手提脚绊，使对方倒地，除双脚外，身体其他任何部位先着地者为负。

场地　摔跤的标准竞赛场地为 5 米直径沙坑、草地或是河滩。

规则　赫哲族的摔跤比赛一般不分级别，除决赛外，多是一跤定胜负，决赛胜者为“莫日根”。

现代的摔跤比赛，选手一般赤膊，着裤，脚穿“温得”（赫哲语，意为矮腰鹿腿皮靴），腰间各束一条熟制柔软的熊皮腰带。赫哲族摔跤不分等级，采取淘汰的方式，决赛出冠、亚军和第三名，分别授予荣誉称号和颁发奖品。

比赛中，抓腰带时手不得脱开腰带，不允许有故意踢踹、击打、顶撞等危险动作，服从裁判判罚，一旦判定犯规，一局内第一次给予警告，第二次判负一局，如故意有较为严重的伤害性犯规，即取消比赛资格。场上裁判 1 名，辅助裁判 1 名。场上裁判负责布置场地、检查运动员着装及周身有无硬器物、指挥双方入场、发布“预备”和“开始”口令。比赛中，场上裁判有权对犯规运动员进行处罚和解决比赛中发生的各类问题，决定比赛胜负。辅助裁判负责观察比赛中运动员是否越出沙坑边缘，协助场上裁判观察双方身体是否触地或是有无犯规动作，记录比赛成绩。

叉草球

赫哲语称“务洛克特乌力别乌尼”，是赫哲族中广为流行的传统体育活动，有着很强的竞技性、娱乐性和渔猎生产的实用性。赫哲族世代以狩猎捕鱼为生，他们用渔叉捕鱼，用扎枪狩猎。准确、娴熟地使用渔叉和扎枪，既是赫哲族人在生产实践中需要掌握的本领，也是赫哲族人在生存发展中所必须具备的一种技能。为了成为叉鱼、狩猎能手，部族里的孩子们找来应手的自然木杈，或把木棍削尖，当作渔叉或扎枪，再把随处都有的茅草扎成长条形草把充当猎物，学着父辈们用渔叉叉鱼、用扎枪狩猎的模样，进行抛掷和争叉草把的游戏。在游戏中，可以锻炼身体的灵活性和使用生产工具的准确性，由此形成了现代叉草球的雏形。

1991 年，叉草球被选为在广西壮族自治区南宁市举办的第四届全国少数民族传统体育运动会的表演项目，并有了规则。

2003 年，叉草球作为表演项目，又一次参加了全国少数民族传统体育运动会，规则上做了较大的改进。在第七届全国少数民族传统体育运动会上，由八岔村运动员参与表演的叉草球获得表演一等奖。2007 年，经黑龙江省人民政府批准，叉草球被列入省级非物质文化遗产名录。2011 年，八岔村运动员再次在第九届全国少数民族传统体育运动会上表演叉草球，获得表演二等奖。

赫哲族传统体育项目——叉草球　　尤俊生　摄

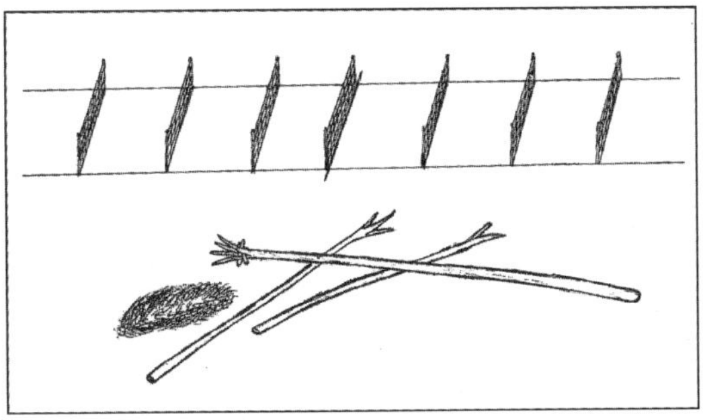

叉草球比赛器材示意图

叉草球比赛图解

叉草球运动，经过赫哲族体育工作者不断地发展、完善，已越来越凸显出它强健体魄、锻炼灵巧敏捷和培养团结协作的运动价值与功能。叉草球作为最具代表性的赫哲族传统体育活动，深受赫哲族青少年的喜爱，是赫哲族民族节庆和省、市民族运动会上尤为精彩的比赛、表演项目之一，也是赫哲族中小学校传授赫哲族体育文化的主要内容。

形式　最初的叉草球游戏较为简单，通常是人数相当的双方在较平缓的河滩或山坡上，相距二三十步互相抛叉草球。一方抛出草球，对方接叉，叉住后回抛给对方，叉不住则后退 20 步，对方前进 20 步，直至一方退到约定的地段，前进的一方胜。还有用木叉、扎枪掷叉水中移动或陆地上固定的草把等多种不同的游戏方式。

场地　原来叉草球的场地主要是在较平坦的河滩、草地。随着人们对叉草球运动的研究逐渐深入，叉草球运动的场地设置也逐渐规范。叉草球比赛场地是在长数十米、宽 8 米的狭长场地上，划两条相距 8 米不限长度的平行边线，同时划一中线，将场地分为大致相等的两部分，距中线左右各 9 米、18 米、27 米处划出 6 个长 9 米、宽 8 米和两个不限面积的区域作为竞赛区。场地线宽 5 厘米。场区内的 7 条分界线为设置拦网的线。用茅草捆扎一个草球（备用若干个），长 30 ～ 50 厘米，直径 15 ～ 20 厘米。木叉为小径原木（手握合适为宜），一端劈为 4 瓣，削成 4 个尖齿，齿长 15 厘米（自然木杈亦可），总长 120 ～ 150 厘米，共 8 把（备用若干把）。拦网上沿与地面垂直高度为 2.5 米。网眼直径 8 厘米，网宽 50 厘米，网长 8 米，7 道拦网总长 56 米。

规则　比赛开始前举行入场式，确定场地及发球权，赛前练习，赛后组织运动员退场。运动员穿本民族传统服装、软底皮靴。比赛双方人数相等，甲乙双方各 6 人（4 男 2 女），比赛上场 3 人（2 男 1 女）。当“比赛开始”的口令下达后，由先获发球权一方的队员在本方后半场区发球区内单手肩上掷发球，对方队员执叉叉球，未叉中致使来球落地，该方队员向后一场区后退，对方向前一场区推进，并由推进一方队员拾球前掷；若叉中来球，双方交替发球，如此反复，直至球在一方最后一个场区落地。一方队员叉中对方来球，须由叉上取下迅速掷向对方，也可以用手在本场区内传递一次，但球在每位队员叉上或手中停留的时间不得超过 3 秒钟；一方队员接叉对方来球未能叉住，但球却未触及地面和其他任何物体时，本队其他队员可连叉（只限每人一次）；一方队员接叉对方来球时，球经与木叉接触而落入本方后一场区或场区线外，视为球在接叉场区落地；掷球不过网（球挂于网上，或由网下进入对方场区），视为球落入本方场区；发球及比赛中的掷球队员不得跑动，也不得双脚同时离开地面。

有下列情形之一者，即被判犯规：发球时，脚踏边线，或迈入前半场区；球触网；木叉触网或过网；网下叉球；叉球时，身体任何部位越过拦网与地面的垂直线；球触隔一道拦网，或将球击入隔一个场区；球触场区边线，或落入场区边线外；叉同队掷出的球；木叉脱手，或直叉地面；身体任何部位直接接触对方来球。一方犯规，判对方发球；若有危险动作，或故意犯规拖延比赛，判犯规一方后退一个场区。球落入哪方最后一个场区，判对方获胜，比赛采用三局两胜或五局三胜制。

裁判组由裁判长 1 人、视线员 2 人、记录员 1 人组成。

杜烈其

“杜烈其”为赫哲族语，是“争夺”的意思。它是集跑、跳、摔、拽等多项技能于一体的一项综合性民族传统体育活动，原称“跑万岁”“ 跑趟子”。

起源 它最早起源于“挡亮子”这种捕鱼生产，后演变为赫哲族民间一项传统体育活动。杜烈其具有强烈的对抗性、趣味性和浓郁的民族特色，深受赫哲族青少年的喜爱。该项体育活动，虽史籍上无从查考，但从 20 世纪赫哲族群体间流行的程度看，它

赫哲族传统体育项目——杜烈其　　尤俊生　摄

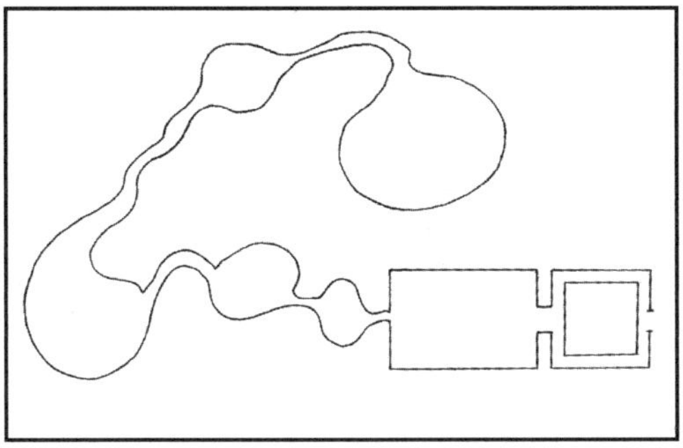

杜烈其比赛场地示意图

杜烈其比赛图解

在赫哲族群落里有着很深的根基，其名称的变化和竞赛的形式，也清楚地揭示了它的起源与演变。

杜烈其的原形是“跑万岁”。赫哲族生活的区域，河流纵横，泡沼遍布，其独特的生产方式和生活环境启发了早年赫哲族人游玩娱乐的游戏方式。他们把自然泡沼的形状化作场地形状，把渔民在泡沼里追赶鱼群的捕鱼方法，变作人类双方角力对抗、攻守城池的体育游戏，并且在确定输赢上，也明显地带有拥戴额真（皇帝、城主）的帝王时代的印迹，即游戏中胜利的一方要高呼“万岁”，由此可见其历史的久远和传统文化色彩的浓厚。

这一体育活动在 20 世纪 60 年代改为“跑趟子”。1988 年，在赫哲族第二届乌日贡大会的传统体育比赛上，依据该运动特点，把初始的“跑万岁”和后来的“跑趟子”，定名为“杜烈其”（赫哲语，意义争夺）。

杜烈其是赫哲族最具竞技性与观赏性的体育项目之一。在赫哲族历届乌日贡大会的角逐场上，杜烈其都不失为赫哲族传统体育文化的经典。从其竞赛的形式上看，它是继承传统文化、培养勇敢精神、锻炼体魄、发展智力的一项优秀的民族传统体育项目。

场地 场地分进攻队、防守队大本营以及若干个防守队阻截区。

规则 参赛队由裁判员确定进攻队或防守队后，裁判员鸣笛，双方各就各位，投入比赛。倘若比赛开始 30 秒内，攻方队员未向对方场区进攻，裁判员有权对进攻队予以警告，警告无效便判进攻队失一局。一旦进攻队队员突破防守区域，进入防守队大本营并高呼“鄂特黑”（赫哲语，意为胜利），即判进攻队胜，若进攻方全部出局，即判防守队胜。比赛规则同时规定，只允许参赛队员使用摔、推、抬、拽等方式迫使对方队员出局。假如一方队员有踢、打行为，就要受到取消比赛资格的处罚。全部比赛结束后，由场上工作人员根据各队获胜局数确定名次。比赛开始前，举行传统入场仪式，赛后组织运动员退场。运动员穿坎肩、跑裤、软底皮靴，腰扎绸布带。比赛采用三局两胜制。裁判组设裁判长 1 人、视线员 3 人、记录员 1 人。

鹿毛球

赫哲语称“库马克”“样俄”“笨布力”，是一项锻炼体魄、愉悦身心、培养集体合作、发展速度、提高灵活性的传统球类竞技项目，是赫哲族重大体育盛会上极富观赏性的竞赛项目，也是赫哲族地区对外展演、推介和挖掘、传承的重点体育文化内容之一。鹿毛球原称毛球，是流行于松花江下游及混同江沿岸赫哲族聚居区的一项传统体育活动，它特色鲜明，深受赫哲族青少年的喜爱。

起源 赫哲族依山傍水而居，渔猎生产是他们适应自然生态环境的主要生存方式。根据各部族渔猎自然经济的比重，有人分别将他们称为“鱼皮部”“狍皮部”“鹿皮部”。鹿毛球这项体育活动，最早是由“狍皮部”“鹿皮部”的赫哲族少年儿童，用獐、狍、野鹿、黑熊、野猪等兽毛搓成毛球，用木棍或“冰崩子”[①] 在宅院内或街道旁随意滚动争抢，或者挥击拨打的游戏。后来，游戏方法有了多样的变化：参加游戏的一方将毛球抛起，另一方用木棍或“冰崩子”挥击；双方隔着院落的木障子互相抛掷或击打毛球；再后来，受赫哲族另一传统游戏叉草球的影响，演变成网上抛掷和用拍击打毛球的传统球类竞赛项目。

作为表演项目，鹿毛球于 1999 年入选参加第六届全国少数民族传统体育运动会，并正式定名为鹿毛球，还制定了相应的规则。经过不断的发展、演变，鹿毛球的竞赛方法、比赛规则渐趋完善，在第六届全国少数民族传统体育运动会西藏拉萨分赛场上，由八岔村输送队员参与表演的鹿毛球项目获表演一等奖。

形式 比赛时，双方各上场 3 人，一方掷发球，另一方持拍击球，击中来球，双方交替互击，击不中来球，向后一场区后退，对方向前一场区推进，拾球再击，如此反复，直至将球击落于一方决胜区。比赛开始前，确定场地及发球权。球落入一方最后一个场区，判对方获胜，比赛采用三局两胜制。

规则 有下列情形之一者，即被判犯规：发球时，脚踏边线，或迈入前半场区；球不是由肩上掷出；球拍触网或过网；网下击球；击球时，身体任何部位越过拦网与地面的垂直线；球触隔一道拦网，或将球击入隔一个场区；球触场区线；球拍脱手；形成死球前，身体任何部位触球。一方犯规，判对方发球；若有危险动作，或故意犯规拖延比赛，判犯

---

① 冰崩子：赫哲族冬季捕鱼的一种工具。

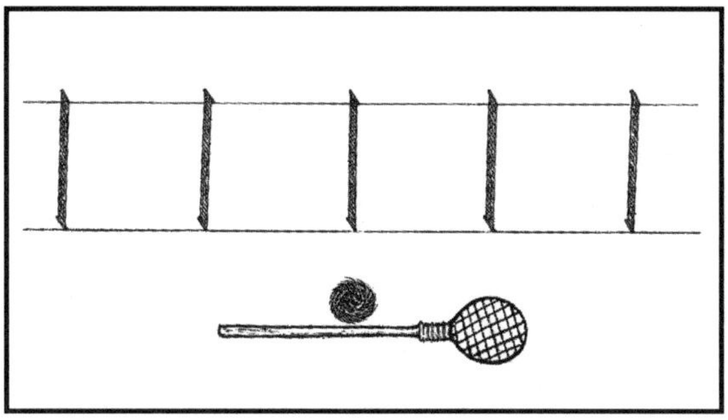
鹿毛球比赛场地与器材示意图

鹿毛球比赛图解

规一方后退一个场区。

裁判组由裁判长 1 人、视线员 2 人、记录员 1 人组成。

打瓦

赫哲语称“榔突鲁”。源于赫哲族青少年冬季砍伐树木时锯下木轮，在平整的空地上进行击打的游戏。它集竞技性、趣味性、观赏性于一体，是深受赫哲族少年儿童喜爱的一个体育项目。

场地 比赛在一块长方形的平整场地上进行。场地长约 20 米，宽 10 米，备厚 2 厘米、直径 10 ~ 15 厘米桦木轮若干个。

形式 分成人数相等的甲乙两队，运用白瓦、踩瓦、放瓦、前别、前点、前大拉、兔子蹦、背瓦、肩扛瓦、头顶瓦等方式进行竞技。前别、前点、前大拉、兔子蹦、背瓦、打瓦、顶瓦动作都是把瓦片，投掷适当距离内，而且规则相同。如果进攻队员两块瓦片相碰在一起为炸瓦，炸瓦连根绝，无论进攻队员做到哪组动作，都要失去进攻权，而且都要从打白瓦重新开始。

白瓦　也称立瓦，即立木轮。首先，甲乙两队争打瓦权。如甲队获打瓦权，甲队 3 名队员站在打瓦线前，脚不允许越打瓦线，手握瓦片，把守方立瓦击倒为胜利；如本方队员有没能击倒瓦片的，可以向击倒瓦片的队员求救，帮助击倒瓦片“救活”他。

踩瓦　即甲队把瓦片掷向乙队瓦前，如果甲队掷出的瓦片距离乙队立瓦三脚内，则由乙队队员进行罚瓦，乙队队员可以用力把瓦罚向远处，但不能超过打瓦线，如超过打瓦线，甲队可以拿瓦重新进行投掷。如乙队队员罚瓦击中另外两名甲队队员任何一人的瓦，那么就叫作连瓦，甲队失去进攻权，由乙队进攻打瓦。如果甲队进攻队员把瓦片掷于适当距离内，用右脚掌用力踩住瓦片，左脚大步向前迈出为支撑点，重心前移，击打对方瓦片，把瓦片击倒后才能松开踩瓦的脚。甲队 3 名队员一次有效击倒瓦片，则进

赫哲族传统体育项目——榔突鲁

八岔赫哲族学校　提供

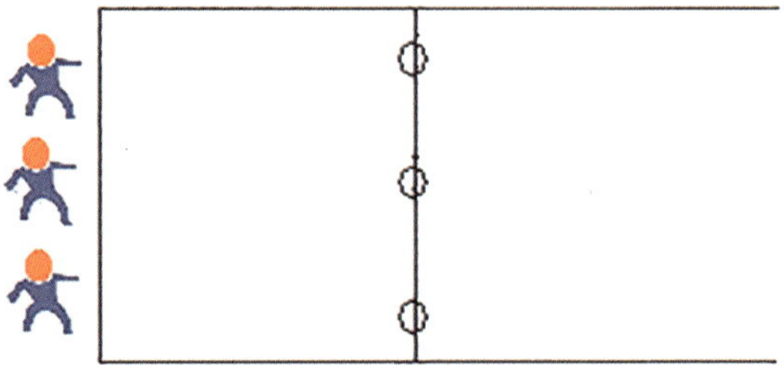

榔突鲁比赛场地示意图

行下一个动作。没有击中的队员，可以向击倒瓦片的队员求救，如救助成功，即往下进行，若救助不成功，则换由对方进行相应的比赛动作。

放瓦　同踩瓦内容相同，甲队用力把瓦片掷向乙队立瓦的后方，瓦的位置距离立瓦不得小于四脚，在击瓦，踩瓦脚松开并击倒乙队瓦片为有效。

前别　即把瓦掷到立瓦前面三脚外，然后走到瓦前，用右脚里侧靠住瓦，左脚向左侧前方迈出一步，右脚用力压住瓦，重心向左前移，左膝屈膝向前，右脚拉到左脚跟后松瓦，击中瓦为胜利。如没有击中立瓦，可由同组队员“救活”继续进行。

前点　即右脚内侧靠近瓦片，左脚跨瓦片迈至身体右侧，之后，右脚在身体后将瓦片前推，左脚支撑，右脚掌轻点瓦片后靠近瓦，左脚向前跨一大步，用右脚外侧前推击打瓦片。

前大拉　即用手掷出瓦片，走到瓦片前用右脚掌外侧贴近瓦片，左脚向前迈出一步为支撑点，右脚背压住瓦片向前拉动击打瓦片，击倒后为胜利。

兔子蹦　两脚夹住瓦片用力往前蹦 5 下（蹦几下也可根据场地距离远近定），当蹦到第五下时，两脚松开瓦片，使其向前滚动击打瓦片。向前蹦时，如果瓦片落地脱离两脚为失败。

背瓦　甲方队员弯腰背瓦向前行走，走到立瓦前，由乙方队员把瓦摆放在甲方队员后背任何部位，然后由甲方队员摆动后背上的瓦片击打立瓦。如在行进中瓦片掉地为失败。

肩扛瓦　即把瓦片放在左肩或右肩，行走时瓦片不能落地，走到立瓦前弯腰击瓦，击倒瓦为胜利。

头顶瓦　把瓦片放在头部，走到立瓦前击瓦。在击立瓦前，瓦片不能落地，如落地为失败。

规则　甲乙双方各 3 人。双方队长抽签决定打瓦权。采用三局两胜制，先打完全套动作的为胜队。

◉ 其他体育项目

划船 赫哲语称“特么特肯吊力”，即划快马子，是流行于赫哲族地区的一项由生产活动演变为体育竞技的传统体育项目，具有浓郁的民族特色和深厚的社会文化基础，深受赫哲族少年和青壮年的喜爱。

有史以来，渔业生产与赫哲族的生活息息相关，所以造船、划船自是必不可少的。赫哲族人捕鱼时划行的船有独木舟、桦皮船、快马子船、丝挂子船、舢板船等。在生产实践中，人们往往按照各类船具的性能，或叉鱼，或载物，或交通传递，并在各种生活生产活动中，逐渐形成了相互间的竞争和比赛。

最早用于叉鱼和水上交通的是独木舟，是用一整棵足够粗大的杨木凿成。后用桦皮船，它用木条做骨架，用桦树皮做外壳，再将溶化的松脂油灌抹缝处，船体轻，划行速度远远超过独木舟，又便于搬运。再后来是快马子船，用松木板制成，两头有翘尖，主要用于叉鱼或快速划行。这几种渔船，包括后来的丝挂子船、舢板船等，都在各个历史阶段作为赫哲族人渔业生产和生活的主要工具，也都充当着捕鱼或行走水路时竞比速度、耐力的实用型体育竞技器材。最受人们青睐的是用松木板制作的快马子船。现在赫

赫哲族传统体育项目——划船　　尤俊生　摄

哲族的竞舟赛为划快马子船比赛，项目名称确定为“划船”。

划船是赫哲族乌日贡大会上的重点比赛项目。比赛是在自然水面（即江湾、河流）上进行。一般赛事有 3 ～ 5 只赛船同时比赛。比赛时，参赛者奋力划行，竞比船速，按到达终点的先后或时间长短决定胜负。

划船比赛，是一项速度、耐力与技巧统合的传统体育项目，它形成发展于赫哲族的渔业生产生活之中，有着很深的历史渊源和雄厚的群众基础，为赫哲族代表性的体育运动，也是赫哲族体育文化挖掘、传承的主要内容之一。

顶杠 赫哲语称“莫吉吐日嘎”，是赫哲族传统体育运动项目，是赫哲族人在渔猎生产劳动中的一项休闲娱乐活动。

较早的顶杠比赛，人们先是在一直径 8 厘米、长 2.5 米的木杠中间拴上或做上一个标记，再在平地上画一条标记线，两个人在木杠的两头对顶着木杠，将木杠上的标记对准平地上的标记线，一声口令，两人便开始用力对顶，当木杠上的标记和地面上的标记线错开较大距离时，即分出胜负。这种直线型的标记线在顶杠活动中既不利于二人往来争夺，也不利于公正判定，人们又将其改进为在标志线的两边画出距离相等的两条线作为标志区，二人在顶推往来争夺中，若有一人被顶推出标志区则为输方，另一方即取得胜利。这种顶杠方法显然增加了顶推的争夺趣味。人们在顶推木杠实践活动中发现，当两个人转动顶推木杠时，画线区域便不实用了，于是，人们又改进了标记方式，在平地上画一大小适宜的圆圈，二人在圈内，将木杠上的标志彩绸对准圆心，一声口令，二人既能往来顶推，又能转动顶推，还增强了顶杠的娱乐性、实用性和观赏性。

赫哲族传统体育项目——顶杠　　尤俊生　摄

拉杠 赫哲族称“莫踏特日”。古代，拉杠是赫哲族渔猎能手在劳动闲暇时，用最方便的器材木棍，锻炼、较量力气的体育游戏。现代，拉杠是传统竞技项目，是力的较量，不论男女均可参加，多在网滩、猎场休憩时或吉庆的日子举行。比赛时，二人在一平地顶脚对坐，二人双手横拉木棍，一方将另一方拉起即判获胜。这种游戏盛行于赫哲族青少年和成年男子间，通过拉杠锻炼男子的力量，以便在捕鱼、狩猎时捕到好的猎物。

滑雪 赫哲语称“尼诗克特讷咪”，是我国滑雪运动的一种。其滑雪板制作和滑雪方法独具特色。滑雪原来的用途是在雪地上快速滑行，追逐猎物，或作为冬季雪上交通方式，演化至今，已成为赫哲族冬季冰雪体育运动项目。

赫哲族滑雪起源于赫哲族的生产劳动和狩猎活动。每逢冬季，赫哲族居住地就成了林海雪原，这为猎人脚穿踏板追逐猎物、开展滑雪竞赛提供了条件。赫哲族猎人的滑雪板是木制的。用大斧将木段劈成两半，砍薄成木板状，用火烤翘一头形成滑雪板的形状（比现代滑雪板宽且长，浮力大），再用兽皮（鹿皮等）顺毛贴绑在板底（下坡时顺毛速滑，上坡时逆毛防滑），然后用刀具在滑雪板的中段钻孔，用鹿筋将滑雪板和鹿皮穿在一起，使用时可以将滑雪板捆绑在脚上，再制作两根手握支撑雪地的雪杖，就能够滑雪了。原始的雪杖是单根长棍，滑雪时像单桨划船一样，两边支撑。近代，赫哲族滑雪用的手杖与现在的手杖有较大的区别，它不仅可以作为支撑滑行的工具，还能作为打猎时增加稳定性的工具，将两支雪杖交叉插入地面，就可以作为弩架或者枪架来支撑弩箭或者猎枪。

赫哲族先民在冬季狩猎时，往往一次要出猎近一个月时间，远行一二百里路，需要带上猎犬，备足饮食和有关用具，如果猎物较少，运用滑雪板就能将猎物全部带回；若猎物较多，就挑贵重猎物和兽皮带回。滑雪运动在赫哲族人冬季狩猎和生活中发挥了重要的作用，雪板和雪杖也成为赫哲族先民不可缺少的冬季狩猎和生活工具。

赫哲族的滑雪运动具有特殊的生产劳动和社会功能，雪板和雪杖的制作和使用方法在族人中世代传承，并不断创新和发展。新中国成立后，随着社会的进步和发展，滑雪的原始功能不断改变。赫哲族人民在改革开放中生活条件不断提高，居住环境越来越好，人民生活日益富裕，滑雪逐渐转变成休闲娱乐的一项民族传统体育活动。人们通过竞技竞赛的方法在 40° ~ 50° 的雪坡顶开始滑行，比速度，比滑姿，比滑行距离，比滑行技术，并演化出越障碍滑行等丰富多彩的冬季体育运动项目和游戏竞技活动。赫哲族滑雪已成为赫哲族运动员和广大群众喜爱的民族传统体育运动。

狩猎 赫哲语称“洼克乞”，意为“这个动物由我来杀它”或“我来杀这个动物”。狩猎的工具和方法是用扎枪来投扎杀死动物。演化至今，是用扎枪投扎挂放在一定距离外的动物形状物体，是赫哲族一种民族传统体育运动项目。

狩猎起源于赫哲族先民的生产劳动和社会活动。古时，赫哲族先民生活在环境恶劣的深山密林和江河原野地区，以渔猎活动为主要生存方式。赫哲族先民既要同大型动物搏斗，不被其吃掉，又要同中型和小型动物搏斗，将其猎杀为自己的食物。为了生存，他们历尽了千难万险，学会了多种渔猎工具的制作和使用方法。

古时，勤劳的赫哲族人为了能够打到更好更多的猎物，便将木棒削成尖状，去投射猎物。在投射猎物的过程中，如果射不中动物的要害部位，动物就会跑很远，追击过程很是耗费体力和时间，且赫哲族人需要完整的动物毛皮做衣服，因此要瞄准动物的要害部位，争取一击毙命并能够取得完整的毛皮。优秀的赫哲族猎手们，在闲暇之余就不断地练习投射猎物的动作，并瞄准击杀的部位进行练习，逐渐形成了洼克乞这项运动的雏形。

赫哲族先民们在抗击大型动物的攻击时，都是以群体的力量和相互配合的方法来击败动物，得以生存。当大型食肉性动物逼近时，人们为了防止身体被撕咬，往往会手执长杆与动物对峙，逐渐过渡到将长杆的梢头捆绑上尖利的石器、动物的尖骨、尖利的木器作为武器攻击动物，使其伤痛而逃走。后来赫哲族先民将之演化成在一定距离内，即将手中的标杆投出去扎中动物，达到防身自卫的目的。

狩猎也是赫哲族先民捕获中小型动物的有效手段。中小型动物非常警觉，人们往往很难接近，当双方接近一定距离，动物就会发觉而跑掉。赫哲族先民学会使用狩猎的方法后，就可以悄悄地接近动物至有效投扎距离，在动物发觉之前，就突然将锋利的标杆投扎在中小型动物的身体上，将猎物捕获。随着铁器的发展，铁制标枪代替了石器标杆，加大了抵御野兽的威力和捕猎中小型动物的功效。赫哲族人称这种标枪为激达。激达在赫哲族世代传承，促进了赫哲族的生存和发展。

赫哲族先民为了能够尽快将狩猎方法传授给下一代人，便制作出激达和兽靶，教育训练他们的子孙猎取水中和陆地上的动物，维持生存，延续种族。新中国成立后，随着社会的进步和发展，狩猎逐渐演化成一项赫哲族民族传统体育运动项目，供族人锻炼身体、掌握技艺、健身娱乐。每当喜庆或休闲时，人们就会挂放好兽靶，划出场地，手执激达进行传统的狩猎活动，一比技艺，分个高低输赢。狩猎已成为赫哲族运动员和广大民众喜爱的民族传统体育运动。

射箭 赫哲语称“鲁库沃嘎日夫”。弓箭是赫哲族狩猎的古老工具之一。弓，赫哲语称“勃力”；箭，赫哲语称“卢克伊”。赫哲族人自古崇尚弓箭，喜好骑射，把它视为男子汉的象征和标志，弓箭是他们随身携带的武器。赫哲族射箭有悠久的历史，最初用于打猎和战争，射手就是猎人，他们用弓箭捕杀动物维持生存。后来，弓箭变成了战争中的武器。赫哲族青少年有以竹做弓、削木为箭杆的射箭比赛活动。他们在森林中选择成排的树木，砍成光面，露出白茬作为目标，每人一个，同时在安有铁箭头的箭杆上写上自己姓名，参加比赛的人排列在 30 步或 50 步开外，按口令一齐发射，然后互相检查，以中箭多者为胜。另一方法，就是每个人单射，其射箭方法和齐射相同，仍以中箭多者为优胜。现代，赫哲族射箭是乌日贡大会上的一项重要比赛项目。

狗拉雪橇 赫哲语称“托日乞”。赫哲族人擅使犬，故史上有“使犬国”“使犬部”之称。聪明的赫哲族人充分发掘和利用了狗忠诚、耐劳、凶猛的特点，在打猎过程中，狗不但是猎手们搜寻猎物和追击猎物的重要帮手，还是拖拽雪橇、运输猎物必不可少的畜力。赫哲族生活地区冬季漫长，秋季储备的食物根本不够越冬。每到寒冬，猎手们必须出去打猎，而居住地附近的动物较少，因此，一定要从驻地进入深山去打猎，但冬季大雪封山，人们行走困难，特别是打猎归来，如果所打猎物过多，光靠人的力量很难将猎物运回驻地。后来，人们发现狗善于搜寻猎物，所以每次打猎都要带着狗，因为打猎要三五成群一同出行，每个猎手又都要带着自己的狗，逐渐人们便将狗和自己的滑雪板绑在一起去运载猎物，久而久之就形成了狗拉雪橇。这为猎人们出行打猎解决了交通难题。后来，狗拉雪橇逐渐成为赫哲族特有的交通工具。

直至近代，我国各民族中，唯有赫哲族使用狗拉雪橇运载猎物、货物，或将其作为主要的交通工具，赛托日乞在赫哲族群落里也就自然形成了一种特有的风俗。无论是历史上的“狗驿站”，还是近现代日常的生产生活，托日乞的历史作用和它的实用性、独特性及比赛的趣味性，都被众多专家看好，并有着极高的保护与传承价值。但是，目前狗拉雪橇的传统比赛已经基本没有了，即使是赫哲族，冬季时也很难看到这样的比赛了。

鱼王角力 赫哲语称“克莫奴”。赫哲族人以打鱼为生，船在江里行驶的过程中，经常会遇到浅滩，使船搁浅，这时候需要年轻力壮的人在岸上用绳子拽着船走，也就是拉纤。后来，人们在打鱼休息的时候，年轻的小伙子经常谈论在拉纤的过程中谁的力气大，大家互相不服气，就要比试。这时候，老渔民就给他们找来打鱼生产中破损的不能用的渔网，将渔网两头系上，让两个人背对背站立，然后互相拉拽对方，直到一方把另一方拽得服输为止，这就是赫哲族鱼王角力的雏形。后来，人们为了增加力量，平时在空闲时间也经常互相较量，经过多年的加工、改进，鱼王角力已经成为赫哲族年轻人非常喜欢并且非常流行的传统体育项目。在历届乌日贡大会上，鱼王角力都备受欢迎，报名参加者非常多，比赛场面争夺激烈，许多没有报名的人在这样激烈的氛围内也摩拳擦掌，跃跃欲试，积极要求参加。

叉鱼 赫哲语称“依玛哈卓布固各勒”。赫哲族人使用鱼叉，分不脱柄和脱柄两种。他们根据不同的情况来用不同的鱼叉，而且其方法也有许多种。喂窝子叉鱼，水浅时，喜欢吃草的鱼得不到草吃，这时，叉鱼者把一捆羊草绑在木棍上，使草稍微沾着一点水面。叉鱼者坐在桦树皮船上，来回察看每个窝子。如果有鱼在吃草，便慢慢划船靠近，举叉投向鱼身。 遇到涨水时，鱼能吃到足够的草。这时，叉鱼者就划着桦树皮船，在江边来回察看，当看到鱼正在一口口不停地吃草时，就慢慢地靠近，举叉投去。然后放开鱼叉上的绳，随着鱼走，等鱼疲乏无力时，把鱼叉上的绳拽到船上，当鱼快要露出水面时，用另一把鱼叉叉在鱼的头部，然后才能提出水面。赫哲族人不仅有纯熟的叉鱼技术，还能根据鱼在水中游动的波纹来识别是什么鱼，从而决定使用什么方法来叉。在水深的地方，叉鱼者经常将两个鱼叉接在一起，然后再突然叉入水中。赫哲族人叉鱼是非常有把握的，他们从来都是叉不虚发，可以说是百发百中。

叉鱼比赛从叉鱼活动中演变而来。比赛时，制作几个鱼的模型，在一定的距离内，叉中鱼多者为胜。

掷木轮 赫哲语称“拓霍日库诺多”。是赫哲族民间一项传统的体育活动。它源于赫哲族人造船时，有人把原木锯下的木片在河岸边随意掷滚的游戏。后来，有人将木轮

赫哲族传统体育项目——鱼王角力　　尤俊生　摄

赫哲族传统体育项目——叉鱼　　尤俊生　摄

在路上或较宽敞的空地上掷滚，对面有人用木棍拦挡，掷够约定数额，再相互交换。这种游戏在发展过程中有打木轮、挡木轮、掷木轮等形式。

经过挖掘整理，今天的掷木轮比赛，已成为集竞技性、观赏性和趣味性于一体的赫哲族传统体育项目。

打兔子 赫哲语称“囊图鲁”。用木棒或石块击打猎物，是早期赫哲族人狩猎的一种方式。在打猎过程中，有时候猎物突然出现在眼前，继而逃跑；有时候要偷偷靠近猎物，但是又不能离得太近。这样，赫哲族人就要用石块或者木棒脱手去击打猎物，逐渐形成了打兔子这项运动的雏形。用这种方法击打的动物大多是体形较小的动物，主要是野兔，所以就称其为打兔子，现已演变成少年儿童喜爱的竞技娱乐活动。

赶鱼汛 赫哲语称“依玛哈夏内阿去乐”。起源于赫哲族人在打鱼过程中总结出来的打鱼经验。在打鱼过程中，赫哲族人发现，江里的鱼也不是总有的，而是像汛期一样，是一波一波出现的。为了赶在鱼汛期间捕获更多的鱼，赫哲族人要以最快的速度进行捕捞作业。但是由于船小，不能装载更多的鱼，就要快速划船到江边，把鱼卸到江鱼窖子里，再快速回到捕鱼现场去继续捕鱼。于是，赫哲族人在空闲时间就练习快速撒网、快速叉鱼、快速收网、快速划船等技能，大家在捕鱼过程中也互相比拼这些技能，久而久之，就形成了赶鱼汛这个游戏项目。后来，虽然打鱼的人较少了，但是这项技能却保存下来了，并流传至今，也是赫哲族人较为喜欢的运动项目，并在每届乌日贡大会上作为游戏项目竞赛或表演。

刹鱼削烤叉 赫哲语称“依玛哈哇夫克呀咪乐克日切”。这个游戏其实是赫哲族人的一种生活技能。赫哲族人捕鱼，吃鱼，特别是爱吃叫“达勒格切”的烤鱼，即现在人们常说的“塔拉哈”。烤鱼就要用烤叉，要吃烤鱼时，赫哲族人就到岸边的柳树林中撅来柳树枝，削成烤叉，然后将鱼刹成连搭肉片，串到烤叉上，在火上烘烤。

刹鱼削烤叉在赫哲族生活中，是老人选女婿的一种方式，年老的赫哲族人在外出打鱼后，要看看年轻的小伙子们干活是否麻利，要看小伙子们刹鱼削烤叉的功夫。因此，年轻的小伙子们也都非常卖力气地显示自己的能力，时间长了，就形成了一项游戏项目。

背媳妇 赫哲语称“阿申妹合勒”。这项运动起源于赫哲族人的打鱼活动。原来两口子打鱼回来，要拿许多东西，包括渔网、捕获的鱼等等。由于路途较远，媳妇坚持不住，丈夫就经常背媳妇一段路程，让媳妇歇歇。渐渐地，几家人一起出去打鱼，回来时，大家

赫哲族传统体育项目——背媳妇　　尤俊生　摄

就不约而同地背起自己的媳妇走，互相比赛，这样也能缓解疲劳，加快了行走的速度。后来，就形成了这个游戏项目，该项目在乌日贡大会上备受欢迎。

冰磨　赫哲语称“珠克么苏勒乌克乞”。比赛时，在平整的冰面上（如果有一层薄雪最佳）竖一根木桩（在冰面上镩一个洞，立上木桩，四周培上雪，再泼水冻实）为磨心，再将一横木钻孔套入磨心，横木一端系上可坐 1 ~ 2 人的冰爬犁，横木稍短的一端作磨把。游戏时，众多儿童轮流互换坐上爬犁或推转冰磨。推转冰磨的儿童跑得越快，爬犁也转动得越快，多以在一定时间内推转冰磨圈数多少定胜负。冰磨是赫哲族儿童冬季尤为喜欢的一种冰上体育游戏。

特色旅游

八岔村依托地理和旅游资源优势，抓住习近平总书记视察八岔的契机，定位旅游产业引领作用，倾力实施旅游景区和服务设施建设，慕名而来考察观光的旅游团体和游客剧增。特色旅游业成为新兴致富朝阳产业和新的经济增长点。八岔村正在叫响“中国八岔赫哲族”“中国赫哲第一村”“中国赫哲冬捕第一乡”和“中国名村”等多张旅游品牌，正在向建设全国旅游名村的远大目标迈进。

集江滩岛湖为一域，聚名鱼珍禽于一村，异域风情尽收眼底，民俗生态寻古探幽。

◉ 旅游资源

八岔村的旅游资源以黑龙江大界江风光、黑龙江八岔岛国家级自然保护区生态景观、盛开的十里泡荷花、腰屯大泡垂钓最为有名。

大界江风光 中俄界江——黑龙江流经八岔村域 32 千米，这里江阔水

晨曦中八岔村黑龙江界江风光（2016 年） 尤俊生 提供

黑龙江八岔岛国家级自然保护区湿地（2016 年） 尤俊生 提供

深，鸥飞鱼跃，不仅是八岔村赫哲族人民传统的渔猎场地，也是游客游览观光的好去处。

锦绣湿地 八岔村域内具备了三江大湿地的所有特点，芳草萋萋，树木葱茏，水波荡漾，天高云淡。穿林间，过草地，漫步洁净的沙滩，呼吸清新的空气，令人赏心悦目，流连忘返。

民族风情 利用赫哲族独有的民风、民俗资源，开发出一些让游客置身其中的体验游，让游客亲身体验赫哲民族的神秘与传奇。赫哲族冬捕有着悠久的历史，天寒地冻时，同勇敢的赫哲族莫日根一同冬捕。忘却的是严寒，收获的是喜悦。夏季，十里莲花泡呈献给人们的是鲜花；冬季，十里莲花泡奉献给人们的是美味。在网点滩地等地方，有 30 座传统居舍撮罗子、50 个食宿地窨子，可供游客食宿其间，体验赫哲族独有的建筑特色。由八岔村 35 名村民组成的赫哲族民间艺术团，学习伊玛堪，并自行编排民族歌曲和舞蹈，随时为游客表演精彩节目。表演风格自然、纯朴、富有民族特色。八岔赫哲族渔猎饮食传统久远，特别是传统的吃鱼方式，味道纯正，烤鱼片（赫哲语“塔垃哈”，也叫“达勒格切”）、刹生鱼、江水炖江鱼更是远近闻名。八岔赫哲新区，92 栋

184 户别墅式赫哲族民居，是兼具现代建设风格和传统民族元素的新农村建设典范。游客可入住新区中 33 户赫哲族家庭旅馆，在赫哲族人家体验当地民风民俗。

黑龙江八岔岛国家级自然保护区

黑龙江八岔岛国家级自然保护区筹建于 1999 年。2000 年，由俄罗斯划归我国的二道江子岛、三道江子岛等 11 座岛屿，加上我国八岔岛原有面积，共 320.14 平方千米。同年，由黑龙江省政府批准为省级自然保护区。2003 年 6 月，由国务院批准晋升为国家级自然保护区，并投入大量资金，重点加强了生态资源的管理和管护。

区位 黑龙江八岔岛国家级自然保护区位于黑龙江省同江市东北部八岔赫哲族乡八岔村境内，北纬 48°08′ ~ 48°18′，东经 133°40′ ~ 134°01′，距市区 140 千米，东与抚远县接壤，西与勤得利农场临界，北与俄罗斯隔江相望。边境线长 40 余千米，大小岛屿 50 多个，岛屿面积 121.58 平方千米，主要有八岔岛、二道江子岛、三道江子岛、雪那洪岛、男女岛、红灯岛、青鳇鱼通岛等。保护区内泡沼、河流星罗棋布。其中核心区面积 791.8 平方千米，缓冲区面积 64.5 平方千米，实验区面积 165.53 平方千米，保护带面积 10.93 平方千米。

八岔岛自然风光（2016 年）　　尤俊生　摄

灌丛湿地　　黑龙江八岔岛国家级自然保护区管理局　提供

湿地资源　保护区湿地总面积为205.33平方千米，占保护区总面积的64.1%。保护区湿地分三大类型，包括沼泽湿地、河流湿地、湖泊湿地。河流湿地74.09平方千米，占湿地面积的36%。其中，永久性河流湿地50.64平方千米，季节性或间歇性河流湿地6.68平方千米，洪泛区平原湿地16.79平方千米，沼泽湿地130.21平方千米（其中，草本沼泽77.76平方千米，灌丛沼泽34.62平方千米，森林沼泽17.83平方千米），湖泊湿地1.01平方千米。

黑龙江八岔岛国家级自然保护区是新中国成立后三江平原经长期开发后，为数不多未被破坏的原始湿地生态系统，也是中国乃至世界范围内湿地类型较为齐全、保持较为完好的原始湿地之一。黑龙江横贯保护区30余千米，使区内形成大大小小的内河、湖泊和泡泽，是国内罕见的临界江、陆地、岛屿和水域相结合的湿地类型保护区，也是中国北方重要的物种基因库。它为中国的濒危水鸟迁徙、繁衍生息提供了良好生存环境，为保持生物多样性、气候调节、净化水源提供了重要保障。近几年，随着国家重点生态工程的实施，保护区内育林地被纳入了国家重点公益林生态效益补偿项目，为保护区被纳入国际重要湿地打下良好基础。

生物基因库　保护区的地带性植被为温带红松针阔混交林，但因受当地条件影响，形成了大面积的非地带性植被。主要包括林地、灌丛、草甸、沼泽和水生植被。保护区野生动植物占黑龙江省同类动植物总数的38.24%，占三江平原同类动植物总数的55.35%，基因物种相对丰富度极高。保护区内904种野生动植物中蕴藏着难以记数的遗传基因。因此，这里成为中国为数不多的重要生物基因库。

据统计，保护区内共有野生动植物904种，其中，国家二级保护野生动物有黑熊、马鹿、猞猁、水獭4种。

野生黑龙江红莲　　黑龙江八岔岛国家级自然保护区管理局　提供

保护区内鸟类主要以鱼类为食，除自然捕食之外，保护区设置的鸟类投食点每年投食约 1250 千克。兽类主要以柞树的果实、灌木果实为食，偶尔也会捕食鱼类。保护区内的草甸湿地也是食草类动物的理想料场。

香蒲

黑龙江八岔岛国家级自然保护区管理局　提供

荷花　又名莲花、水芙蓉等。在保护区内分布比较广，区内南侧约 5 千米是荷花分布最多的地方。

香蒲　重要的水生经济植物之一，区内以十里泡分布最多。

牛毛毡　双子叶挺水性水草，细长如牛毛，是珍贵的药材。保护区内很少见，一般生长在草原或平原沼泽湿地中。

黄菠萝

黑龙江八岔岛国家级自然保护区管理局　提供

黄菠萝　树皮可入药，因其木材质地坚硬，被列为东北三大硬阔之一，主要散生在保护区的二道江子岛上。

水獭　国家二级保护野生动物。毛色呈季节性变化，常独居，不成群。岛内常年都有出没。

野猪　体躯健壮，四肢粗短，头较长，耳小并直立。随着保护区管护、管理的加强，野猪数量不断增多，监测结果显示，有 100 多只。

野猪
黑龙江八岔岛国家级自然保护区管理局　提供

东方白鹳　大型涉禽，国家一级保护鸟类。5 月开始繁殖，筑巢于高大乔木或建筑物上，每窝产卵 3 ~ 5 枚，白色，雌、雄鸟轮流孵卵，孵化期约 30 天。保护区内约有 30 只东方白鹳在岛上筑巢。

大白鹭　国家一级保护鸟类。筑巢于高大的树上或芦苇丛中，多集群筑巢。保护区内可监测到，但数量较少。

鸿雁
黑龙江八岔岛国家级自然保护区管理局　提供

鸿雁　大型涉禽，国家二级保护野生动物。常成群活动，特别是迁徙季节，常集成数百只甚至上千只的大群。保护区每年春秋两季都有成群鸿雁经过。

管理动态　黑龙江八岔岛国家级自然保护区管理局为正处级事业单位。下设办公室、保护管理、计划财务和科研宣教 4 个职能部门，在编人员 19 人，管护员 18 人，共计 37 人。

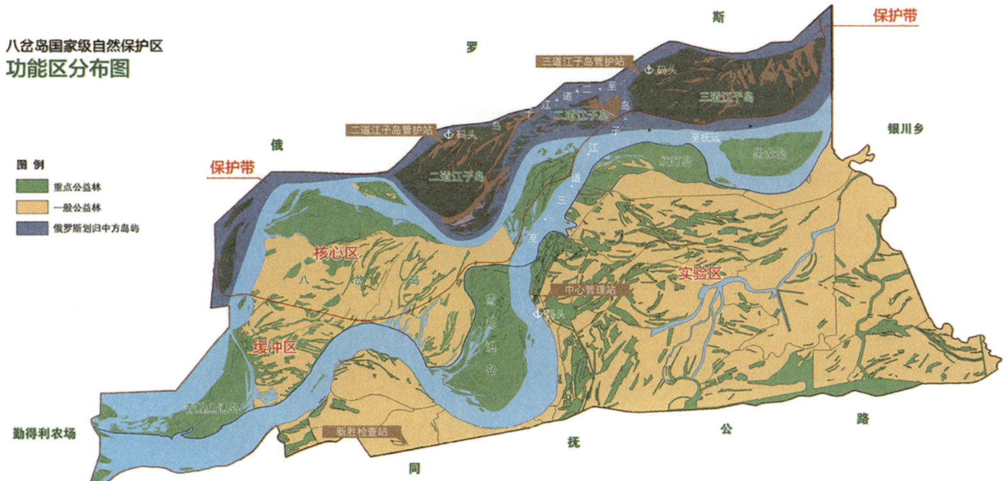

八岔岛国家级自然保护区功能区分布图　　黑龙江八岔岛国家级自然保护区管理局　提供

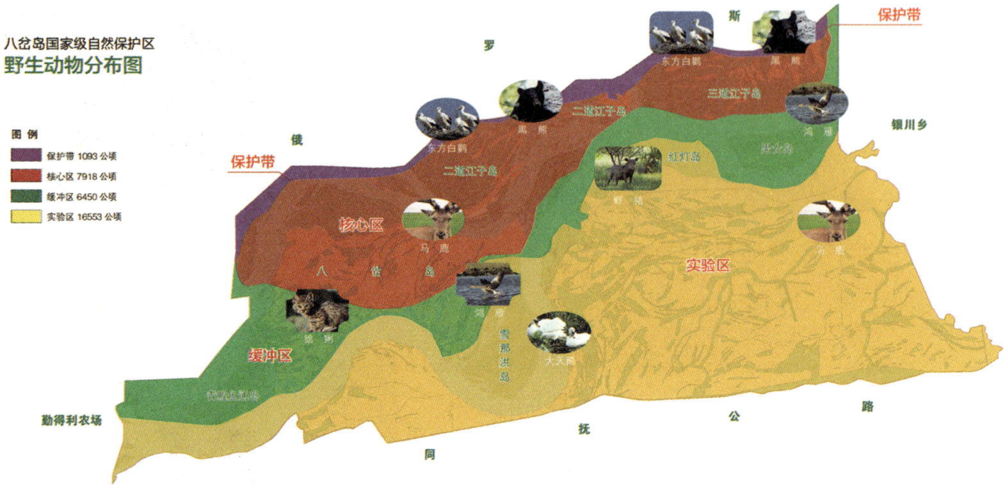

八岔岛国家级自然保护区野生动物分布图　　　黑龙江八岔岛国家级自然保护区管理局　提供

保护区组建后，认真宣传和贯彻执行国家有关林业和自然保护的法律、法规和方针政策，坚持保护好区内的自然环境和自然资源，依法查处破坏区内生物资源和自然环境的违法行为及其责任人，定期组织自然环境和自然资源调查，在做好科学研究和科普宣教工作的同时扩大对外合作交流。经过近十年的不懈努力，区内野生动植物的种类及数量不断增加。

保护区通过人工投食和搭建人工巢穴等方式，使东方白鹳种群的数量不断增加，涉禽的种群结构也得到了有效恢复。

2013 年，保护区内约有 8 只定居繁殖的东方白鹳，年繁殖存活可出巢飞行的 8 只，总数 16 只左右。2016 年，全区约有 25 只东方白鹳（包括 2015 年新繁殖幼鸟）。

保护区在保护生物物种资源、改善生态环境、调节气候、保持水土、涵养水源等方面取得了巨大成效。监测结果表明，涉禽繁殖率和存活率大大提高。东方白鹳、白鹭等受到了人工保护，保护区内设置了 5 个投食点，共搭建人工巢穴 10 处，东方白鹳人工筑巢繁育数量增加。在人为促进下，繁殖率和保存率都提高了 30% 左右，鸟类的种群数量恢复明显。通过调查监测，在保护区内留鸟鸟类中，松鸦、喜鹊数量比较大，种群数量 1300 ~ 1500 只，主要分布在雪那红岛、男女岛和八岔岛上，这些岛屿距村屯、耕地比较近，食物来源丰富。它们的活动范围比较小，一般在 3 ~ 5 千米，其他岛屿没有发现这两种留鸟。在鸥科、雁科鸟类中，海鸥数量较大，约有 500 只，是保护区最常见的候鸟之一；红嘴鸥和银鸥数量较少，不到100只。海鸥、鸿雁、绿头鸭、鸬鹚数量庞大，在候鸟迁徙季节，每个种群数量都在10000只以上，在旅鸟种类中占优势，这三种鸟类在保护区内留居繁殖的数量很少，数量仅几百只，80%以上都在俄罗斯的巴斯达克自然保护区栖息繁殖。

◉ 主要景区景点

八岔岛二道江滩地 二道江滩地由八岔村旅游服务公司具体经营，提供生态鱼宴和烤鱼自助等美食服务。先后推出界江捕鱼体验、乘船游江、滩地野炊、篝火晚会等项目。2016年，接待游客5000余人次，修建拓展训练营地和狩猎场，完善安全保障设施，打造渔猎旅游精品景点。

乌日贡广场 乌日贡广场是八岔村民日常休闲和节庆活动的重要地点。位于八岔新区中部，占地面积4800平方米，内有亭舍、路灯、健身器械、歌舞台等设施，广场最里侧矗立着5根反映赫哲族图腾信仰的图腾灯柱，夜幕降临时开启，每根灯柱上映现出多种神兽图案。

八岔赫哲新区乌日贡广场图腾柱（2015年） 尤俊生 摄

赫哲族图腾柱的主体图案为熊、虎、鹿、鹰，这与赫哲族原始的狩猎文化具有本质上的联系。赫哲族人在长期的渔猎生产生活中，把熊、虎、鹿、鹰作为自己的崇拜对象，图腾柱上的图案展示着熊人互变、鹿能变人、人与虎之间的亲密关系以及流传于民间而且相当完整的崇拜仪式和禁忌。

赫哲族人把熊尊称为“玛发”（老人），对他充满敬畏；把虎称为“老祖宗”，把虎神圣化，赋予它通灵、能口吐人言、保佑后代等许多灵异之处；把虎看成是氏族的祖宗神和保护神；把神鹰阔力，也就是女性英杰，幻想成为超自然力量的代表、奇迹的创造者；把鹿看成是幸运美好的载体，认为鹿能与人和睦相处，传说富有灵性的鹿，还能幻化成女人与人类一起生活，并给一同生活的人带来吉祥和幸福。游客在此可观看村民歌舞表演，休闲散步，观瞻图腾柱并合影留念。

八岔渔猎文化展馆 2012 年建成。该馆整体按照赫哲族传统居室木刻楞设计，房屋共分上下两层，总面积 1000 平方米，使用松木打造，是一座能展示和介绍赫哲族文化、历史、渔猎生产生活、宗教信仰和风俗习惯的民族博物馆。展馆内设有赫哲族传统手工艺鱼皮画制作室，陈列赫哲族民俗、渔猎展品，从不同侧面反映赫哲族的文化特点和时代变迁。通过实物和图片向人们展出八岔赫哲族的历史和改革开放以来社会经济的发展变化。

八岔赫哲族伊玛堪传习所 该传习所于 2014 年建立。担任伊玛堪传习任务的是赫哲族伊玛堪说唱人吴连贵的小女儿吴桂凤。传习课每周一节，学员 20 人，其中年龄最大的学员 82 岁，最小的 5 岁。八岔赫哲族伊玛堪传习所是 2016 年 5 月 24 日习近平总书记到八岔的第一站。传习所内陈列了赫哲族的传统生产生活用具和物品，展示有鱼皮衣、鱼皮画。同时，通过视频、音频、图片等多种形式，突出展示习总

八岔渔猎文化展馆讲解员在介绍赫哲族鱼皮画（2016 年）
邵国良 摄

吴桂凤在教授伊玛堪（2015 年）
李丽 摄

八岔村船坞（2016 年）　　八岔赫哲族乡政府　提供

书记在八岔村关心赫哲族的情况，以及习总书记不同时期的珍贵资料、照片。

船坞广场　船坞广场沿江沿坝而建，是八岔村民的渔船停靠处。有综合休闲设施，沙滩 2000 平方米，设餐饮区和娱乐区，具备管理和服务功能的趸船 1 只，建设具有一定民族建筑风格的船管站管理用房 1 处，有广场大型蓬伞 2 处，配备了休息和餐饮座椅，适合游客休闲、嬉水和宿营。

天赐湖公园　2013 年，八岔村遭受洪灾，大坝决口，形成一个内陆湖，百姓称之为天赐湖。八岔村有效地利用自然生态环境展现民族渔猎文化，将民俗旅游和水

八岔村天赐湖（2015 年）　　尤俊生　摄

八岔村十里泡荷花（2011 年） 黑龙江八岔岛国家级自然保护区管理局 提供

产养殖产业化结合起来，修建了天赐湖公园。公园位于八岔赫哲新区西北约 1000 米处黑龙江大堤内侧，东南临八岔赫哲新区，面积 350 亩，最大水深 15 米。湖岸边垂柳依依，湖中鱼跃蟹肥，有龙舟和游艇等设施，供游客垂钓游玩。

自驾游营地（户外运动基地） 位于八岔赫哲新区北侧黑龙江畔，2016 年开始建设，是集垂钓、游湖、野炊、冬捕、拓展训练、野外生存体验为一体的自主游乐项目。空中滑翔伞和水上摩托艇表演训练基地也落户于此，为乡村文化与旅游景观的有益补充。

十里泡荷花 十里泡位于八岔村南 9 千米处，水面 450 亩，泡内淡水鱼类资源较为丰富，每年产量在 2.5 万千克左右。该泡盛产黑龙江红莲，植物学家称之为“世界莲花之祖”。盛夏时节，十里泡莲花绽放，美不胜收。

腰屯大泡垂钓 腰屯大泡位于八岔村西 15 千米处，最大水深 4 米，面积 750 亩，交通便利，是八岔赫哲族人传统的渔猎场所。泡中有各种鱼类，盛产鳌花鱼。

◉ 旅游路线

赫哲民俗旅游路线 参观民俗馆、伊玛堪传习所、总书记视察纪念室，观看八岔村民原生态演出；参观新区，探访尤桂兰老人家；参与天赐湖、腰屯大泡、十里泡垂钓捕鱼游玩（冬天冬捕）；住八岔赫哲新区家庭旅馆；参与赫哲族传统体育项目活动，参加篝火晚会等。

黑龙江中的八岔岛（2016 年） 尤俊生 提供

踏察生态八岔岛 八岔岛像一颗璀璨的明珠，镶嵌在黑龙江边绿树丛中，以回归自然、享受自然为主题，形成人与自然的完美融合。在这里可以与水鸟共同畅游在绿色的湿地里，感受大自然的魅力，也可以采摘野果，享受大自然的乐趣。游客可到赫哲族老部落遗址、三道江子岛保护站参观，到二道江滩地与渔民一起体验界江捕鱼生活，并在网滩野炊，享受捕鱼成果，捡江石，寻玛瑙，住地窨子。傍晚，映着晚霞点燃篝火，与赫哲族群众一道载歌载舞，感受赫哲族渔民的原始渔猎生活习俗。

畅游界江风光 同赫哲族渔民一起乘船，在黑龙江上欣赏两岸风光。

◉ 旅游服务设施

八岔赫哲新区家庭旅馆 建于 2016 年，墅式建筑 33 户。室内设施齐全，日接待游客能力可达 300 人。夏季，游客可享受阳光、清风，在院内种菜种花；冬季，室外银装素裹，在室内可享受集中供暖带来的舒适温度。

赫金虐鱼皮制品手工坊 2016 年，由赫哲族村民投资兴办，经销鱼皮工艺制品，并开办培训班，每期培训学员 100 多人次。

天赐湖赫家鱻饭店 位于天赐湖南侧，主要为游客提供赫哲族传统饮食服务。饭店总面积 10000 平方米，用餐面积 400 平方米。饭菜品种主要有江水炖江鱼、农家菜、自助烧烤等。

八岔岛上冬季冰湖奇景（2014 年）　　黑龙江八岔岛国家级自然保护区管理局　提供

特色美食及食材储藏

赫哲族主要聚居在松花江、黑龙江及乌苏里江流域，祖先以捕鱼狩猎为生，赫哲族人好渔，擅长以鱼烹制美食。八岔赫哲族食鱼方面更是具有地域特色，特别是达勒格切（塔拉哈）、削冻鱼片儿、刹生鱼、江水炖江鱼、烤鱼干、炒鱼毛和腌大马哈鱼子和鲟、鳇鱼子等，已成为当地接待国内外游客的上等菜品。在北方一些大中城市的高档酒店里，这些美食也常被作为招牌菜推荐给宾客。

即渔即烹，生鱼生料，江水为汤，野浆为佐，原汁入原味，原汤化原食，色形味俱佳，鲜香醇绝伦。

◉ 名贵鱼类

八岔村坐落于黑龙江畔，水域辽阔，江河纵横，是中国淡水鱼产量较多的地方。以盛产鲟鱼、鳇鱼、大马哈鱼和“三花五罗”而闻名。八岔赫哲族人多是打鱼的好手，善渔好鱼，更喜欢吃鱼，很多吃法非常独到，他们用黑龙江流域盛产的各种鱼类及野菜、山珍做食材，创造出众多具有独特民族风味的美食佳肴。

鲟鱼　　　　尤俊生　摄

鲟鱼 赫哲语称“克衣[①]日富嗔依玛哈[②]”。也叫其里富子。体呈亚圆筒形，长2米余。背青黄色，腹白色，吻尖突。口小，腹位，口前具须两对。左右鳃膜不相连，体披五纵行骨板，余皆裸出。以无脊椎动物和小鱼等为食。鲟鱼一身无弃物，鱼头、鱼尾、鱼翅、鱼肚、鱼骨等都可食用。鲟鱼可红烧、用江水炖、做塔拉哈、刹生鱼、生拌鱼筋、氽鱼丸子等。卵为珍贵食材，野生鲟鱼卵价格昂贵，有“黑色软黄金”之称，鳔和脊索可制鱼胶。

鳇鱼 赫哲语称“阿金依玛哈”。又称达氏鳇。为黑龙江流域特有的名贵鱼种。鳇鱼口位于头的腹面，较大，似半月形，口前、吻的腹面有触须两对，中间的一对向前，吻呈三角形，比较尖。左右鳃膜相互连接，这是与鲟鱼不同之处，也是辨别鲟、鳇鱼的依据之一。鳇鱼肉味鲜美，卵与鲟鱼卵一样名贵，吃法相同。鳔和脊索均可制鱼胶。八岔村每年都能捕到鳇鱼，但已尤为稀少。1972年，八岔赫哲族渔民捕到一条重650余千克的鳇鱼。1990年是八岔村捕获鳇鱼较多的一年，全村捕获大小鳇鱼100多条。2016年，村民在黑龙江又捕到一条重301千克鳇鱼。

大马哈鱼 赫哲语称“达乌依玛哈”。为冷水性溯河产卵洄游鱼类，上溯至中国境内的为秋鲑，且多在下游产卵，到达上游者仅为少数。幼鱼一般在同年的12月孵出，一直到第二年春天，都在产卵巢中生活。幼鱼离开产卵巢后，便开始向海中洄游，并长大。终生只繁殖一次。大马哈鱼是一种比较珍贵的大型经济鱼类，重量6.5千克以上，脂肪含量高，肉味鲜美，其卵是中国东北名贵水产品之一。大马哈鱼可清蒸、炖萝卜块、煎炸鱼块、氽鱼丸子、包饺子、氽鱼片，还可晒成鱼坯子、鱼条子。大马哈鱼卵晶莹通红，可用盐腌制后直接食用。大马哈鱼

鳇鱼　　尤俊生　摄

大马哈鱼　　李朱赫　摄

---

① 克衣：下划线指两字的读音相拼。

② 依玛哈：赫哲语，意为鱼。

卵在八岔村售价可达 300 ~ 400 元 / 千克。每年秋季 9 月，是八岔村捕获大马哈鱼的季节。20 世纪 70 年代，由于渔民使用了胶丝三层网，八岔村大马哈鱼年平均产量 3000 尾左右。之后，大马哈鱼产量逐年下降。2016 年，八岔村共捕获大马哈鱼 1100 条。

鳌花鱼 赫哲语称“敖其克依玛哈”。也叫鳜鱼。“三花五罗”之“一花”。喜欢在水深流急的水域中活动，身长可达 50 厘米，重量可超 5 千克。长有尖锐的牙齿，性情凶猛，能捕食超过自身体长一半的鱼。鳌花鱼刺少肉多，肉呈瓣状，肉质细嫩，适合酱炖、清蒸、红烧，是赫哲族人招待客人的上等佳肴。

鳌花鱼 李朱赫 摄

鳊花鱼 赫哲语称“开钦依玛哈”。也叫长春鱼。“三花五罗”之“一花”。开江之初，在八岔村很难见到此鱼，天气渐暖才会出现。头小而尖，以草为主食。这种鱼大者重 0.5 ~ 1 千克，小者重 0.35 ~ 0.4 千克。鳊花肉肥，吃起来肥而不腻，肉质鲜嫩，口感极佳。八岔赫哲族人待客时，一般是煎炖、红焖、红烧，也可以烤着吃。

鳊花鱼 李朱赫 摄

鲫花鱼 赫哲语称“乌楞格依玛哈”。“三花五罗”之“一花”。背鳍隆起，腹部圆，体侧和背部呈青褐色，腹部白色，体侧中轴有数量不等的黑斑块，吻圆钝，口下位呈马蹄形，口角有须一对，眼突出。开江时，八岔村就能见到。此鱼适合酱炖、红焖、红烧。肉为瓣状，毛刺较多。

鲫花鱼 李朱赫 摄

哲罗鱼 赫哲语称“萨卡那依玛哈”。也叫哲罗鲑。“三花五罗”之“一罗”。世界稀有冷水鱼之一。在八岔村并不常见。这种鱼肉味鲜美，刹生鱼、刹鱼片十分爽口，还可做馅包饺子、氽丸子等。此鱼皮厚，可用于做鱼皮衣服和鱼皮靴子。

哲罗鱼 尤俊生 摄

法罗鱼 赫哲语称“阔替依玛哈”。又名三角鲂。“三花五罗”之“一罗”。长得像鳊花鱼，但比鳊花鱼体宽肉厚。属大型鱼，最大重 5 千克左右。此鱼在八岔村不常见。捕获后，去鳃、鳞、内脏，洗净食用。吃法与鳊花鱼相同。

雅罗鱼 赫哲语称“乌日录依玛哈”。“三花五罗”之“一罗”。分布于八岔村流域的叫瓦氏雅罗鱼，比较常见。雅罗鱼个头小，肉质好，做法与鳊花鱼和鲫鱼、白鱼相同。

胡罗鱼 赫哲语称“添富依玛哈”。又称胡罗子。“三花五罗”之“一罗”。这种鱼只有 3 ~ 4 厘米长，鱼体扁扁的，身披一层色彩斑斓的鳞片，好像一粒粒葫芦种子，八岔赫哲族人叫它葫芦籽鱼。八岔村盛产此鱼，适合炸、酱焖。

胡罗鱼 李朱赫 摄

铜罗鱼 赫哲语称“哈库依玛哈”。“三花五罗”之“一罗”。体型较小，适合干烧、红烧、蒸熏等。

◉ 特色鱼类

八岔村比较出名的鱼类还有 18 种，当地俗称“十八子”，即：鲤拐子（赫哲语称“依希哈日特库”）、鲫瓜子（赫哲语称“依希阿坡特合”）、嘎牙子（赫哲语称“依希齐恰肯”）、怀头梢子（赫哲语称“依希怀衣吉”）、鲶鱼球子（赫哲语称“依希细凡”）、狗鱼獠子（赫哲语称“依希过嗔”）、黑鱼棒子（赫哲语称“依希控窝罗”）、胖头鲢子（赫哲语称“依希踏克逡”）、白鱼岛子（赫哲语称“依希架其黑”）、斑鳟子（赫哲语称“依希塔乐”）、牛尾巴子（赫哲语称“依希伊罕乌乞合”）、七星子（赫哲语称“依希那旦桑哦”）、柳根子（赫哲语称“依希布日干宁特”）、青玲子（赫哲语称“依希克牙乌日嗯安区”）、船钉子（赫哲语称“依希棍古力”）、泥鳅垢子（赫哲语称“依希乌雅”）、黄姑子（赫哲语称“依希苏艳莫丽”）、白票子（赫哲语称“依希雅鲁哄”）。“十八子”中能称得上八岔美食的要数“斑鳟子”“怀头梢子”“柳根子”。

斑鳟子 也叫黑龙江茴鱼。冷水鱼类，肉质鲜美，但数量不多，未形成一定的捕捞量。八岔赫哲族渔民多在洄游期进行捕捞。近年来，这种鱼在八岔村也很少见到。在八岔最有名的吃法就是清蒸，加上葱、姜和辣椒，上锅大火蒸 5 ～ 6 分钟，出锅时泼上滚开的色拉油，香味能飘出很远，十分诱人。

怀头梢子 怀头鲇。在八岔村域内的怀头鲶，大的重上百斤，赫哲族人专门用它来做鱼松，又称炒鱼毛。炒好的鱼毛呈金黄色，用罐子封好，吃的时候打开盖子。是八岔赫哲族人待客、送人的最佳礼品。

怀头梢子　　李朱赫　摄

柳根子 江河野生的小型经济鱼类，冷水鱼类。体型修长，侧扁，体背侧灰黑色，腹部白色，背部正中有隐约黑条纹，有的种类体侧有许多不规则的黑色小斑点，尾鳍基有黑色斑点。在八岔村开江初和封江前可见到。柳根子鱼个头小，可油炸、酱焖，有一种特殊的香味。

柳根子　　李朱赫　摄

◉ 其他鱼类

还有一些鱼在八岔也很有名气。如虫虫鱼（赫哲语称“图波合依玛哈”）、鳡条鱼（赫哲语称“色切依玛哈”）、雅莫斯哈（赫哲语称“悦布依玛哈”）、细鳞鱼（赫哲语称“悦润依玛哈”）、板黄鱼（赫哲语称“雅录轰依玛哈”）。这些鱼中较特别的是细鳞鱼、雅莫斯哈、虫虫鱼。

细鳞鱼 多在水流湍急、水质清澈、大型砾石底质的河段活动。体披细鳞。此鱼为冷水鱼，在八岔村，开江季节和封江季节，或是冬季都可捕到。一般用来削鱼片、氽丸子、熏煎、红焖等。在八岔，最有名的吃法是用细鳞鱼肉做饺子馅。用筷子把鱼肉打碎，加上佐料，包上皮下锅，不要煮得时间太长，口感鲜嫩爽滑。

雅莫斯哈 李朱赫 摄

雅莫斯哈 也叫兔子鱼。松花江、黑龙江、乌苏里江的特产鱼，以乌苏里江为主产区，黑龙江、松花江次之。此鱼为冷水鱼，八岔村水域在初春或是深秋才有。可红烧、清蒸、熏煎、削鱼片、生鱼条蘸汁等。鱼卵可用盐卤后生吃，味道鲜美，与鲟、鳇鱼卵及大马哈鱼卵拼在一起叫“红黄黑”，是一道非常名贵的菜品。

虫虫鱼 李朱赫 摄

虫虫鱼 重唇鱼。口下位，呈马蹄形，唇发达，肉质，下唇两侧叶宽厚，一般具皱褶，唇后沟中断，间距窄。幼鱼体侧有黑色斑点。此鱼为八岔村水域较有名的鱼，刚开江时，500克以上的，每千克能卖到200元左右。肉为蒜瓣状，可清蒸、红烧、红焖、江水炖等。

◉ 鱼类储藏

鱼楼子 在20世纪60年代，八岔村捕鱼高峰期，每年产量为十多万千克，打的鱼吃不了，村民就把鱼储藏起来。赫哲族人冬天贮藏鱼的地方叫鱼楼子，一般都建在居所庭院中，几乎每家一座，平时冬天用来储藏冻鱼，夏天用来放置渔具等物品。

冰窖 夏季储藏鱼一般用冰窖。在入冬前，组织人挖一个10米左右见方、深3米左右的大窖。入冬后，在江面上用冰镩打出方形冰块，每块冰块长约1.2米，宽约0.5米，厚约0.5米。事先在江堤上用铁锹修出斜坡，然后用水浇出冰道，再用粗绳子把冰块拴住，全村男女老少齐出动，大家一起使劲，通过冰道把冰块往江岸上拉。冰块被拉上岸后，抬上马爬犁，拉到事先挖好的大窖里，一块挨一块地摆好后，上面加上密封盖，留一个小门供人进出。第二年的夏天，打到名贵鱼类或是做好鱼子，就放到冰窖里，主要用来招待客人，或是重要节日食用。

冷库 20世纪末期，八岔村用电量比较充足，人们开始建设冷库储藏鲜货，赫哲族人原始的储藏方法逐渐被淘汰。1986 年，八岔村建成第一个冷库，面积 210 平方米，储藏量为 20 吨，主要冷冻储藏鱼，向外发运营利。1987 年，建成第二个冷库，面积 150 平方米，储藏量为 15 吨，主要冷冻储藏名贵鱼类，向外发运营利。

◉ 特色美食小吃

生鱼片 赫哲语称“拉铺特克”。将鲜活的鲤鱼、胖头鱼、狗鱼、黑鱼、雅莫斯哈等鱼去鳞后，剔下肉，切成薄片，蘸盐或醋吃。

烤鱼片 赫哲语称“达勒格切”，也叫“塔拉哈”。选鲜肥活鲤鱼，将肉贴脊骨剔下，切成连搭薄肉片，用削尖的柳条串上，在炭火上烤至五六分熟，去掉鱼鳞，横切条块，蘸盐或醋吃（有的在醋里放些辣椒油、韭菜花等）。这是八岔赫哲族人最常食用和招待客人的传统美食。

赫哲族特色美食——烤鱼片　　尤俊生　提供

刹生鱼 赫哲语称“踏勒克”。用鲜肥活鱼（鲤鱼、胖头鱼、草根鱼、狗鱼、鲟鱼、鳇鱼等）为原料，放血后，剔下鱼肉切丝（鲤鱼、草根鱼，可将皮烤熟切成条块），拌上江葱和野辣椒，放些盐和醋便可食用。没有醋时，可用野樱桃捣成浆汁调味。现在，刹生鱼较以往略有不同，配菜种类比过去丰富，有土豆丝、黄瓜丝、白菜丝、大头菜丝、细粉丝、绿豆芽等，再放些大葱、生姜、盐、醋、辣椒油，有的还放少许的味精、白糖，吃起来鲜嫩可口，是八岔赫哲族人待客的佳肴。

刨花 赫哲语称“苏拉克”。把冻透的狗鱼、雅莫斯哈、细鳞鱼、鲟鱼、鳇鱼或哲罗鱼等剥皮，削成如同刨花似的薄片（也有用专用工具直接推成刨花的），蘸盐、醋、韭菜花和辣椒油食用。

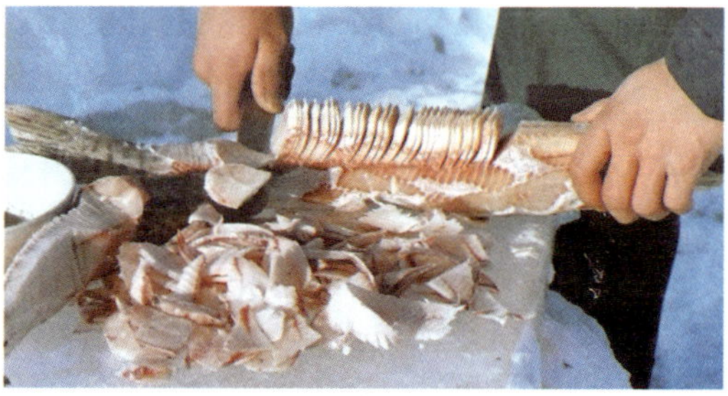

赫哲族特色美食——刨花　　尤俊生　提供

炸鱼块 赫哲语称“依斯额母斯额”。以炸大马哈鱼块最为有名。将新鲜的大马哈鱼肉片下来，切成小块，用盐和各种配料卤一下，放入油锅里炸熟。

鱼毛 赫哲语称“踏斯恨”。鱼毛是八岔赫哲族人最爱吃的食品之一，也经常把它当作礼品送给亲戚朋友。炒鱼毛多用怀头鱼、胖头鱼、草根鱼等肉厚、体肥的鱼。炒鱼毛的过程是将鱼去除鱼鳞、内脏（怀头鱼还要去皮），切大块煮熟后捞出，挑出大的鱼骨，再放入锅中翻炒，火候大小要适中。鱼毛炒好后，装入坛子、木柜或桦皮箱里，用炼好的鱼油浸泡，有的再往里放些晒干的稠李子饼或“山丁子”果，封好口，放在阴凉处，或埋在地下储藏起来，以备常年食用。

鱼条 赫哲语称“乌切克特”。晒鱼条的鱼最好是鳇鱼、鲑鱼。将鱼去除头和内脏，将鱼身切成条子，尾部相连挂起来晒干。晒好的鱼条可以生吃，也可以烤着吃、蒸着吃。

鱼干 赫哲语称“才尔嘎查”。将鱼去除内脏后，挂在晾架或树杈上晒干。晒好的鱼干可生着吃、煮着吃、烤着吃。晒鱼干的鱼一般是狗鱼或鲶鱼。

鱼子 赫哲语称“查发”。大多鱼子都可炖着吃。雅莫斯哈、狗鱼的鱼子也可生着吃。鲟、鳇鱼子和大马哈鱼子一般拿筛子搓下子粒后，用适度温盐水腌上一会儿即可食用。20 世纪 60—70 年代，下江捕鱼的赫哲族人除把大马哈鱼子当菜吃以外，还时常用其拌饭吃。还可将大马哈鱼子取出，放在晾鱼架上晒干后储存起来，待到冬季掺在粥里吃。

赫哲族特色美食——鱼子 尤俊生 摄

烤鱼 赫哲语称“稍鲁”。把鲫鱼、鳊花等鱼开膛洗净晒干，然后放在专门的架子上用火熏烤，烤熟后储藏起来。可以用开水泡着吃，也可以炖着吃、煎着吃，或切成块掺到鱼毛里混着吃。

炖鱼 赫哲语称“乌鲁恨依马哈”。八岔赫哲族人最爱吃江水炖江鱼，称之为原汤化原食。是把新鲜的白鱼、鲤鱼、鳌花、鳊花等鱼处理干净后，用清澈的江水煮炖。放些山花椒等调料，其味鲜美异常。

晒肉干 赫哲语称“胡烈克特”。将狍、鹿、野猪等猎物的四肢和脊肉片下来

赫哲族特色美食——江水炖江鱼 尤俊生 摄

切成小块，用木棍串上烤熟或煮熟，晒干后储存起来。晒好的肉干可当干粮直接吃，也可用开水泡着吃，或炖着吃。

稠粥 赫哲语称“拉拉布达”。用小米或玉米小楂子煮的非常稠的粥。粥煮好后，拌鱼毛、鱼油或兽油吃。

和和饭 赫哲语称“梦固布达”。把嘎牙子鱼、牛尾巴鱼、鲫鱼等和小米一起煮成稀饭吃。简单易做，鲜香可口。

生吃狍子肝 赫哲语称“又亲护克音博时坤介佛”。八岔赫哲族猎人喜欢把刚刚猎获的狍子的肝生着吃，据说有明目养肝、增强视力的功效。

赫哲族特色美食——生吃狍子肝　　尤俊生　提供

酒 赫哲语称“阿里克衣”。八岔赫哲族人不酿酒，但有着好酒的风习。他们把野都柿、山葡萄泡在白酒里做成木乐克特（果酒）饮用，有都柿酒、葡萄酒等。八岔赫哲族人平时饮用的酒，开始是用猎物从外地交换，后来也有客商到本地卖酒，再后来是到乡里建的供销社买酒。八岔赫哲族人家有客人来，必用酒食款待。凡祭祀祖先、逢年过节都用酒。他们捕鱼、狩猎饮酒前，要给江神、山神敬酒。至今，有人还延续着饮酒前用手指蘸酒向天、地、中掸三下，或用筷头沾酒朝地上点三下的习俗，意在向天、地和管理人间的神敬酒和给已故的亲人敬酒。

民风民俗

一方水土养一方人。有史以来，传统的生产方式和山水相依的地理环境，塑造了赫哲族浓郁的民族风情和独特的生活习俗。赫哲族人民勤劳质朴，热情好客。纯朴的民风，奇异的衣饰，美味的饮食，传奇的婚姻、丧葬、节庆、礼仪等习俗和宗教信仰，无不凸显了赫哲族鲜明的特色。

◉ 婚俗

八岔赫哲族人的婚姻主要形式为聘娶，但一般不以门当户对为主要条件，而是看重劳动技能。在长期的生活中，赫哲族形成具有民族特色的婚俗。2014 年 11 月，赫哲族婚俗经国务院批准，被列入国家级非物质文化遗产名录。

赫哲族是一夫一妻制，但较早以前有极个别富裕人家、地方官吏多妻，平常百姓也有因妻子不生育而娶第二房妻的。赫哲族的婚姻除男方和媒人提亲，也有“换亲”、“抢婚”、童养媳、入赘为婿和比武招亲的。还有兄死后弟娶其嫂的，但年龄不能相差太大，这种婚配多半是婆媳感情好不愿分开，或者是有孩子不希望另嫁他家的。寡妇改嫁没有限制，也不必举行结婚仪式，邀请近亲喝顿喜酒即可。赫哲族的婚姻，已不再像早年那样由父母包办。新中国成立后，已完全实行了婚姻自主，自由恋爱。结婚仪式除非特地要按照传统婚礼举行外，基本上与汉族的仪式无异。赫哲族因人口较少，多数人都选择族外婚。赫哲族青年男女绝大多数都与汉族婚配，个别有与朝鲜族、满族、蒙古族等其他少数民族青年结为夫妻的。

提亲 八岔赫哲族人与其他地区的赫哲族人一样，实行氏族外婚制，一个氏族的人不能结婚。过去，赫哲族青年的婚姻由父母包办，男子十八九岁、女子十五六岁即结婚。一般男子到了成婚年龄，家长看中哪家姑娘，就由男子的父亲、伯父或叔父去女方家提亲，也有请媒人同去的。他们带着酒肉到女方家，酒过三巡之后，才正式说明来意。如果姑娘的父亲也看中了男方家的小伙子，亲事很快就能说成。如果女方家对男方不满意而未答应，媒人就再去说亲，直至对方同意为止。女方同意，就算把婚订下来了。女方挑选女婿的标准是劳动好，是捕鱼、狩猎的能手。早先也有比武择婿的，比摔跤、射箭、叉鱼，或者比能不能一刀削成一个烤鱼的烤叉。男方娶妻的意愿是要找一个人品好、聪明贤惠、手艺巧的姑娘做伴侣。穷、富、长相并不是男女择偶的主要标准。

过小礼 一般在女方家举行。男方带去酒肉，要把订婚时商定的部分彩礼送到女方家。参加过小礼的人主要是男女双方一些近亲的老人。过小礼的同时商定过大礼的日期。

过大礼 须将女方所要的全部彩礼如数送上。彩礼多是衣服、布匹、家具、首饰等，也有用马作为彩礼的。

娶亲 不管两地远近、天气好坏，男方家都要由新郎和至亲好友到女方家迎接新娘。女方家部分亲友须事先把陪送嫁妆送到男方家中。迎娶新娘时，新郎要披红挂绿，骑着马，还有傧相陪同。如果男女两家较近，当日即可把新娘接到家；如果两家相距较远，迎亲的人们要在女方家住一宿，第二天把新娘迎接到新郎家。迎亲的人们会受到女方家一番招待。然后，迎亲、送亲的人们送新娘去新郎所住的村屯，夏天乘彩船，冬天坐彩橇。送亲的人有新娘的母亲、兄弟、姐妹和亲戚朋友，新娘的父亲不送亲。新娘的姐妹和朋友们将新娘扶上彩橇或彩船后，离家嫁人的新娘要哭泣。

男方家接回新娘后，要先安顿在别人家，第二天再举行婚礼。女方送亲的人快到时，男方家的老人和亲友们要出门迎候，并敬酒三杯。

婚礼 举行婚礼一般是在太阳刚要升起的早晨，也有在上午的。婚礼开始前，把蒙着红盖头的新娘迎进院里，由妇女们领到院内拜天地的地方。新郎、新娘拜天地时，院中放一张桌子，桌上放着焚香的香炉。在司仪主持下拜完天地，新郎在前领路，新娘跟随走入洞房。当新娘走到洞房门口，新郎用一根木棍将新娘的蒙头红布挑起甩到房门外屋顶上，新郎、新娘这才第一次见面。新郎、新娘入洞房后，先拜祖宗三代，接着由一位非新郎直系亲属的老人手执三四尺长、中间扎着 3 条红布的 3 根芦苇（象征祖宗三代的权杖）向新娘训话。大意是说要孝敬公婆，尊重丈夫，待人要和蔼，不要发脾气；要好好劳动，不要偷懒，屋里的话不要向外传，外面的话不要往家里传；要团结和睦，好好过日子。老人训话时，新郎、新娘要跪着听。一番训话毕，新郎、新娘还要在祖先牌位前跪好，听老人向祖先祷告。大意是新媳妇已经娶回来了，从前是外姓人，现在是一家人了，请祖先好好管教；也请祖先在上天保佑，保佑全家平平安安、家业兴旺、过上好日子等等。向祖先祷告完后，新郎、新娘再拜灶王。老人又向新娘训话，大意是一辈子不离这里；灶火不好烧时，不要埋怨；天天把炕给老人烧好等等。拜过灶王，还要给老人磕头，一整套程序进行完，婚礼才告结束。

婚宴 参加酒席的人一般是老年人与老年人同桌，年轻人与年轻人同桌，新郎、新娘要挨桌敬酒并给老年人酒桌的人磕头。酒宴至晚尽兴散去，不闹洞房。宴罢，新娘要给亲戚朋友中的长辈人装烟、倒水，一一拜认。新郎要吃猪头肉，新娘要吃猪尾巴，意思是男的带领，女的跟随。新婚当晚，新郎、新娘吃面条，表示夫妇长寿。

回门 赫哲族有新郎随新娘回门的习俗，但回门的日期没有定数。有的结婚第三天回门，有的一个月才回去，有的人根本不回门。回门后，在娘家停留的时间没有定数。有的在娘家吃一顿饭即返回，有的住上几天，有的住一个月才返回婆家。

◉ 丧葬习俗

随着历史变迁和时代的进步，八岔赫哲族丧葬习俗中的一些繁文缛节以及带有封建迷信色彩的程序或内容已被逐渐摒弃，但有些传统仍被保留和传承下来。

停床 人死后，将尸体放在屋中间搪起的木板上，头朝东，脚朝西。死者头前放一张桌子，摆放香炉、食物和酒。桌前放一个木盆（后改用瓦盆），在里面烧纸。如果死者生前吸烟，将其烟袋里装上叶烟放入衣袖里。尸体上面盖上黄布、黄纸或黑布、白布。尸体停放期间，忌猫、狗靠近。一般老年人死后尸体停放3天，年轻死者停放1天。

吊唁 人故去尤其是老年人故去，亲戚朋友都来烧纸，焚香，磕头。有的还拿来一些用小米面做的糕点，狍、鹿肉干或鱼干等祭品，并祭酒三杯，行叩首礼，以示吊唁。

入殓 赫哲族人死后，多是早晨或午前入殓。入殓时，家人要说“现在我们都来送你，请放心去吧！不要想家了”等话。

出殡 如果死者是本家人，从门抬出去。如果死者是外姓人，尸体从窗户抬出去。送死者入墓地多是由人抬着，有六人抬的、八人抬的，个别也有二十四人抬的。冬天也有用爬犁拉的。

下葬 赫哲族实行土葬。早先的墓穴是挖个长方形的坑，四周用原木垒成框壁，下铺原木，垫草，铺褥，把尸体仰放在墓穴里，并将死者生前最常用和最喜爱的东西放入墓中作陪葬品，上面用原木摆盖好，铺草，培土，形成拱土堆坟墓。下葬时，如死者是家中老人，由亲友中年龄较大的人念叨说“老人家，这就是你的家了，好好地住在这里吧！要保佑全家大小平安”等话。然后儿子埋第一锹土，穿着孝服的子女们跪在墓前。入葬后，把孝服脱下保存起来，等上坟、祭祀时再穿用。

另有几种葬俗也很有特点，比如，猎人死于山中者，以桦树皮或树枝裹尸架在树上，待两三年后埋葬；死于瘟疫及其他非正常死亡者，当日以火焚尸埋葬；小孩子死后不埋葬，用桦树皮将尸体裹扎起来架在树杈上，或是安放到离住处较远的树林、沙岗上。

戴孝 晚辈给长辈死者戴孝，妻子给死去的丈夫戴孝。过去戴孝时间为一年、两年或者三年，后不定期。妻子戴孝，头上扎白布条，腰间扎白布带，拖在身后，布带上拴个小铃铛，目的是让丈夫的灵魂听到铃声跟着走，使他不迷失方向。

出魂 向死者灵魂告别。赫哲族人认为人是有灵魂的，人死，灵魂不死。下葬后，夜晚将死者生前用的被褥仍铺在其生前睡觉的地方，白天叠起来，还要经常为亡灵点烟、倒水，按时放饭、菜、酒等，以示灵魂还在。出魂是在男人死后第七天、女人死后第九天举行的仪式。出魂时，用一只布口袋装满干草，放在死者生前睡觉的炕上，口袋前面放张桌子，摆上盛酒的酒壶和斟满酒的杯子，还放些食物。若死者生前吸烟，还要放上烟袋。出魂是把死者的灵魂送到屋外，亲友要向死者的灵魂敬酒告别。之后，把死者的被褥叠起来包好，放到屋外淋不着雨的地方存放起来。

送魂 俗称“撂档子”[①]，即送死者灵魂去阴间。这要根据家庭情况而定，时间1～3年不等，个别人家也有100天“撂档子”的。“撂档子”要举行严肃、隆重的仪式，先在院中搭个棚子，用苇席或白布围起来。做一个人形木偶（赫哲语称“木古法”），穿戴上衣、裤、鞋、帽，代死者放入棚中。送魂要请“送魂萨满”。送魂时，萨满坐在人偶一旁，轻敲神鼓，喃喃自语3天。第三天晚上，将人偶放在狗拉雪橇上，萨满叨咕着

---

① 撂档子：一般在亲人死后，按照其生前的生活习惯还原生活情境，叫“设档子”。送魂时，把“设档子”时摆放的物品收起来烧掉，叫“撂档子”。

说：“套十五条狗[①] 送走你。”接着边敲鼓边唱道：“我负责保护把你送到阴间，请你放心地走，不要留恋家……”萨满唱完之后，示意拿着木刻鹰神偶的小伙往西走，狗拉雪橇、萨满和死者的亲属都在后边跟着。走到高处，萨满拿起弓箭向西方连射 3 支箭，箭头拴着的火炭发出光亮，指引死者灵魂西去的方向。送魂最后，全家人在墓前把死者的被褥等物品烧掉，脱去孝服。

◉ 节庆习俗

春节 农历正月初一，八岔村称之为“过年”。八岔村现在的过年风俗与汉族的风俗比较接近。但早些时候也有些自己的特点。除夕之夜要“烧包袱”。就是用金箔、银箔叠成元宝形的锞子，放在当院[②] 随处可见的灰堆上，加些柴草，再洒些米汤，与“黄钱纸”一并烧掉。这是八岔村赫哲族人祭奠祖先的一种独特方式。

供奉祖宗三代。在西墙钉的木板上搁一个香炉，插 3 根蒿子秆，或燃“圣乞勒”香草（后用线香），西墙下弯节炕[③] 上放张供桌，摆上酒、菜、小米干饭、馒头等供品，也有供猪头的。供品要从腊月三十摆到正月初五才能撤下来，即所说的“破五”。之后是供“灶神”即火神。在锅灶后的墙壁上插几根蒿子秆代替香火，全家人给火神磕头。

过春节　　　　尤俊生　摄

① 套十五条狗：只是约数，并非真的要套十五条狗。

② 当院：东北方言，房门外用篱笆围起来的地方。

③ 弯节炕：东北方言，也叫弯子炕，即连接主炕与烟囱比较窄的炕。一般砌在山墙下，起烟道的作用。

2010 年 6 月，俄罗斯那乃区派代表参加八岔首届乌日贡节　尤俊生　摄

正月初一到初五，每天早晨都要磕头。除夕的午夜要接神。接神时，在院中放一个凳子，凳子上放一碗小米干饭，后来是放一碗饺子，然后焚香磕头。赫哲族人认为心中敬仰企盼的神灵此时会降临并享用美食。接过神后，给祖宗三代磕头，再给老人磕头。正月初一早晨，晚辈给本氏族长辈磕头拜年，各家各户相互拜年。过年时，除吃好的、穿好的，成年人多聚在一起听说唱伊玛堪。男孩子们玩滑雪、溜冰、滚雪球、打雪仗，女孩子们玩翻花绳、抓嘎拉哈等游戏。

乌日贡节　1991 年开始，每年农历五月十五，赫哲族各聚居区陆续举办乌日贡节庆祝活动。节日活动主要有祭祀、竞赛两大项。祭祀，即祭圣水、燃圣香、温吉尼（赫哲语，意为“跳路神”）；各类竞赛有民间文艺比赛、传统体育竞赛、民族服饰评比、民族语言评比、传统工艺美术评比、特色美食评比和篝火晚会等。节日里，赫哲族群众穿上节日的盛装，吃着鲜美的刹生鱼，竞技各种传统体育游戏，载歌载舞，尽情享受节日的欢乐。

2010 年 6 月 26—27 日（农历五月十五、十六），同江市八岔村举办了首届乌日贡节，同江市八岔村、街津口赫哲族乡、同江市区、佳木斯市郊区敖其镇、佳木斯市区、饶河县、抚远县等地的赫哲族群众参加。节日里，进行了赫哲族文艺表演、赫哲族传统体育竞赛和篝火晚会。俄罗斯那乃区派代表参加了节庆活动。

大马哈洄游节　赫哲族人世居松花江、黑龙江和乌苏里江流域，祖祖辈辈以捕鱼狩猎为生，创造了独具地域、生态和民族特色的渔猎文化，捕大马哈鱼是赫哲族渔民的传统生产活动，带有深厚文化内涵和丰富的节日文化元素。为了抢救、传承、弘扬和发展赫哲

八岔大马哈洄游节 (2016)　　　　尤俊生　摄

族的渔猎文化，进一步深入挖掘具有悠久历史的赫哲族非物质文化遗产，根据历史文献记载和留存于赫哲族现实生产生活中的习俗以及赫哲族渔民的强烈意愿，2015 年 9 月 12 日，在八岔村成功举办了同江市八岔赫哲族首届大马哈洄游节。2016 年 9 月 7 日，第二届大马哈洄游节在八岔村二道江滩地成功举办，并决定此节俗活动每年一届连续举办。

大马哈洄游节的主要形式是祭江、歌舞、游戏和登滩。人们用祭江这一古老的习俗祈望捕鱼丰收，感激大自然的馈赠，用歌舞、游戏表达一年一度进入大马哈鱼渔期的喜悦。登上网滩，在迎候大马哈鱼群到来的同时，又提醒自己要保护好鱼类资源，维护好生态平衡，要让子孙后代都能品尝到大马哈鱼。

2016・中国八岔赫哲族渔猎文化节　　　　尤俊生　摄

渔猎文化节 有史以来，渔猎生产一直是赫哲族经济生活的主要来源，有“夏捕鱼作粮，冬捕貂易货以为生计”之说。为更好地弘扬赫哲族文化，保护非物质文化遗产，2016 年 7 月 30 日，以“赫哲之夏，相约八岔”为主题的 2016 · 中国八岔赫哲族渔猎文化节在八岔村隆重开幕。活动当天，来自各地的宾朋和乡亲们在八岔村乌日贡广场上载歌载舞，共庆民族盛会。文化节的节庆主要有祭祀、歌舞、竞技、盛宴、篝火晚会等。人们吃着烤鱼，喝着烈酒，唱着渔歌，跳着猎舞，尽情展现着赫哲族人粗犷坦荡的性格和赫哲族渔猎文化的风采。

◉ 礼仪

赫哲族是一个讲究礼仪的民族。在人与人的交往中，他们热情坦诚，以礼待人，对朋友十分友善，更有互敬互爱、尊老爱幼的良好风尚。

社交礼仪 常见的礼仪主要有社交场合长幼有序，长辈在，晚辈不能多言多语；老年人或亲友长辈进屋，晚辈要站起来让座；晚辈见到久未见面的长辈，要跪拜叩头问好；老人说话，晚辈一定要顺从，不能顶嘴；长辈与较亲近的晚辈久别见面时，要吻晚辈的脸颊或额头，表示关心挂念；平辈好友，久别重逢要相互拥抱，以示亲热和想念；去别人家串门，不能拿棍子进屋；外出捕鱼、狩猎时，把头住在撮罗子或地窨子的正位，大家对他要尊重和服从；父亲或伯父、叔叔处罚子侄时，唯有舅父出面讲情才能得到饶恕。

家庭礼仪 子女出远门前要向父母和长辈跪拜告别，回来后也要跪拜问安；睡觉的时候，必须先把老人的被褥铺好；老人没睡下，儿媳不能先睡；子女外出归来向父母问安后，父母多是亲吻子女的脸颊、额头，以示对子女的疼爱；兄弟姐妹久别重逢要相互拥抱，以示亲热和想念；儿媳不能与公婆同桌吃饭，公婆吃饭时，儿媳要在门旁侍立，等候盛饭、添菜；人口多的人家，老人和晚辈分开吃饭；招待客人时，小孩不能同桌吃饭；儿媳不能随便进公婆的屋子；弟媳不能与夫兄说话，如果有事需要商量，只能由别人代为传话，途中相遇要绕道走；长兄、长嫂在一个家庭中享有相当大的权威，夫弟与年纪较大的嫂嫂不能乱开玩笑，有“老嫂比母”之说。

◉ 宗教信仰

自然崇拜

赫哲族人认为自然界的万物都有神灵，如山有山神，水有水神，树有树神，火有火神，天有天神。人们对山神、水神、树神、火神等尤为崇拜。在实际生活中的具体反映和应用是祭江、祭树、祭火等。

祭江 赫哲族人有祭江的习俗。每逢开江捕鱼前，赫哲族渔民便聚集在江边，燃起“圣乞勒”香草（后用线香），或插上代替香草的蒿秆，摆上猪头、饭食、果品、酒等供品，朝江神跪拜祈祷，祈求江神保佑下江捕鱼平安顺利、渔业丰收。以前祭江，多是大家一起，由萨满主持。现今规模较大的祭江仪式，除为游客做民俗表演以外已很难见到。

祭拜树神 赫哲族人最尊敬的神为“天神”。早年，人们常把天神供奉在树上，即在树根部刻画出人脸的轮廓，朝其敬奉食物，烧香磕头，求天神保佑渔猎丰收、太平兴旺。后来，逐渐演化为直接祭拜“树神”即神树。人们把枝干粗大、形状怪异的树当作神树，凡遇大事小情，都会到神树下祷告。人们摆上供品，烧香磕头，祈求树神为自己消灾免祸，让已故家人的灵魂升天，保佑氏族人丁兴旺。尤其是猎人进山狩猎，除了拜山神，也必祭拜神树。他们把酒洒在大树根下，供些饭食，以示敬神，祈求树神保佑他们打猎顺当，多打些猎物，平平安安地回家与家人团聚。

八岔赫哲族祭江仪式　　尤俊生　摄

八岔赫哲族供奉的天神偶　　　　　　尤俊生　摄

祭拜火神　关于火神，赫哲族有个古老的传说，讲的是古时候有个叫都热马林的老人，为了保护火种，在大雨中，将通红的火炭抱在怀里跑进山洞。火种保住了，老人却被烧死了。他死后成了火神。

赫哲族人十分崇敬火神，凡是用火，都要向火神磕头。不能跨越火堆，打猎时碰到烧过火的灰堆都要绕着走。人们颂扬火神，祭拜火神，祈求他保佑全家有饭吃、有衣穿；感激他带给人们生活之便利，带给人们光明和温暖。

神偶、神像

八岔赫哲族萨满与百姓人家供奉的神像、神偶有几十种。

阔力　形如鸟，是送魂萨满用的。送魂萨满将死者灵魂送到阴间后回来的时候，由阔力领路。

萨日卡　人形，两腿分开，头呈菱形，以木或锡制成，萨满要经常将其戴在胸前贴肉处，也有患病的人将其戴在胸前，起送信和保护的作用。

额其合　是送信调兵用的神。神偶以木、铜、锡等制作，人形，两臂贴身，两腿并拢，头呈菱形，头顶有孔，用以拴绳挂在脖子上。

查尼　保卫洞口的神。神偶为扁体人形，头呈菱形，用铜、铁、银等各种金属制作。

西瓦如玛玛　保卫神。形似女人，头方形。

博尔布克　萨满钻洞时指路、带路的神。神像形似人，尖头，一条腿，没有臂膀，有两翼。

布云　形似狼，送魂萨满用的，但仅限萨满给本家死者送魂领路，为外人死者送魂不能使用。

八岔村吴福常在跳萨满舞　　尤俊生　提供

克库　代萨满说话的神。神偶为杜鹃鸟形，立在屋外院中的神杆上。

僧格　魂鸟保护神。神偶呈刺猬形，背有刺，木制。

阔勒吉勒蹲特　住在天上的神。神偶形如熊蹲坐，木制，两条前腿是活动的，专治腿疼、臂疼。

腾尼莫蹲特　住在人间、管理人间事务的神。神偶形如不倒翁，人形，无手脚，用“塔头”制作。

木克蹲特　用“塔头”制作，形如龙，专司捕鱼之事；还有一种木克蹲特，也是用“塔头”制作，形似熊，主司狩猎之事。

阿都神　神偶呈猫形，有两翼，飞行状，背上骑着个小孩。据说萨满走到江河边上，或到大山之麓受阻时，它能把萨满带过去。

都热马林　使火的神。神偶呈猫形。

乌什哈神　治疮、癣、疥之类疾病的神。神偶呈人形，圆身，头呈椭圆形，头顶有一个圆疙瘩，鼓肚，底有圆座，供在屋外西房墙上。

嘎尼刻　神偶呈人形，一男一女，男为尖头，女为平头，这两个神要一起供在屋外西房墙上，萨满吃败仗时，则请“嘎尼刻”出兵相助，据说此神是最凶的。

飞由和　树神，大树上刻人脸，飞由和是大神，附属飞由和的神有珠连、雅日格、塔斯合；飞由和及其附属的神都是一般人家供奉的，萨满不供奉这些神，但萨满有时也请这些神帮助。

珠连　神偶呈扁体，头呈菱形，脖子上带有两个孩子，这两个孩子叫“额其合”，珠连、额其合都是保佑一家平安之神。

雅日格 保护神。形如金钱豹。

塔斯合 保护神。形如虎。

黑额恩木热 形如鲸鱼。住在水中的神。据说，萨满与恶鬼战斗时，可以躲进黑额恩木热的肚子里，还可以钻出来，如果对手也跟着钻进去，就会被融化。此神是送魂萨满送魂时，从阴间返回途中遇险时使用的，很少有实体神偶，只有其名，用时指名请来即可。

珠日翟力阿金 鳇鱼神。住水中，是治病萨满用的。

珠坤神 形如水獭，住水中，是治病萨满用的。

穆依嘎神 形如蛇，住陆地，是治病萨满用的。

依斯额嫩神 形如蜥蜴，是治病萨满用的。

托日乞神 形似雪橇，送魂时供死者灵魂坐的，是送魂萨满用的。

依那奇神 形如狗，挽托日乞神的，是送魂萨满用的。

珠林神 神偶为木制，人形，是一般人家供在墙角上的神。它主司看家，家中吃什么好饭食，都要先给珠林神吃，即把食物往神偶嘴上抹一抹，以示供养。

卡日嘎玛 主司捕鱼、下钩、狩猎等事的神。一男一女。

萨满 赫哲族人认为萨满是人神之间的使者，能借助神力驱除病魔、求得渔猎丰收与部族的太平和兴旺。据1957年调查，八岔村曾出现过8位萨满。随着社会的发展和科学文化的进步，八岔赫哲族的宗教信仰暨萨满文化，早已成为历史陈迹。在赫哲族社会历史生活中发挥过重要作用的萨满，解放后便不再具有原先的社会职能，人们也不再信奉萨满。赫哲族的萨满有多个种类、多个派别，所敬奉的神灵种类也非常庞杂。八岔村萨满有治疗各种疾病的“巴其兰”、专为送魂的“达科苏特依”、专司祷告说情的“弗力兰”和专治瘟病的“德斯库”4种。赫哲族的萨满分“河神派”“独角龙派”“江神派”3个派别、6个品级。品级由神帽上鹿角的三杈、五杈、七杈、九杈、十二杈、十五杈来表示。杈数越多，品级越高，本领越大。八岔一带的萨满最高戴到十二杈的鹿角神帽。萨满要学会神词、神术、跳神、念咒、施魔法等技能，还需有特殊的神服和神具。萨满神服有神帽、神衣、神裙、神鞋、神袜、神手套。主要神具有神鼓、神刀、神杖、龙头杖、铜镜、神杆、鸠神杆。其中神鼓是萨满最为重要的神具。萨满认为，能够通神全靠一面神鼓，它是萨满上天入地的工具。有的萨满还认为，鼓声可激励神灵更快地飞来与恶鬼战斗。战斗中，神鼓还可起到盾牌的作用。

赫哲族的萨满除给人治病、送魂、祈祷、说情以外，还举行跳路神。跳路神，赫哲语称即“温吉尼”，也叫“跳太平神”，是赫哲族早年最为盛大、独特的祭祀活动。届时，全村轰动，大人小孩都跟着跳。

跳路神在春秋季节进行。跳路神时，萨满先是在家中请神。请到神之后，便敲着神鼓，扭着腰铃，在村屯的路上边走边跳，边跳边唱，后面跟着跳的，或看热闹的，都随声附和。场面肃穆隆重，气氛欢腾热烈。跳路神既在路上跳，路过人家还要到人家里跳。每到一家，主人都要给萨满敬酒，或用迎春花枝泡的水喝，以示敬神。

跳路神不但在本屯跳，还要到附近的村屯跳。一般有病或求子许过愿的，病好、得子后，都在跳路神时杀猪宰鸡还愿。跳路神主要是驱魔撵鬼、庆贺丰收、祈求村屯太平。举行跳路神的萨满，多半也是要借此机会来展示神威和扩大声望。

◉ 禁忌

捕鱼禁忌　在撒网捕到很多鱼时，不说：“这一网怎么打这么多鱼呢？”捕不到鱼时，不说怪话。叉住鱼，不用刀子剖开鱼膘，否则下次叉不到鱼，或者鱼易脱叉跑掉。吃鱼子时，不说：“这下子吃多少鱼啊！”寡妇不能到渔船上和出网的地方去。妇女不能坐在船头。孕妇或月经期的妇女，不准到渔场中去。参加捕鱼的人若是家中死了人，到渔场后，在滩上拢起一堆火，让他跨过火堆。在网滩上吃饭，不能把筷子横在碗碟上。

狩猎禁忌　在狩猎时，在山上遇到大树桩子不能坐，认为大树桩子是山神爷老把头坐的。捕猎时，不能说大话、怪话、谎话。不能乱摇晃挂在树上的吊锅，不许敲打有声的器物。不能用刀子翻锅、铲锅，否则，会割断了打猎的好运气。妇女不能坐和跨过猎枪、子弹及其他狩猎工具。在山里狩猎，遇到另一伙打猎人的脚印，不能踩，要绕道走，否则会被认为不遵守山规、不尊重别人。

日常生活禁忌　男女老少都不能跨越火堆，见着烧过火的灰堆要绕着走。做饭、吃饭时，不能用勺子敲打锅边，也不能用筷子敲打碗边。妇女不能脚踏锅台。妇女不能坐和跨过男人的衣物。灶坑烧柴要根朝里。孕妇不能用刀、斧劈鱼头。孕妇不能笑话别人长得难看。孕妇不能从窗户眼向外看人。孕妇缝活不能将口袋口缝死。

◉ 赫哲族村民常用民间药方

解放初期，八岔村没有医生和医院。村民患病，需要有经验的老人用一些土方法治疗。

植物类药方 艾蒿熬水擦洗，治疗皮肤病、伤寒及浮肿；益母草煮水喝，治疗妇女病；穿地龙泡酒，治疗伤寒病；迎春花泡酒，治疗气管炎；山花椒梗熬水，治疗胃炎和浮肿；水煎老黄菠萝树皮，治疗拉肚子（胃炎、肠炎）；萝卜缨子和荞麦面擦前后心，治疗洋目疔病；人参，治疗气血两亏；“马尿臊”（生长在河边江岸等处，碗口粗中空树干里长的树芯子）熬水喝，治疗骨折、妇女经痛、腰腿疼；黄芩煮汤喝，治疗咳嗽；山花椒籽泡酒喝能起镇静的作用；喝人参汤发汗祛风寒；马粪包（一种菌类植物）敷患处治疗刀口伤。

动物类药方 黑熊胆汁抹眼皮治疗眼疾；“黑瞎子”膏（猎获黑熊后，去肉，将骨埋入土中，经一年左右取出，将骨砸碎碾成粉状熬成膏）主治腰腿疼、妇女病，还可祛血化瘀；鹿胎或狍子胎膏，主治妇女病和补血；鹿茸泡酒喝大补；鹿茸血（割茸时，用大张桦树皮接着，熬后晒干）亦为补品；鹿心血泡酒或泡水喝，治疗心脏病；鹿鞭补气壮阳；鹿鞭熬汤喝可催奶；鹿茸血或鹿角干杈粉可治疗刀伤；獾子油涂抹患处治疗烫伤；狼油治疗痨病；刺猬皮焙干研面能止血；水獭肝治疗夜盲症；狐狸心炖煮可清心明目；花鼠皮贴患处治疗疥疮；狗尾毛灼灰治疗狗咬伤；甲鱼血提气养神；甲鱼骨滋补益寿；七星子鱼烘干，贴患处治疗恶疮；晒干的大马哈鱼头熬汤喝，治疗抽风抽筋；大马哈鱼子煮水喝，疹痘发得齐；嘎牙子[①] 鱼炖汤喝能催奶；鲫鱼熬汤喝，能下奶；蛇胆清火明目；蛇皮炒鸡蛋治疗淋巴炎；蚯蚓切去两头，开膛洗净煮水喝，可治疗麻疹、天花；老母鸡皮糊心口窝治疗黄病。

其他药方 巴古牛（一种野生植物）根粉，敷患处治疗伤口发炎；棉花沾烟袋油子塞牙缝治疗牙痛；炒沙子敷患处治疗痈疽。

---

① 嘎牙子：嘎牙子鱼，学名黄颡鱼。嘎牙子是黑龙江人的叫法，是因为其群游时会发出“嘎嘎”之声而得名。

◉ 乌日贡大会

“乌日贡”为赫哲语，意为欢乐、喜庆。乌日贡大会发端于 1985 年 6 月，大会召开之际，由赫哲族各聚居区组成的代表队参加赫哲族民间文艺表演和传统体育竞赛。乌日贡大会是赫哲族最为盛大的民间文化活动。它承载了丰富的民俗事象，代表着赫哲族创造的渔猎文化历史和现代文明，对赫哲族的历史发展与社会进步产生了积极深远的影响。

首届乌日贡大会 最初暂称文体大会。八岔村按照大会工作小组的计划安排，于 1984 年秋开始筹备。由村里出资 1000 元作为会费，其余参赛费用由乡政府承担。

1985 年 6 月 28—29 日，在街津口赫哲族乡举办了首届乌日贡大会。大会主题词是“开拓三江大业，振奋民族精神”。首届乌日贡大会有同江市八岔村、街津口村、饶河县四排村、佳木斯市郊区敖其村赫哲族代表队和同江市区与佳木斯市区及北京、哈尔滨、内蒙古等地组成的联合代表队，共 5 支代表队参加。

男子项目有叉草球、划船、撒旋网、射击、游泳、顶杠、拉杠、登山、拔河。女子项目有叉草球、射击、拉杠、登山、游泳、拔河。

文艺表演中，八岔村队员尤俊丽、单玉芳、付亚秋、毕淑华、毕秀琴、吴国梅表演的舞蹈《冬渔姑娘》获得一等奖；尤俊丽、吴涛、褚艳红表演，李秋艳伴唱的舞蹈《额图山上的小猎手》获得二等奖。另外，尤俊丽、单玉芳、付亚秋、毕淑华、毕秀琴还表演了《天鹅舞》，毕淑华演唱了歌曲《山水醉了咱赫哲人》《绿色的山蓝色的水》《社会主义生活多美好》，李秋艳演唱了《幸福的生活》，董菊梅演唱了《天鹅家乡的姑娘》，董菊英演唱了《我是赫哲小猎手》；董凤喜演唱了赫哲族传统民歌，还演奏了口弦琴，说唱了伊玛堪片断。

董凤喜获文艺表演特等奖，董菊英、付亚秋获文艺表演一等奖，吴福常获节目创作奖。八岔村民董菊英担任大会报幕员。

第二届乌日贡大会 1988 年 6 月 28—29 日，在乌日贡大会发源地同江市街津口赫哲族乡举办。同江市八岔村、街津口村，饶河县四排村，佳木斯市郊区敖其村，同江市区，佳木斯市区，共 6 支代表队参加。

男子项目有划船、游泳、叉草球、撒旋网、顶杠、射击、拔河。女子项目有游泳、拉杠、射击、拔河。

八岔村代表队吴国林获划船第四名；毕野获游泳第六名；付志江获叉草球第五名；吴国林获射击第五名；尤明国获环靶射击第四名，尤明义获第五名；尤明义获连射射击第五名；毕忠胜获点状靶射击第四名，尤德顺获第六名；尤明义获狍子靶射击第四名。毕淑华演唱歌曲《乌苏里小夜曲》《思情郎》，毕淑华、韩玉生合唱歌曲《天鹅的传说》，韩玉生演唱歌曲《驾起渔船唱起嫁令阔》，毕淑芬表演舞蹈《网滩姑娘》。

第三届乌日贡大会 1991 年 6 月 26—27 日，在乌苏里江畔的饶河县四排乡举办。共有同江市八岔村、街津口村、同江市区、佳木斯市郊区敖其村、佳木斯市区、饶河县饶河镇、四排村 7 支代表队参加。

男子项目有射击、划船、游泳、摔跤、叉草球、顶杠、拉杠、射箭、杜烈其。女子项目有射击、游泳、叉草球、拉杠、射箭。

八岔村代表队付志新获射击第一名，付志成获第五名；毕洪军获拉杠第一名、顶杠第二名；吴国林获划船第四名；毕野获游泳第二名、划船第五名；唐宝剑获摔跤第二名，付志成获第五名；尤伟波、毕野、尤明义获叉草球第四名；毕洪军、尤明义、尤明国、唐宝剑、付志成、单君义获杜烈其第一名。八岔村代表队获得体育竞赛团体总分第一名。

八岔村民毕洪军获大会莫日根奖。

八岔村代表队参加第三届乌日贡大会（1991 年） 尤俊生 提供

八岔村代表队参加第四届乌日贡大会（1994 年）　　尤俊生　提供

第四届乌日贡大会　1994 年 6 月 23—24 日，在松花江边的佳木斯市郊区敖其村举办。有同江市八岔村、街津口村、饶河县四排村、饶河镇、抚远镇、同江市区、佳木斯市区、敖其村 8 支代表队参加。

八岔村代表队尤明国获摔跤第一名，尤俊宏获第二名；付志新获射箭第一名，尤伟波获第五名；尤俊宏获划船第三名，吴振山获第五名；毕洪兵、董建民、尤明义获叉草球第四名；唐宝剑获顶杠第三名，尤明国获第四名；尤明国获拉杠第二名，单君义获第四名；尤明义、尤明国、唐宝剑、尤俊宏、单君义获杜烈其第二名；郝银莲获女子拉杠第二名，吴艳青获第三名；尤明芬获女子射箭第四名，李秋艳获第五名；毕淑华获女子射击第四名，付亚丽获第六名。

第五届乌日贡大会　1997 年 6 月 19—20 日，在同江市举办。有同江市八岔村、勤得利农场、街津口村、同江市区、佳木斯市郊区敖其村、佳木斯市区、饶河县四排村、饶河镇、抚远镇 9 支代表队参会。俄罗斯那乃区首次派代表团参加。

比赛项目有划船、射击、射箭、摔跤、鱼王角力、叉草球、杜烈其、顶杠、拉杠。

八岔村代表队杨少宇获摔跤第一名，唐宝剑获第三名；唐宝剑、单君义、尤明义、尤明国、杨少宇、尤俊宏获杜烈其第一名。八岔村代表队再次获得体育竞赛团体总分第一名。

第六届乌日贡大会　2001 年 7 月 5 日，在饶河县饶河镇举办。参赛队伍有同江市八岔村、街津口村、同江市区、佳木斯市区、佳木斯市郊区敖其村、饶河县四排村、抚远镇、饶河镇 8 支代表队。俄罗斯那乃区派代表团参加。

比赛设有叉草球、摔跤、射箭、叉鱼、游泳、杜烈其、顶杠、鱼王角力、打

八岔村代表队参加第五届乌日贡大会杜烈其比赛（1997 年）　尤俊生　提供

八岔村代表队参加第六届乌日贡大会（2001 年）　尤俊生　提供

兔子 9 个项目。

八岔村代表队尤明国获鱼王角力第一名、顶杠第一名，尤明国、尤明义、尤俊宏、单君义、毕野获杜烈其第一名。尤俊宏、李景山、吴振山、褚延龙、吴涛表演了舞蹈《神杖舞》，尤俊宏、李景山、吴振山、褚延龙、吴涛表演了男声小合唱《在路上》《赫哲小调》《情歌》，毕淑华表演了女声独唱《依玛堪唱给共产党》，尤俊丽、毕淑华、褚艳红、尤伟玲、付丽丽、尤俊艳表演了女声小合唱《乌苏里小夜曲》《献给你赫哲人的乌日贡》。

八岔村民尤明国获莫日根奖。

第七届乌日贡大会　2005 年 6 月 21—22 日，在抚远县举办。共有同江市八岔村、街津口村、勤得利农场、同江市区、饶河县四排村、饶河镇、佳木斯市郊区敖其村、佳木斯市区、抚远县抓吉村 9 支代表队参加。

八岔村代表队参加第七届乌日贡大会（2005 年）　尤俊生　提供

大会设有划船、鱼王角力、射箭、顶杠、叉草球、摔跤、打兔子、杜烈其8个项目。

八岔村代表队尤明义获打兔子第一名、射箭第二名，尤明国获顶杠第一名、鱼王角力第一名，尤俊宏获摔跤第五名，尤明义、尤明国、单君义、尤俊宏、毕野获杜烈其第一名。

八岔村民尤明国再获莫日根奖。

第八届乌日贡大会 2009年6月7—8日，在佳木斯市郊区敖其镇举办。八岔村出资为运动员购买了统一的服装。

共有同江市八岔村、街津口村、勤得利农场、同江市区、饶河县四排村、饶河镇、抚远镇、佳木斯市郊区敖其村、佳木斯市区、北京市区10支代表队参加。

大会设有杜烈其、打兔子、鱼王角力、摔跤、射箭、叉草球、顶杠、划船8个项目。

八岔村代表队尤俊宏获摔跤第一名，尤雷获第二名；付志新获射箭第一名；孙中馗获打兔子第一名；尤明国获鱼王角力第一名、顶杠第一名；尤明国、尤超、尤雷、尤俊宏、孙中馗获杜烈其第一名。毕研杰、迟丽影表演的舞蹈《太阳给了我》获三等奖，孙中馗表演的男声独唱《网滩之夜》获一等奖，赵桂玲表演的女声独唱《乌苏里小夜曲》获三等奖。

八岔村民毕洪兵、尤俊宏首次担任裁判。

八岔村民尤明国第三次获莫日根奖。

八岔村代表队第三次获得体育竞赛团体总分第一名。

第九届乌日贡大会 2013年6月22—23日，在同江市举办。共有同江市八岔村、街津口村、勤得利农场、同江市区、佳木斯市郊区敖其村、佳木斯市区、饶河县四排村、饶河镇、抚远镇、北京市区、哈尔滨市区11支代表队参加。俄罗斯那乃区派代表队参会。

比赛设有狩猎、鱼王角力、射箭、叉鱼、打兔子、摔跤、顶杠、划船、叉草球、鹿毛球、掷木轮、渔具技能、杜烈其、赶鱼汛、打瓦、拔河、打尜、打马仗、背媳妇19个项目。

八岔村代表队尤雷获摔跤第一名，毕洪兵获狩猎第二名，尤雷、尤超、韩林、李延山、姚明获杜烈其第一名，姚明获划船第一名，尤雷获顶杠第一名，付志新获射箭第四名，尤明芬获渔具技能第一名，八岔村代表队获拔河第一名。尤俊宏、吴涛、吴振山表演了舞蹈《神仗舞》；孙中馗表演了男声独唱《赫哲那乃一家亲》，

第九届乌日贡大会开幕式表演（2013 年）　　尤俊生　摄

获二等奖。

八岔村民尤明国担任副总裁判长，毕洪兵、孙中馗担任项目裁判长，尤明义、李景山、尤俊宏、尤伟波担任副裁判长。

八岔村民尤雷获莫日根奖。

八岔村代表队第四次获得体育竞赛团体总分第一名。

第十届乌日贡大会　2017 年 6 月 16—17 日，在饶河县召开，来自同江市、八岔赫哲族乡八岔村、街津口赫哲族乡、饶河县四排赫哲族乡、北京市、俄罗斯那乃区等 13 个代表队参加。

大会设有狩猎、鱼王角力、射箭、叉鱼、打兔子、摔跤、顶杠、划船、叉草球、杜烈其、拔河 11 个项目。

八岔村代表队尤雷获摔跤第二名，尤雷、尤超、尤国柱、李景山、王洋获杜烈其第三名，尤雷获顶杠第一名、鱼王角力第一名，尤明芬获打兔子、叉鱼第一名，尤明芬、尤超、尤浩、李景山、尤俊宏获叉草球第三名，八岔村代表队获拔河第一名。

八岔村民尤明国担任副总裁判长，毕洪兵担任项目裁判长，毕旭担任副裁判长。

八岔村代表队第五次获得体育竞赛团体总分第一名。

吴桂凤、毕秀琴、董菊茹、董继红分别表演了伊玛堪片段，吴梓桐表演独舞《情系

2017 年，八岔村代表队参加第十届乌日贡大会打兔子比赛　　八岔赫哲族乡政府　提供

乌苏里》《固球库里嗼咤[1]》，尤伟华、毕秀琴、褚艳红、董菊红、尤明芬、张丽影表演舞蹈《天鹅家乡的姑娘》。

八岔村代表队首次获得文艺比赛团体总分第一名。

◉ 赫哲族语言

赫哲族有本民族语言，无文字。赫哲语属阿尔泰语系通古斯语族满语支，与古女真语有着渊源。在语音、词汇、构词方法以及语法结构等诸多方面都具有女真语的一些基本特征，属黏着语类型。赫哲语，自古以来就是赫哲族人生产生活的交流工具。但由于居住地域不同，在民族内部形成了两种不同的方言：沿松花江下游至勤得利使用“奇愣”方言；自八岔沿黑龙江下游至乌苏里江流域的赫哲族人使用“赫真”方言。

随着赫哲族生存模式和生活环境的改变及受其他文化的影响，赫哲语的功能逐渐减退。目前，能熟练运用赫哲语进行交流的赫哲族人已为数不多。

① 固球库里嗼咤：赫哲族方言，意为美丽的姑娘。

赫哲族常用语汉语发音与国际音标对照表

表 5

常用语	汉语发音	国际音标
一	鄂莫肯	əmək ‘ən
二	祝鲁	dʒuu
三	依兰	ilan
四	杜音	tuin
五	顺加	suntʃa
六	尼纹	niun
七	那旦	natan
八	架坤	tʃak ‘un
九	务云	wuyun
十	转	dʒuan
十五	拓坡浑	t ‘ɔp ‘xun
二十	沃林	ɔrin
三十	过新	kɔçin
四十	得嘿	təxəi
五十	苏赛	susai
六十	尼纹珠	niundʒu
七十	那旦珠	natandʒu
八十	架坤珠	tʃak ‘undʒu
九十	务云珠	wuyundʒu
百	塔纹	t ‘aun
千	明啊	miŋəa
万	吐门	t ‘umən
一年	鄂么啊了嗯	əməarən
一辈子	鄂么扎了恩	əmədʒalən
一千元钱	鄂么绵寄哈	əməmiantʃixa
万万	吐门吐门	t ‘umən t ‘umən

续表 5

常用语	汉语发音	国际音标
斤	各音	kin
两	沿	ian
尺	琪	tʃ ‘i
寸	务日了棍	wurkun
块	发西	façi
次	木丹	mutan
庹	大	ta
拃	霍豁	xɔxɔ
里	霸	pa
岁	色	sə
辈	扎了恩	dʒalən
包	巴伏秋	pafutʃ ‘əu
几个	阿迪	ati
年	阿念（阿尼）	anian（ani）
月	波呀	pia
日	依您	inin
时	鄂林	ərin
世	扎兰	dʒalan
一会儿	鄂西图勒	əçit ‘ulə
天天	依您依您	jninjnin
初一	依彻鄂么肯	idʒ ‘ə əmək ‘ən
一岁	鄂么色	əməsə
吃一顿	鄂么旦介佛	əmətan tʃəfɔ
一包东西	鄂么巴夫架克	əməpafutʃak ‘ə

赫哲族句子汉语发音与国际音标对照

1. 八岔是个美丽的地方。

   译：诶巴陈巴杜顾珠酷丽。

   əi padʒʻən patu kutʃukʻuli

2. 黑龙江省同江市八岔乡。

   译：萨哈林芒莫圣啊拉哈苏苏霍通巴陈悦宏。

   saxarin maŋmə səŋa laxasusu xɔtʻɔŋ padʒʻən iɔxuŋ

3. 八岔就在黑龙江边处。

   译：巴陈杜萨哈林芒莫架坡卡拉杜尼。

   padʒʻən tu saxarin maŋmə tʃapʻkʻalatuni

4. 人口不多。

   译：虐扩目苏。

   niɔ kʻɔmusu

5. 在同江市东边的下游。

   译：拉哈苏苏霍通鄂吉吉格越了固杜尼。

   laxasusu xɔtʻɔŋ ətʃitʃikə iɔlku tuni

6. 我们赫哲人生活在八岔。

   译：玻替赫金虐（难虐尼）巴陈杜拜儿丢衣。

   pɔtʻi xətʃinniɔ padʒʻən tu pərtiuji

7. 你们还想去八岔吗？

   译：苏贺巴陈过您尼鄂讷克气衣苏？

   suxə padʒʻən kɔninni ənəkʻətʃʻijisu？

8. 今年春天去了好几趟。

   译：诶阿了恩宁捏衣您阿迪木旦毕了恩鄂讷日各一痕。

   əi arən niŋniə inin ati mutan pirən ənərkixən

9. 夏天捕鱼，冬天做鱼皮衣服。

   译：抓淋衣您依玛哈挖克气，拓衣您依玛哈索布固特日格勒沃窝尼。

   dʒua rin inin jmaxa wakʻətʃʻi tɔ inin jmaxa sɔpuku tʻərkələɔɔni

10. 我们赫哲女人都有一双巧手。

译：波提赫金古仑阿申虐鄂莫发克协拿勒夏呼毕了恩。

pət‘i xətʃin kurun asən niɔ əməfak‘əçə naləçiaxu pirən

11. 过去，我们冬天住地窨子。

译：祝勒，波提拓淋呼日布杜毕尼。

dʒulə pət‘i tɔrin xurputu pini

12. 地窨子一半在地上，另一半在地下。

译：呼日布鄂莫杜兰那霍润杜尼，鄂莫杜兰贺日各勒杜尼。

xurpuəmə tulan na xɔrun tuni，əmətulan xərkəltuni

13. 女人们夏季穿旗袍，冬天穿长袍子。

译：阿申虐古仑抓淋佛克兔勒替提，拓淋又汗克衣塔么球替提兰。

asən niɔ kurun dʒuarin fɔk‘ət‘ulə t‘it‘i，t‘ɔrin iəuxank‘i t‘a mətʃ‘əu t‘it‘ilan

14. 当姑娘时编一个辫子，结了婚就挽发髻。

译：阿申黑特杜衣鄂么衣沙切衣沙日嗯，各牙么特克气克衣尼于克特衣莫丽日恩。

asənxit‘ətuji əm isatʃ‘əji sarən，kiamt‘ək‘tʃ‘k‘i niyuk‘ət‘əji məririrən

15. 姑娘们还在头上插花。

译：阿申黑特地里杜衣合伊日嘎哈得日恩。

asənxit‘ə tilituixə irkaxatərən

16. 耳朵上穿耳坠子。

译：宪杜衣威堪学乌日恩。

çiantui wəik‘an çɔurən

17. 手指上戴戒指。

译：趣木肯杜衣嘎也克收各一达勒兰。

tʃ‘umuk‘ən tui kajək‘əsəu kita ləran

18. 穿有云卷花的衣服。

译：霍霍力，特日格勒替提冷。

xɔxɔri t‘ərkələ t‘it‘irəŋ

19. 穿绣花的鞋。

译：伊日嘎，萨波些乌痕替提日恩。

jirka sapəçiə wu xən t‘it‘irən

20. 节日里，男女们穿上盛装唱歌跳舞。

译：乌日贡依您杜勒，哈哈虐阿申虐特日格勒替提嫁令阔嫁淋哈康呼日库尼。

wurkuŋ inintulə xaxaniɔ asənniɔ t‘ərkələ t‘it‘i tʃaliŋk‘ɔ tʃarin xak‘aŋ xurk‘uni

21. 过去，赫哲族人信奉萨满教。

译：祝勒，赫金虐萨满塔提阿格得衣尼。

dʒulə xətʃinniɔ saman t‘at‘i akətəjini

22. 认为万物都有灵。

译：图门架克过您衣尼哈您夏呼毕日恩。

t‘umən tʃak‘ə kɔninjini xanin ɕiaxu pirən

23. 你过去怎么出远门呢？

译：祝勒过鲁巴勒鄂讷克音沃尼讷衣西？

dʒulə kɔru palə ənək‘in ɔni nəjiɕi?

24. 夏天坐舢板船走。

译：抓鄂林特么特肯特乐胡力衣。

dʒuaərin t‘əmət‘ək‘ən t‘ərə xuriji

25. 也可以坐帆船走。

译：得呀克吉得胡力鄂。

tiak‘ətʃi tə xuriə

26. 一个人出门时坐快马子船走。

译：鄂么虐大克音威呼机胡力乌。

əməniɔ tak‘in wəixutʃi xuriw

27. 更快一点儿。

译：巴地鄂玛琪霍冬吉。

pati əmatʃ‘i xɔtɔŋtʃi

28. 说说你们冬天又坐什么走。

译：拓淋那要吉胡力咪贺苏衣苏。

t‘uərin na jautʃi xurimi xəsujisu

29. 冬天又用什么行走？

译：拓淋那要机胡力日苏？

t‘uərin na jautʃi xurirsu?

30. 用狗拉雪橇走。

译：依那克音托日克衣吉尼胡流衣。

inak‘in t‘uərk‘i tʃini xuriuji

31. 也用马爬犁。

译：莫淋发乐吉尼得胡力日恩。

mɔrin farə tʃini tə xurirən

32. 过去，富人家才有马车。

译：祝勒，巴仁卓虐特尼莫淋色金毕日恩。

dʒulə parən dʒɔniɔ t‘əni mɔrin sətʃin pirən

33. 现在，能订火车票了。

译：鄂希，拓色晋票乌射苏咪莫特日恩。

əçit‘uə sətʃin p‘iauw səsumi mət‘ərən

34. 飞机票也可以订。

译：费挺票乌得射苏咪莫特日恩。

fəit‘iŋ p‘iauwtə səsumi mət‘ərən

35. 雪橇还有。

译：托日克衣贺毕日恩。

t‘uərk‘i xə pirən

36. 春季你们采集什么？

译：宁捏淋要嘎得衣苏？

niŋniə lin jau katəjisu?

37. 柳蒿芽菜、桔梗菜。

译：恩比索了各一护浑去索勒各一。

ənpi sɔlki xuxuntʃ‘u sɔlki

38. 也采野樱桃。

译：尼力克特乌得嘎得沃。

nilik‘ət‘əw tə katəwə

39. 不采稠李子吗？

译：应鄂克特乌嘎得日索？

iəŋək‘ət‘əw katərsɔ?

40. 人人都会说唱伊玛堪吗？

译：虐虐夏呼伊玛克气咪乌力嘿兰？

niɔ niɔ ɕiaxu imak‘ətʃ‘imi wurixiran?

41. 会说唱伊玛堪的人少。

译：伊玛克气咪乌了黑衣虐扩木苏。

imak‘ətʃ‘imi wulxiji niɔ k‘ɔmusu

42. 有多少伊玛堪？

译：乌克衣伊玛堪毕日恩？

wuk‘i jimak‘an pirən?

43. 有十来种伊玛堪。

译：转波，伊玛堪毕日恩。

dʒuanpə, imak‘an pirən

44. 女人说伊玛堪的多。

译：阿申虐，伊玛克气咪玛了哄。

asən niɔ imak‘ətʃ‘imi malxuŋ

45. 长伊玛堪五天也说唱不完。

译：沃尼木，伊玛堪莫顺加衣您得伊玛克气咪沃丢日申。

ɔnimu imak‘anm suntʃa inin tə imak‘ətʃ‘imi ɔtiursən

46. 妇女们口弦琴弹拨得巧。

译：阿申古仑木克音各一了衣提发克协。

asən kurun mk‘inkiljit‘i fak‘əɕiə

47. 妇女们歌曲唱得好。

译：阿申古仑嫁淋衣尼爱衣。

asən kurun tʃarinjini aiji

◉ 谚语

八岔赫哲族人创作了许多反映民族特质的谚语。虽没有文字记载，但经过赫哲族老人的口传心授，大量被保留下来，有的是直接从汉语中借用过来的。

不上山成不了好猎人，不下水成不了神叉手。

鱼叉不摸没准头，扎枪不投要生锈。

扎枪越扎越熟，弓箭越练越准。

河沟里练不出神叉手，瓦罐里栽不出成材树。

江里有金也有银，就看你手勤不勤。

鱼儿是个宝，吃穿朝它要。

好箭手箭箭得物，神叉手叉叉见鱼。

狐狸的话听不得，黑瞎子的嘴亲不得。

打鱼的贪黑，打猎的起早。

神枪手不说自已枪法准，神叉手不说自已鱼叉灵。

怕老虎成不了好猎手，怕风浪当不了好渔民。

下江祭江神，上山拜山神。

吃的朝江要，用的上山拿。

三块板漂江过海，两块板蹿山跳涧。

鹰和鸡说不到一起，狼和羊交不了朋友。

对仇敌要以牙还牙，对朋友要以心换心。

江河海能流到一块，山和山走不到一起。

鱼过千层网，网网都有鱼。

多打多分，少打少分。

不咬钩就别逗钩。

钓白票子甩上条狗鱼，那是贪吃自已找死。

别学桦树皮，碰着火就往回卷；要学松明子，挺着腰杆给人照亮。

瞎咋呼的人，没啥真本事。

冬吃头，夏吃尾，春秋两季吃分水。

朋友来了有好酒，敌人来了有猎枪。

顶风溜狍子，顺风抓野鸡。

主人品性好，养的狗也仁义。

打不着狐狸惹一身臊。

路不怕远只要走，山不怕高只要登。

善有善报，恶有恶报；不是不报，时候未到。

风三风三，一刮三天。

懒汉子听风，越听越凶。

撒谎的人，不会有真朋友。

腊月三十烧包袱，家家户户都祭祖。

乌鸦喜鹊不同巢，富人穷人不同心。

吃糠菜，穿鱼皮，鱼皮鞑子受人欺。

鲶鱼找鲶鱼，嘎鱼找嘎鱼。

一条臭鱼，拐搭一锅汤。

劈柴劈小头，问路问老头。

一拳难敌四手，好虎架不住群狼。

早晨下雾一天晴。

蚂蚁搬家，不阴就下。

天上鲤鱼斑，明早打猎进深山。

西风晴，东风雨。

望山跑死马。

小泥鳅翻不了大浪。

车到山前必有路。

十网九空，一网成功。

冻死迎风站，饿死不弯腰。

任凭风浪起，稳坐钓鱼台。

人心不足蛇吞象。

人比人得死，货比货得扔。

肉肥汤也肥，鱼鲜汤也鲜。

针鼻大的窟窿斗大的风。

龙王爷的儿子会凫水。

宁吃鲜桃一口，不吃烂杏一筐。

人无头不走，鸟无头不飞。

碗大勺子有准，锅大肚子有数。

不做亏心事，不怕鬼叫门。

棒打狍子瓢舀鱼，野鸡飞到饭锅里。

柞木再硬也有朽的时候。

老虎还有打盹的时候。

慢鸟先飞常在后。

再狡猾的狐狸也斗不过好猎手。

◉ 歇后语

赫哲族的歇后语都是通过口传心授流传下来的，有一些是从汉语歇后语中直接借用过来的。

比武娶媳妇——凭能耐

没底的桦皮桶——装不满

属猎人的——不走正道

兔子蹽蹶子——看你有啥章程

夹尾巴的狗——没啥大出息

江蛾子满江飞——好兆头

箔根儿有个大窟窿——能打着鱼才怪

桦皮碟里扎猛子——不知深浅

火上浇油——越烧越旺

黑瞎子打立正——一手遮天

天狗吃月亮——没处下口

狍子屁股——白定（腚）

秋后的蚂蚱——蹦跶不了几天了

黑瞎子掰苞米——掰一棒扔一棒

大马哈甩子——趴窝了

黑瞎子叫门——熊到家了

兔子驾辕马拉套——瞎胡闹

耗子见猫——麻爪了

挨着鱼圈没鱼吃——懒蛋

七仙女下界——不是凡人

豁牙子啃西瓜——净道道

狗撵鸭子——呱呱叫

做梦娶媳妇——净想好事

黑龙江奇特景观——跑冰排（2014 年） 黑龙江八岔岛国家级自然保护区管理局 提供

艺文　杂记

光阴荏苒，时空变幻，风风雨雨，历尽坎坷。八岔村这个在解放初仅存几十人的小渔村，在新中国成立后，迅速发展壮大，其经历本身就带有神秘色彩，积累了无数传说、故事、诗文、歌曲，为赫哲族群众的生活平添了无限的美好遐想。

散落民间，源于生活。讲一段古老传说，唱一首时代新曲，或悲怆，或喜悦，或向往……

◉ 传说故事

在古代社会，由于赫哲族没有文字记载历史，也没有成型的文史资料，他们对身边所发生的重大变故或是重大事件缺乏科学的辨识能力和明晰的认知，只能通过口头传授，一代一代地传承下来。这其中夹杂着传承人的个人信仰或是感情成分。同时，出于对自然界神秘感和对一些事物的崇拜感，就有了诸多近乎神话的传说，后人把它记录下来，就成了民间传说故事。

八岔村一些热衷于对历史传说故事进行创作和讲述的人才，把古代一些民间传说和民间文学等经典作品中与八岔赫哲族人生产生活息息相关的精彩片断提炼出来，并结合八岔村实际和个人的经历，对提炼出来的素材进行加工整理，再度创作，最终形成了很多具有地域特色的民间传说故事，为八岔村的发展历史和文化积淀增辉添色。

男女岛的传说[①]

八岔岛国家级自然保护区东南有两座小岛，岛上植物茂盛，鸟类繁多，赫哲族群众将其称作男女岛。关于男女岛，赫哲族有一个美丽的传说。

那是很早以前的事了，在黑龙江畔八岔河边有一个悦宏[②]。悦宏里有一个小伙子叫莫尔高克坦。他聪明、伶俐，很小就能划船、叉鱼。他划的桦皮船比箭还快，他的鱼叉投出去从来不落空。村子里有个德都叫圣开列，她心灵手巧，长得像月儿般美丽。她做的桦皮船又精致又轻快，做的鱼皮衣又柔软又结实，晒的鱼干喷香可口，唱的歌比百灵鸟叫还要好听。

莫尔高克坦和圣开列德都从小就在一起玩，一起划船，一起叉鱼，情投意合，两小无猜。两家父母从小就订了这门亲。

一天，悦宏里的巴彦玛发[③]听到歌声，从船舱里探出头一看，见唱歌的是漂亮的圣开列德都。他看傻了，心中盘算着，想把她弄来做儿媳妇。

巴彦玛发拿着在霍通换来的绫罗和绸缎来到圣开列家。一进门就得意扬扬地说："旱泡子里的小鱼遇上了大雨，穷阿哈碰上了善人，把你女儿给我家当儿媳，我管你要吃有吃，要穿有穿！"

圣开列的父母不软不硬地说："旱泡子的小鱼干死情愿，俺和女儿不愁吃不愁穿。"

"什么？行不行？"

"狼和羊交不了朋友，鹰和鸡玩不到一起，你问姑娘她自己吧。"

"怎么样？去不去？"

"我说过了，你去问姑娘她自己吧！"

"你别不识抬举！不答应，走着瞧！"

说完就气呼呼地走了。

第二天，巴彦玛发带着一帮人来抓圣开列。圣开列早就躲了起来，巴彦玛发找不到圣开列，就把她的父母抓走了。

圣开列听说父母被抓，心如刀绞。晚上，她偷偷地溜进了巴彦玛发家。从门缝里，她看见父母被吊在房梁上，巴彦玛发用皮鞭一边打一边猛叫："不把姑娘交出来，我就

---

① 由黑龙江八岔岛国家级自然保护区管理局提供。

② 悦宏：赫哲语，意为村子。

③ 巴彦玛发：赫哲语，意为富老头。

活活打死你们！”

听到这里，姑娘的心都碎了。她猛地推开门，对巴彦玛发说：“我来了，你放了我的父母！”

巴彦玛发狞笑着说：“嘿嘿，我谅你不会不来！”

圣开列到了巴彦玛发家，就像金丝鸟被关进了笼子。巴彦玛发逼她嫁给自己的儿子。圣开列说：“好女不嫁二夫，我早就定了亲，不能再嫁别人。”

巴彦玛发气呼呼地说：“当我儿媳妇不愿意，那就让你当阿哈！”

姑娘饭不吃、水不喝，以死对抗。巴彦玛发没办法，只好先把她关在一间空房里。

再说失去了圣开列的莫尔高克坦，像丢了魂似的。划船想起圣开列，船漂进了柳毛通也不知道；叉鱼想起圣开列，鱼拖走了鱼叉也不知道。当听说姑娘不肯做巴彦玛发的儿媳妇时，他立即偷偷溜进巴彦玛发家，放了一把火，趁着巴彦玛发的家人乱哄哄地救火，他救出了姑娘，跑到河边，上了船。

两人刚刚划起船，巴彦玛发领着人追来了。巴彦玛发的船渐渐近了，这时来了群鸟，在他们的船上盘旋了一会儿，就托着他俩飞上了蓝天。见圣开列和莫尔高克坦被鸟托着飞走了，巴彦玛发供的神灵就把他变成了一只凶猛的恰克陈，呼扇着翅膀向他俩追去。飞呀，飞呀，鸟群托不住莫尔高克坦和圣开列了，他俩掉到了大江中。而巴彦玛发由于追得太快，也一头扎进江里淹死了。不久，在圣开列和莫尔高克坦掉进江里的地方长出两座小岛，水大的时候，两岛分开，水小的时候，两岛合二为一。赫哲族人为纪念为纯真爱情而死的这一对青年男女，便把这两座岛叫作男女岛。岛上有数十种鸟类栖息繁衍，当地的人们又把男女岛称作鸟岛。

渔夫和狐狸[①]

有一天，老渔夫在黑龙江上凿冰眼下钩，钓到了不少哲罗鱼、狗鱼、雅莫斯哈，整整装了一爬犁。

傍晚时候，老渔夫高高兴兴地拉着爬犁满载而归，嘴里哼着欢乐的嫁令阔：

“赫尼哪呀赫尼哪——

今天出门好运气，

---

① 讲述人：吴连贵。搜集整理：黄任远。

钓到鲜鱼一爬犁；

回到家里烫上酒，

玛发我啊笑眯眯！”

老渔夫一边走一边唱，不觉来到了松树林旁边的道上。

道中间躺着一只红毛狐狸。老渔夫心想：拣回家让老伴收拾收拾，正好缝两顶皮帽子。

他把狐狸扔到爬犁上，高兴地拉着爬犁往回走。

心里高兴步子快，不一会儿工夫，他就来到家门口。

老渔夫招呼说："老太婆，快帮我来卸鱼！”

老太婆闻声赶出门来，嘴里叨咕着："你看这个大嗓门，一嚷嚷能传十里地。今天什么事让你这么高兴呀？”

老渔夫笑笑说："我钓了一爬犁鱼，还拣了一只狐狸。"

老太婆一看爬犁上空荡荡的，问："你说的东西都在哪搁着呀？”

"在爬犁上呗！”

"有个屁！”

老渔夫回头一看，这下可傻眼了，一爬犁的鱼不见了。红毛狐狸也没影了。

老渔夫把自己在半道上拣狐狸的事和老太婆详详细细叨咕了一通。老太婆听了说："老糊涂！你上了那只狐狸的当了！贪小便宜吃大亏啊！”

过了几天，老渔夫又从江边拉了一爬犁鱼往回走，走到半道，又碰到上次那只红毛狐狸躺在道中央。

老渔夫走上前去，抓住狐狸的腿就塞进了一只狍皮口袋里，扎上了口，拿起粗木棒就打。

狐狸痛得嗷嗷直叫，连连求饶："老大爷，可怜可怜我，放了我吧！”

"我叫你再骗人！再骗人！”

"我再也不敢了，饶了我吧！”

"你的话没有人能信！”

一阵闷棍，狐狸在口袋里不动弹了。自作聪明、装死骗鱼的狐狸得到了应得的下场！

金鲤鱼和黑龙[①]

过去，混同江边住着一个老人。他 70 多岁，耳不聋眼不花，腰板笔挺，走起路来在沙滩上留下一个又一个深坑，在石头路上走咚咚作响。

老人身边无儿无女，只有一个瞎了眼的老伴相依为命，捕鱼度日。

老人有一把乌黑发亮的鱼叉，形状像个“山”字形，带有 13 个尖。他每次投叉都能得鱼，从来没有空叉的时候。靠着这柄叉，老人养活了自己一家，也救济了许多穷苦的乡亲。

有一年夏天，江里的鱼突然少得出奇，老人一连下江叉了七天鱼，连一条小鱼也没看到。村子里十几户人家，大多断粮，老婆哭，孩子叫，听了真叫人揪心。

老人一边安慰大家，一边把自己家的鱼干送给断粮的人家。

第八天，老人起了个大早，天蒙蒙亮就来到了江边。这天，江上浓雾弥漫，几步远就看不见人影。

老人轻轻地划着快马子，在江上破雾劈浪，划了有十几里地，来到了一处宽阔的江面上。突然，他看见不远处有一个亮东西在水面上扑腾。老人活了这么多年还没有看见过这样的东西。他划着快马子悄悄地靠上前去。

突然，那个亮光消失了，江面上的雾也消失了，露出了晴朗的天空、耀眼的太阳。

忽然间，一条金鲤鱼跃出了水面，它金翅金鳞、五光十色、耀眼夺目。

老人见这金鲤鱼挺好看，没舍得伤害它，用手把它抓住了。

金鲤鱼在他手中摇头摆尾地挣扎着，可是一点办法也没有。忽然，金鲤鱼的眼睛流出了眼泪。

老人感到很奇怪，鱼怎么会掉眼泪呢？

就在这时候，金鲤鱼张了张嘴，说起话来：

“好心的老爷爷，放了我吧！你要什么都可以。”

老人定了定神，问：“你是谁呀？”

“我是黑龙派来看守鱼群的。”

“为什么我们这些天打不到鱼呢？”

“黑龙为自己做寿，宴请四方神灵，把江里的鱼统统都关到一个大泡子里去了，选最肥的做下酒的菜。”

---

① 讲述人：尤德顺、吴连贵。搜集整理：黄任远。

“你知道那大泡子在什么地方？”

“就在前面不远的地方！”

说完，金鲤鱼领着老人来到了那个关鱼群的水泡子。

水泡里的鱼黑压压的，全都伸着脑袋，你挤我，我挤你，发出“咕咕”的叫声。

老人高兴坏了，投出鱼叉叉起鱼来。

正在这个时候，黑龙派来的另一个看守鱼群的大鳇鱼蹦出水面三丈多高，大声吆喝道：“老头，黑龙有令，这些天不准捕鱼！”

老人把眉毛一耸，气愤地说：“大胆黑龙，竟把大江据为私有！你速速前去通报，让它前来，我要和它评评道理。”说着挥动了一下鱼叉。

大鳇鱼一看老人手中的鱼叉一动，吓得赶紧钻进水里去报告黑龙了。

黑龙正在和四方来宾举杯痛饮，一听大鳇鱼的报告，气得胡子都翘起来了。它吆喝着奔到江面上。

老人正在那里叉鱼，一只船已装得满满的了。忽然，江面上翻起了水花，有好几丈高。

不一会儿，从江面上露出了黑龙的大脑袋，它张牙舞爪地说道：“大胆玛发！你怎么违抗我的命令，随便到我的鱼泡子里来叉鱼？让你尝尝我的厉害！”

说着，黑龙用尾巴卷着浪头向老人的船打来。

老人不慌不忙地举起鱼叉和黑龙打了起来。

村里的百姓知道后都跑来敲打锣鼓为老人助威。

这一打，搅得江水翻滚，乌云乱飞，霹雳震天，杀声阵阵。

巴拿巴尔君[①]正在天庭里坐着闭目养神，忽然听到震耳的杀声，问身边侍从：“下界为何如此喧闹？”

“听说是黑龙和一位打鱼的玛发在那里打仗。”

巴拿巴尔君站了起来，说了声：“我去看看！”就腾云驾雾来到了黑龙江上。

他见黑龙和老人打得难解难分，地面上的老百姓敲锣打鼓，呐喊助威，就厉声吆喝道：“你俩快给我住手！还打，我可要惩罚你们了！”

黑龙一听，吓得跑回江里去了。

巴拿巴尔君向老人打听他们为何打仗。老人把黑龙为自己做寿，把一江的鱼窃为己

---

① 巴拿巴尔君：天上的神仙。

有，不让渔民捕捞的事一一如实地说了。

巴拿巴尔君听了十分气愤。他对黑龙说："大胆黑龙，你怎么违反天条，祸害百姓！今天割下你的尾巴，留你一条小命，如果再犯天条，决不轻饶！"

说着，举起宝剑，砍下了黑龙的尾巴，从此黑龙变成了秃尾巴，大江两岸的人们又过上了幸福的生活。人们传颂着这个老头抓金鲤鱼斗黑龙的故事。

猎野猪[①]

这是八岔的事儿，大约在20世纪50—60年代，一个初冬的大清早，八岔村民毕青林和董凤春两个年轻的猎手，领着猎狗，拿上激达，直奔东南出发了。

离屯儿三十多里，在一道柞树岗上，他俩遇上一群野猪正拱橡子吃。二人看好地形，一个撵，一个截，没费啥劲儿，3头小野猪就让两人给收拾了。剩下几头，跑的跑，蹽的蹽，二人也没去理会，心想一会儿再说。二人把野猪开了膛，拿出下水[②]，挂在树杈上，就要去撵跑的那几头野猪。

刚要挪步，就见百步开外一头像小牛犊似的刨卵子[③]，磨着獠牙，嘴里直捣着白沫，头冲着毕、董二人。看样子，刚才二人拾掇几头小野猪时，它全瞅着呢。

这可不妙，俗话说："一猪，二熊，三老虎。"猎人最打怵的就是这长着獠牙的大公猪。可是打猎的碰上猎物，也不能打怵就往回缩呀！再看野猪这架势，说不定它还想为小野猪报仇呢。果然，这头公野猪直奔二人冲了过来，眨眼间就到了跟前。说时迟，那时快，离公猪近点儿的毕青林握住激达，朝着公猪就扎

赵营绘画作品《猎野猪》　　孙玉森　提供

① 孙中馗依据调查资料整理。
② 下水：动物心、肝、肺、肠、肚等脏器。
③ 刨卵子：东北方言，公猪。

了过去。谁料一时着忙，激达正刺在钢硬的头骨上，把毕青林撞得摔出老远。就在这危急关头，毕青林的猎狗在野猪身后咬住了公猪的后腿，野猪转过头去对付猎狗，趁这工夫，毕青林翻身要捡地上的激达，可折了两截的激达还没沾手边儿，公猪又猛转身奔向扎了它一下的毕青林。躲是来不及了。情急之下，毕青林来了个旱地拔葱，双脚一蹦再往下一落，正好骑在了野猪的背上。一旁的董凤春还没反应过来，野猪就发了疯似的蹿了出去。容不得多想，毕青林左手紧紧抓住野猪背上的长毛，右手拽出别在腰间的快当斧子，一顿猛砍。舍命救主的猎狗咬住野猪的耳朵，董凤春赶上来对着野猪就是一扎枪，野猪"嗷"的一声，瞪着眼睛，倒下蹬蹬腿儿就没气儿了。

好险哪！二人惊得出了一身冷汗。再一看这头野猪的身量，足有五六百斤。

◉ 民谣

八岔赫哲族民谣是八岔赫哲族群众在长期的生产劳动中，特别是在艰苦的渔猎生产中，通过自娱自乐的形式产生的。在八岔赫哲族人群中广泛流传的民歌小调，其曲调带有明显的渔猎生产劳动动感节奏的痕迹，有的民谣成为八岔村民茶余饭后朗朗上口的顺口溜，有的成为八岔赫哲族人为人处事和教育后代的教材，通过他们口传心授，并不断地发展创新，其质量逐步提高，数量逐年增加，是八岔赫哲族人宝贵的精神财富。《想情郎》《渔歌》等已经成为整个赫哲族乃至全国各民族中广泛流行的经典作品。特别值得一提的是青年作曲家汪云才受到吴连贵用箫吹奏的一曲赫哲民歌《想情郎》曲调的启发而创作的旷世名曲《乌苏里船歌》，已唱响世界。

狩猎大河旁

在弯曲流淌的大河旁，
在树木葱茏的漫岗上，
在河汊塔头甸子柳条通里，
我行围打猎。
下伏弩猎过水獭，
张弓搭箭我射过紫貂。
湍急奔流的河水哟，

给了我生命和无穷的力量。
年复一年在这里狩猎，
一年四季在这里生活。
这是我们的天然的好猎场，
这是一条富饶的大河。

我是一个老渔夫

合日合日，那尼即尼，
我是一个老渔夫，
风里浪里不怕苦。
大江上闯了六十年，
如今身埋半截土。
合日合日，那尼即尼，
我是一个老渔夫，
打过金翅金鳞的鲤子鱼，
抓过名贵的三花五罗鱼。

冬渔歌

北风呼啸卷雪团，
我在大江打冰镩，
满脸汗水满身霜，
欢歌笑语随风传。
网房子里炉火红，
胶丝网里鱼成串，
用力拉呀拉冬网，
眨眼鱼儿堆成山。

捕鲑鱼歌

五花山来白露水，

大马哈鱼把家回；
横江撒下银丝网，
鱼儿满仓歌声飞。

怨嫁歌

赫尼那，赫尼那……
我不嫁，我不嫁！
找个丈夫不称意，
哭天哭地真伤心。
都怪父母贪钱财，
不顾儿女去受苦。
赫尼那，赫尼那……
我不嫁，我不嫁！

答爱歌

画上的桃子不解渴，
漂亮的脸儿不顶食，
要想过上好日子，
需要的是诚实和胆量。
年轻的阿哥！
你别胡思乱想，
到时候我再和你细商量。

抗婚（二首）

一

格给嘎哪格给嘎——
草甸子上的伊尔嘎千万朵，
我心爱的只有一朵。
村子里的哈特儿上百个，

我心里只爱一个。
乎那吉（阿妹）和我心连心，
就像白桦林根连根。
阿玛和额妮不同意，
我绝不再嫁第二人！

二

我说阿哥别悲伤，
乎那吉把你记心上，
今生不能成夫妻，
来世再同你配成双。

愿配打鱼郎

鱼儿成对游，鸟儿配成双；
唯有鱼家女，愿配打鱼郎。

想 情 郎

（赫哲族民歌）

1 =♭E $\frac{4}{4}$　　吴连贵 吹奏　　孙玉森编词配歌

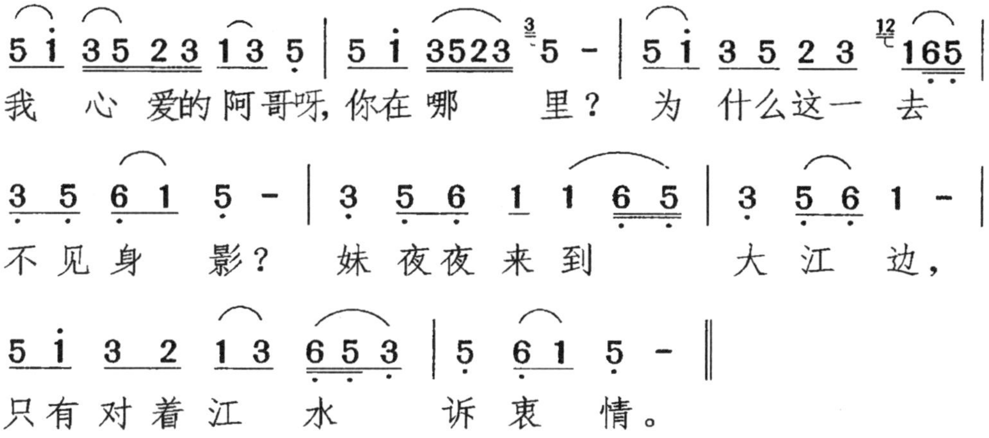

让我也坐你们的船去采雅格达吧

（赫哲族民歌）

1 =F $\frac{2}{4}$　　瓦丽亚 演唱　　程延庆记谱
孙玉森编词配歌

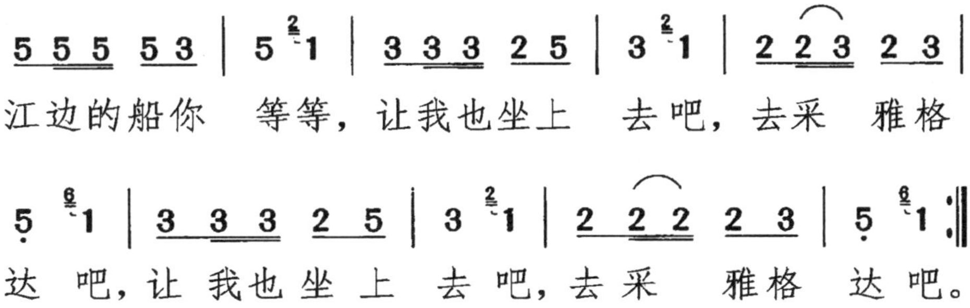

富饶的大河

（赫哲族民歌）

毕跃先记译

1=G $\frac{5}{4}$　　董凤禄演唱　　潘晓川配歌

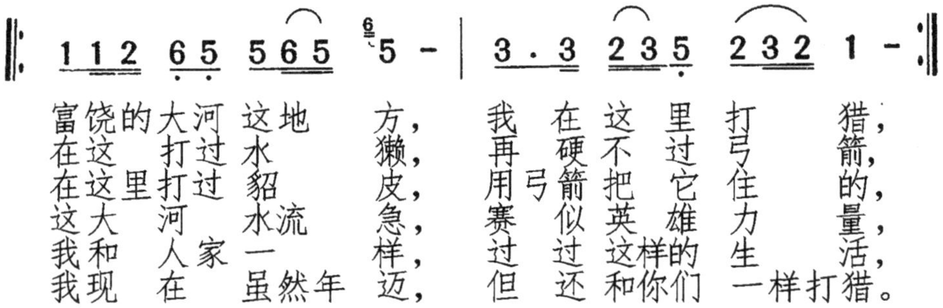

渔　歌

（赫哲族民歌）

隋书今　记录译词

1=G $\frac{2}{4}$　　吴进才　演唱　　士　清　配　歌

稍慢

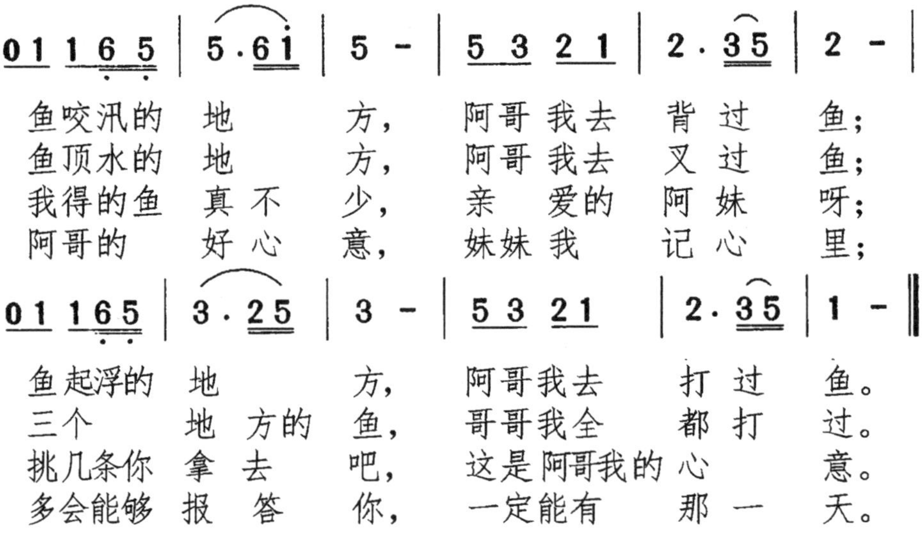

◉ 新歌曲、诗词

1953 年，八岔村建立后，由一个破旧的几乎生活在原始状态下的只有几十人的弱小部落，发展成为拥有 198 户、502 人，年人均收入 1.8 万元，家家都能住上集中供热供水、别墅式二层小楼的社会主义现代化新村。这期间，党和国家提供了大量的优惠政策。八岔赫哲族人发自内心地感恩党和国家的关怀，特别是 2016 年 5 月 24 日，中共中央总书记习近平冒雨来到八岔村，给八岔赫哲族人带来新的发展机遇和希望，人们创作了大量的现代诗歌和歌曲，声情并茂，感人至深。中共同江市委主要领导亲历八岔村的发展历程，有感而发，写下新诗《五月的赫乡》，后经杜兴成作曲，由火箭军文工团著名歌唱家赵景春和于秋颖（赫哲族）夫妇演唱，这首新歌迅速在赫哲族群众中传唱并流行。之后，又有一些文人墨客、旅行者，在游览八岔村大美江河、富饶岛屿、瑰丽湿地和丰产网滩时，迸发灵感，写下了很多脍炙人口的诗词歌赋，给八岔赫哲族留下了宝贵的精神食粮。

八岔岛景色（2014 年）　　八岔赫哲族乡政府　提供

五月的赫乡

1＝F 3/4　　　　赵景春、于秋颖二重唱　　　　许德东 词

♩＝146 亲切、热烈地　　　　　　　　　　　　杜兴成 曲

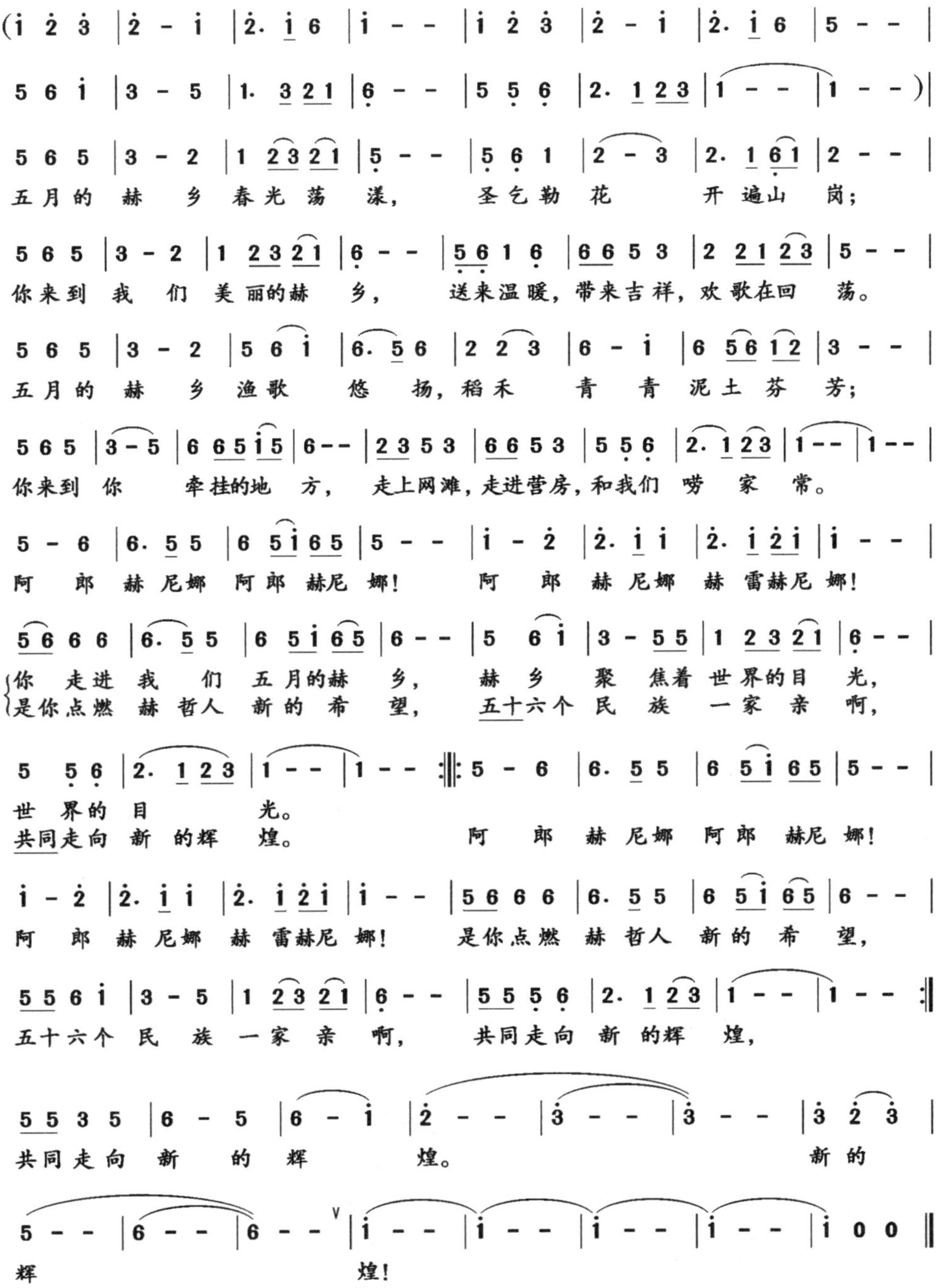

念奴娇·八岔赫哲洄游[①]捕祭

高学智2016年9月7日作于八岔赫哲族第二届大马哈洄游节

白露[②]江寒，轻舟上，矫乘西风东下。把酒祭江，三百里，黑龙乌苏[③]潜行。休恩[④]如血，金霞弄潮，伴寒生凛凛。劈波斩浪，八陈[⑤]子弟多豪壮。

遥望碧波无垠，赫家莫日根，雄姿英发。毒魔狠怪，何惧哉，敢缚绞龙十万。渔回两岸，锦鳞满仓，佑我恩都力[⑥]。别亚[⑦]光里，伴吾安然归乡。

有那么一个地方

李文湘2016年12月作于八岔村

有那么一个地方，
那是我美丽的故乡。
黑龙江缓缓流过，
小船儿随风飘荡。
总书记留下亲切的微笑，
《乌苏里船歌》从这里唱响。
阿郎赫尼那，
阿郎赫尼那，
阿郎赫尼那，
赫赫雷赫尼那，
阿郎赫尼那，
赫尼那，赫尼那，
阿郎赫尼那……

① 洄游：大马哈鱼洄游。
② 白露：白露节气。
③ 黑龙乌苏：黑龙江与乌苏里江。
④ 休恩：赫哲语，意为太阳。
⑤ 八陈：赫哲语，意为八岔。
⑥ 恩都力：赫哲语，意为神。
⑦ 别亚：赫哲语，意为月亮。

八岔哟八岔，
我可爱的故乡，
哈俊[①]声清脆令人神往。
你让我一生魂牵梦绕，
你让赫哲人有了长长的梦想。

有那么一个地方，
那是我神奇的故乡。
丹顶鹤翩翩起舞，
八岔岛轻轻和唱。
总理曾留下殷实的脚印，
山水间醉了咱赫哲新庄。
阿郎赫尼那，
阿郎赫尼那，
阿郎赫尼那，
赫赫雷赫尼那，
阿郎赫尼那，
赫尼那 赫尼那，
阿郎赫尼那……
八岔哟八岔，
我迷人的故乡，
伊玛堪悠扬千古传唱。
你让我重回人间仙境，
你让赫哲人插上腾飞的翅膀。

① 哈俊：赫哲语，意为跳萨满舞用的腰铃。

名人与名村

在革命战争年代和社会主义建设时期，八岔村涌现出诸多名人，有参加过革命战争的战士，有受到党和国家领导人接见的民族代表，有为民族文化发展传承及经济社会发展做出贡献且享有较高威望的志士贤达。特别是一些在国内外享有较高威望的域外知名人士，也时刻关心和关注着八岔赫哲族人，并凭借各自的地位和影响，为八岔村发展建设奉献助力。他们都是八岔人心目中真正的英雄。

◉ 历史人物

董金宝

董金宝（1892—1968） 赫哲族，1892年出生于八岔屯。董金宝积极支持董贵福、董贵禄、董贵寿、董贵喜4个儿子走出八岔，参加抗战活动。1943年5月22日，为躲避日寇逮捕，在苏联红军的接应下，携全家及部分八岔赫哲族人驾船赴苏。1947年冬，董金宝谢绝苏联有关方面的挽留，与全家人一起回到家乡，成为八岔屯土地改革、互助组、人民公社时期的骨干力量。1956年，董金宝作为全国少数民族参观学习团成员到祖国各地参观学习，在北京受到毛泽东、朱德等党和国家领导人的接见并合影留念。1968年逝世。

毕发祥（1901—1955） 赫哲族，1901年出生于八岔屯。1932年，参加苏联红军，担任侦察员，向苏军提供日伪军在黑龙江、松花江、乌苏里江地区的军事情报。1946年8月9日，为苏联红军解放中国东北抚远县海青当向导。1945年9月30日，荣获“斯大林奖章”并颁发证书。1955年病逝。

吴连贵（1908—1980） 赫哲族，1908年出生于三江口附近的莫勒洪阔

吴连贵

村。1972 年，在八岔生产大队落户。吴连贵从小就迷恋本民族的民间说唱、民歌和传说故事，并跟村里伊玛堪说唱人莫特额老人学习说唱伊玛堪，学会了《木竹林莫日根》《木都力莫日根》《希尔达鲁莫日根》等赞美英雄、爱情和描述神魔鬼怪的说唱故事，并结合自己在八岔村的生活经历，在原创作品中有所创新。吴连贵是赫哲族公认的说唱伊玛堪、讲特仑固、说胡力、唱民歌的优秀歌手。他说唱了《木竹林莫日根》《希尔达鲁莫日根》等 6 个伊玛堪片断，讲述了《太阳和月亮的后代》《刹生鱼的来历》等 40 余篇传说、故事，演唱了《金色的太阳》《赫哲人最爱新生活》等 50 余首赫哲族民歌。其中有些作品在《诗刊》《民间文学》《黑龙江民间文学》《黑龙江艺术》《伊玛堪》等刊物上发表。1979 年 9 月，吴连贵被邀请到北京参加全国少数民族民间诗人、歌手座谈会。同年，还参加了在人民大会堂举行的中华人民共和国成立三十周年庆祝大会。1980 年 11 月 23 日，病逝于八岔村。吴连贵一生留有数十万字的民间文学资料和许多珍贵的音像资料，为赫哲族特色文化传承做出了突出的贡献。

毕青林（1910—1959） 赫哲族，1910 年出生于八岔屯。1942 年，参加苏联红军，担任侦察员，向苏军提供日伪军在黑龙江、松花江、乌苏里江地区的军事情报。1945 年 8 月 8 日，苏联对日宣战，苏联红军出兵中国东北，解放一部落、二部落、三部落。毕青林给苏联红军当向导。1945 年 9 月 30 日，苏联最高苏维埃主席团授予其“斯大林奖章”并颁发证书。1953 年，任八岔初级社主任。1956 年，任八岔高级社主任。1957 年，任八岔村党支部书记。这期间，毕青林对八岔村村级组织进行了完善，先后组建了村民兵连、妇代会、共青团等组织，带领赫哲族群众大力发展渔业生产，解决村民的温饱问题，对村域经济的发展以及村民生活的提高做出了突出的贡献。1957—1958 年，连续两年被评为黑龙江省劳动模范。1959 年病逝。

董贵福

董贵福（1911—1978） 赫哲族，1911 年出生于八岔屯。1942 年，参加苏联红军，担任侦察员。1945 年 8 月 8 日，苏联对日宣战。1945 年 8 月 9 日，他冒着生命危险，给出兵中国东北的苏联红军当向导。1945 年 9 月 30 日，董贵福获“斯大林奖章”及证书。解放后，他积极参与八岔村的经济建设和社会活动，并发挥骨干作用。1978 年病逝。

毕春生（1912—1945） 赫哲族，1912 年出生于八岔屯。自 1932 年起，担任苏联红军侦察员达 13 年之久。1945 年 8 月的一天，解放萝北的战斗打响。苏联红军多勒斯少校和另一名苏联红军军官负责一路攻城部队的指挥，毕春生作为向导和翻译，始终在多勒斯少校和那位苏联红军军官的左右。第二天中午，多勒斯和那位军官正在地图前研究攻城的战术，突然一颗炮弹落在了指挥所里，毕春生奋不顾身地把多勒斯压在了身下，并同时推开了那位苏联红军军官，而自己却身负重伤，多勒斯亲自送毕春生去远东野战医院，但终因流血过多，路途遥远，毕春生牺牲在车上。由于当时是战争年代，只好就地安葬。东北全境解放后，1945 年 12 月，多勒斯带着苏联远东军区战场死亡通知书、反法西斯烈士证书和苏联远东边防站优秀侦察员证书，到毕春生的家乡下八岔，把毕春生的荣誉证书和遗物交给了他的家人。

董贵寿（1916—1945） 赫哲族，1916 年出生于八岔屯。1936 年，曾担任苏联红军侦察员。1945 年 8 月 8 日，给出兵中国东北的苏联红军当向导，在攻打抚远韩家小河子的战斗中牺牲。1945 年 9 月 30 日，董贵寿获“斯大林奖章”及证书。

董贵喜（1918—1969） 赫哲族，1918 年出生于八岔屯。1936 年，任苏联红军侦察员。1945 年 8 月 8 日，给出兵中国东北的苏联红军当向导。1945 年 9 月 30 日，荣获“斯大林奖章”及证书。在“文化大革命”中被错打成“苏特”，从汤原香兰监狱出狱后不久去世。1976 年平反。

吴进才

吴进才（1918—1977） 赫哲族，1918 年出生于得勒乞村，后迁居八岔村。他十多岁时，跟随萨满学习“神术”，并成为八岔赫哲族的萨满、出色的民歌手、讲故事能手和伊玛堪说唱人。1957 年，他接受赫哲族社会历史调查组访问时，讲唱了一部完整的伊玛堪《安徒莫日根》和《杜步秀》《尼逊萨满》等几个伊玛堪片断，受到专家和学者关注。他一生以八岔村为基地，致力于赫哲族民间文学的收集、整理工作和致力于八岔村年轻一代的赫哲族文化的教育、传承工作，为八岔赫哲族文化积累了大量的素材。他讲述的《大马哈鱼的传说》《天鹅湖》等民间传说，演唱的《渔歌》《求爱歌》等民歌，多次发表在《赫哲族民间故事选》《民间文学》《黑龙江民间文学》等刊物上；说唱的《安徒莫日根》获全国优秀民间文学三等奖，并被收入《中国新文艺大系民间专辑（1976—1982）》和《伊玛堪》专集上。还先后多次参加过省地县少数民族文艺会演及长春电影制片厂电影《赫哲族渔猎生活》的拍摄。1977 年秋病逝。

尤志贤（1927—2009） 赫哲族，1927 年 4 月 2 日出生在勤得利，后移居八岔村。一生致力于赫哲族历史和民族文化的研究工作，尤其关注八岔赫哲族民间文学的收集和抢救，深受八岔赫哲族群众的拥戴。1957 年，参加中国科学院民族研究所组织的赫哲族社会历史调查工作并担任翻译，采录并翻译整理了八岔赫哲族老艺人吴进才说唱的长篇伊玛堪《安徒莫日根》。20 世纪 80 年代初，参加伊玛堪抢救小组，陆续翻译了葛德胜说唱的《满都莫日根》《木杜里莫日根》和尤树林说唱的《马尔托莫日根》，并先后在《民间文学》《黑龙江民间文学》《伊玛堪》等刊物上发表。1982 年，翻译的《满都莫日根》获全国优秀民间文学三等奖；《安徒莫日根》获省优秀民间文学作品奖。为同江、佳木斯和省政协提供了十余万字的文史资料并在各级文史资料集上发表。完成了《黑龙江民族志（赫哲族卷）》的撰写任务。把常用赫哲语词汇、会话用国际音标标注，与他人合作出版了《简明赫哲语汉语对照读本》，又采用直译或意译的方法标注了《满都莫日根》《沙伦莫日根》两部长篇和《木都力莫日根》《木竹林莫日根》两个片断，并出版了《赫哲族伊玛堪选》。1993 年，当选黑龙江省赫哲族研究会会长。曾当选黑龙江省第四届、第五届政协委员，黑龙江省第二届人民代表大会代表。1964 年，当选全国第三届人民代表大会代表。2009 年 10 月 29 日病逝。

尤志贤

付景贤（1929—2008） 赫哲族，1929 年 2 月 2 日出生于得勒乞村，后迁居八岔村。1953 年，八岔建村时，付景贤被任命为第一任村党支部书记。亲自带领八岔村民兵进行边防巡逻，为发展当时的村武装力量、保卫赫哲族群众的胜利果实做出过突出贡献。1956 年，就任赫哲族乡乡长，成为新中国成立后赫哲族的第一位乡长。1983 年，当选黑龙江省第六届人大常委会常委；1977—1988 年，当选全国政协第五届、第六届、第七届委员，多次深入八岔赫哲族人打鱼的网滩和村屯，察访赫哲族经济社会状况，了解赫哲族群众的心声，并多次形成议案和提案，为八岔赫哲族生产的发展、人民群众生活的改善以及整个赫哲族聚居区的社会发展，起到了很大的促进作用。20 世纪 80—90 年代，支持并指导了赫哲族首届乌日贡大会的召开；支持黑龙江省、同江市赫哲族研究会的成立和研究工作；为贯彻党的民族政策和民族团结做出过较大贡献，在赫哲族群众中享有较高威望，大家都亲切地称呼他“付老帅”。他病重期间，还殷殷嘱托前去探望的赫哲族干部，要不断学习，努力工作，别辜负党和人民的培养，为民族事业多做贡献。2008 年 5 月 22 日病逝。

付景贤

吴福常（1959—1999） 赫哲族，1959 年出生于同江县同江镇。1977 年，作为知青

吴福常

插队到八岔生产队参加渔业生产，迁入八岔村。其间，他向八岔民间艺人吴进才、吴连贵学习赫哲族传统文化，并注重收集八岔赫哲族民歌，整理出大量的优秀作品，为保护和传承八岔赫哲族文化遗产做出了贡献。吴福常在八岔广播站和同江市文化局工作期间，始终心系八岔村，心系赫哲族民族文化的传承和发展，他还根据八岔赫哲族老艺人的讲述和演唱，对一些作品进行了大胆的二度创作和表演。他一生搜集、整理赫哲族民间故事30余篇，整理、创作赫哲族民歌近百首，挖掘整理出赫哲族民间舞蹈十余个。1983年12月，吴福常编创的舞蹈《鱼鹰》在黑龙江省少数民族文艺会演中获优秀编舞奖。1984年，原创歌曲《绿色的山哟蓝色的水》在全国建设者之歌征歌大赛中获三等奖。1985年6月，吴福常作为发起人之一，主要参与组织了赫哲族首届乌日贡大会。1999年7月病逝。

◉ 名人与八岔村

汪云才编创《乌苏里船歌》主旋律音乐　1962年秋，著名作曲家汪云才到八岔村采风，边体验生活，边收集整理赫哲族民歌素材，并结交了很多当地赫哲族渔民朋友，与他们结下了深深的情谊。这一年的9月，汪云才随八岔村捕鱼队到乌苏里江畔八岔村捕捞大马哈鱼的网滩白灯滩（位于抚远县抓吉镇境内）。他和渔民们住着撮罗子，划着木船，下钩撒网，吃鱼喝酒，围着篝火听赫哲族渔民说唱伊玛堪，讲特仑固，唱嫁令阔。一天，应汪云才之请，赫哲族歌手吴连贵即兴用箫吹奏了一曲赫哲族民歌《想情郎》。听了这首优美流畅、情意缠绵的民歌小调，汪云才被深深地感染并灵感大发。他以此为基调，并借鉴了其他几个地方赫哲族传统音乐元素，完成了民歌《乌苏里船歌》主旋律音乐的编创。这首民歌的诞生让赫哲族人走向了全国，走向了世界，对赫哲族文化的传播和发展发挥了重要作用。八岔村也因此成了这首歌的主要编创地之一。

胡小石为《乌苏里船歌》作词　1962年，为了筹备第二届哈尔滨之夏音乐会，著名词作家胡小石走出歌舞剧院，到生活中去捕捉灵感，歌颂祖国，歌颂人民，歌颂社会主义，而赫哲族因新旧社会的反差特别大，从一个濒临灭绝的、苦难深重的民族，成了国家的主人翁，其感染力非常强烈，从而激发了胡小石创作赫哲族歌曲的极大热情。他先

八岔赫哲族乡乡长朱建龙采访《乌苏里船歌》词作者胡小石（左）

后在同江县的街津口赫哲族乡、八岔村、饶河县四排村等地实地体验生活。在八岔村，胡小石与赫哲族人同吃同住，吃着赫哲族美食，大碗喝着烈酒，与赫哲族艺人一起哼着民歌小调，一起下江打鱼，一起分享渔猎收获，积累了大量的赫哲族民歌素材，一首反映赫哲族在新中国成立后，在党的领导下幸福生活的赞歌一蹴而就，赞美之情跃然纸上。胡小石的词作与汪云才在白灯滩编创的主旋律音乐不谋而合。经过多次推敲琢磨，传世之作《乌苏里船歌》应运而生。

郭颂演唱《乌苏里船歌》 20 世纪 60 年代，著名男高音歌唱家、民歌演唱家郭颂曾先后多次到同江县的街津口、八岔及饶河县的四排 3 个赫哲族主要聚居区采风。郭颂曾先后 3 次到八岔村，时间最长的一次在村里待了半年多。他长期与赫哲族民歌手们生活在一起，真诚交流，体验八岔赫哲族人的纯朴情怀，见证人们热爱祖国、建设家乡的热情，感受古老淳厚的民族风情和赫哲族民歌那让人沉醉的旋律。在八岔期间，《想情郎》《乌苏里芒莫》《渔歌》等一些赫哲族小调深受郭颂喜爱，为他日后的音乐创作积累了丰富的素材。1962 年，郭颂与汪云才、胡小石共同编创了《乌苏里船歌》。《乌苏里船歌》借鉴了赫哲族民歌《想情郎》的曲调，经过半年多的采风和创作，由最初的 5 段精练成 3 段，后随着郭颂的演唱迅速红遍祖国各地，而且在国际上引起轰动，1980 年，被联合国教科文组织选为亚太地区音乐教材，并把它送入太空。2009 年 7 月，中国文联在人民大会堂举办成立 60 周年纪念大会，郭颂作为从事新中国文艺工作 60 周年的代表接受颁奖，这是中国文艺界的最高荣誉。获得巨大荣誉的郭颂，从未忘记与赫哲族人的情意，多次返回八岔村看望慰问村民。鉴于郭颂与八岔赫哲族人的

1996 年，八岔村委会主任尤明国（左）给八岔村荣誉村民郭颂献花　　尤俊生　提供

深厚友谊，以及对赫哲族文化发展传承做出的巨大贡献，1996 年，在八岔赫哲族建立乡级政权 40 周年之际，郭颂受到八岔村全体村民的诚挚邀请，在同江市社会各界的见证下，正式成为八岔村“荣誉村民”。

庞大同担任八岔村经济发展顾问　2015 年 11 月，著名企业家、深圳市商业联合会永久荣誉会长庞大同以及深圳企业代表对八岔村的经济、农业、扶贫政策、民族文化等情况进行了实地了解，对八岔村的发展潜力给予了极高评价，并表示愿为八岔村的发展提供支持与帮助。

2016 年 1 月 21 日，为保持与经济特区的密切联系，争取深圳企业的投资和合作，八岔村与八岔赫哲族乡领导赴深圳，与庞大同举行对接仪式，聘请庞大同为八岔村经济发展顾问，并邀请深圳市老领导和深圳企业代表作为仪式见证人。

庞大同

担任村经济发展顾问后，庞大同积极为八岔村发展出谋划策，并组织深圳企业到八岔村实地考察，为八岔村未来发展提出了多项发展建议，并积极协调，促成深圳相关企业到八岔考察投资，初步达成在旅游开发和农产品销售方面的合作意向。

大事纪略

在八岔村发展史上，曾经发生过一些对全村经济社会生活有着深远影响的重大事件，这些事件深深地铭刻在全体村民的心里，成为八岔赫哲族人挥之不去的集体记忆。

历史长河，留下许多珍贵记忆，有的因失于记载而遗落，有的因历史变迁而荒考，有的却深刻在人们的心底。

◉ 1945年八岔屯赫哲族人被迫集体赴苏

抗日战争时期，为了反抗日本侵略诸的统治，八岔屯的赫哲族人主动给苏联红军和抗日队伍提供军事情报。1943年5月22日，潜伏在伪警察内部的毕发祥（赫哲族）去抚远办事，听伪警察队的人说日伪当局要派渔民耿文孝的渔船到八岔屯抓通苏的嫌疑人。毕发祥急忙借了一艘快马子船逆行40多千米，抢在日伪军之前赶回八岔屯，找到董贵福商量对策。当天，日伪抚远特务机关派佐野带领几名伪警察到八岔屯抓人，但到八岔时天已经黑了，佐野怕晚间抓人不好看管，决定第二天早晨抓了人就带走。董贵福和毕发祥计划打死日军，缴伪警察队的枪，携带武器投奔苏联。后因情况紧急，怕寡不敌众，百姓受害，当晚下半夜，两人就带领村内25名赫哲族人在北小河子上了两只船，直奔八岔下口对岸的苏联边防司令部驻地——二站，受到苏军热情接待。第二天拂晓，日军发现哨兵失踪了，要抓的人都跑了，就到处搜捕，最后什么都没找到，扑空而回。

◉ 1945 年苏联红军出兵东北解放八岔屯

1943 年，八岔屯董贵福等人赴苏联后不久，便加入周保中、李兆麟领导的东北抗联教导旅当侦察员。赫哲族战士利用常年打鱼、狩猎所掌握的各种技能及熟悉地形的优势继续从事侦察和搜集日伪情报工作。1945 年 8 月 8 日，苏联对日宣战。赫哲族战士们受命为苏联红军担任向导。董贵福负责八岔，董贵喜负责乌苏镇，董贵寿负责韩家小河子，付文昌负责抓吉，毕发祥负责海青，毕青林负责一部落。9 日凌晨，赫哲族人董贵福带领部分赫哲族战士，配合苏联红军一举解放了自己的家乡八岔屯。

◉ 1958 年苏联医护人员跨国救助八岔生产大队村民

1958 年 5 月，八岔生产大队村民董贵福的妻子董尤氏生第五个儿子时，不幸难产。董尤氏生产后胎盘留在腹中，造成持续不断的大出血。八岔人民公社唯一的接产婆由于没有这方面的经验，无法救治。当时公社没有正规医院，没有职业医生，也没有机动交通工具，甚至连公路都没有，没有急救能力。眼看孕妇病情恶化，众人束手无策。时任八岔人民公社主任付景贤立即向抚远县县长魏战国报告，请示就近请求苏联救助，魏战国向省里请示并得到同意。一场跨国营救行动开始了。5 月 9 日，苏联边防军通知伯力派直升机前往救护。上午 9 时左右，一架浅蓝色苏联直升机降落在八岔生产大队，苏联飞行员叫阿尔谢年科夫，随机参加救助的还有一位 20 多岁的女医生克拉拉 · 波里扬科。经苏联女医生初步检查，认为如果抢救及时还有希望。傍晚，飞机把董尤氏直接送到哈巴罗夫斯克的中央妇产院里。几位苏联妇女无偿为其献血，手术非常成功。住院期间，医生、护士对董尤氏母子照顾得非常周到，同病房的产妇经常给董尤氏的孩子喂奶粉。医院的护士长还按照自己孩子的名字给董尤氏的儿子取了个俄文名字——安德烈，中国名字叫董双森。在苏联治疗了一个月左右，董尤氏母子又被苏方用飞机送回抚远县城。董尤氏母子被苏联救助的事轰动了全国，新华社对此事进行了报道，苏联医生跨国救援的事迹还以《黑龙江上的友谊》为题编入当时的小学语文课本。

八岔生产大队知青参加渔业生产（1969 年）　　谢林珍　提供

1969 年杭州上山下乡知识青年落户八岔生产大队

1969 年 3 月，33 名杭州知青响应党的号召，到八岔生产大队插队落户。知青的到来为八岔生产大队注入了新的活力。他们带来了南方发达城市的先进理念，并与当地村民一起站岗放哨，下江捕鱼，教书育人，和广大赫哲族社员结下了深厚情谊。特别是知青李三怀、曲本泽、刘德奇三人，从温州买来了胶丝三层网，使八岔生产大队渔业产量成倍增长，为当地社会经济发展和赫哲族人生活水平的提高做出了贡献。知青返城后，仍不忘第二故乡，为八岔村做了很多实事。特别是 2013 年，超百年一遇的特大洪灾过后，八岔知青和其他同江知青一起慷慨救助，为第二故乡捐款 30 万元。

1984 年抗洪抢险

1984 年，松花江和黑龙江洪水齐涨，八岔村被洪水围困，所有的土地全部被水淹，村里的居民也随时受到生命威胁。抚远县方向开过来一艘大船。同江县相关部门征用该船，把八岔村的 200 多名村民全部安置到大船上，直到洪水退去。

◉ 1991 年抗洪抢险

1991 年汛期，松花江、黑龙江水位连续大幅度上涨，加上连降大雨、暴雨、特大暴雨，黑、松两江超历史最高水位。八岔村面临着松花江、黑龙江洪水和内涝的严重威胁。由于地下水位上涨，八岔村境内大小河流的水位也同时上涨，所有的沟渠洪水四溢，全村耕地几乎全部泡在水中。耕地受灾面积达 3000 公顷，占耕地总面积的 89%。整个防汛期间，全村共出动人工 2000 多人次、车辆 400 台次。8 月 1 日，全村男女老少齐上阵，和前来支援抗洪的军民一起，日夜在黑龙江大堤上用砂石土料、编织袋等材料对大坝进行加高、加固。

◉ 1996 年八岔村国电并网

1996 年 7 月，为迎接八岔赫哲族乡建政 40 周年，中共同江市委、市政府成立专项推进组，将八岔村民用电正式并入国网，结束了八岔村用柴油机发电的历史。

◉ 20 世纪 90 年代八岔赫哲族群众成功实现转产

国家民委实施“兴边富民”行动后，随着渔业资源的逐步减少，八岔村民及时转变思路，充分利用地区资源和地缘、生态优势，上岸垦荒搞转产，顺利实现了以农业经济为主导的产业结构调整。1997 年，同江市下发了《关于印发同江市实施〈民族乡行政工作条例〉和〈黑龙江省民族乡条例〉办法的通知》，从政策上确定了赫哲族开发利用荒原开垦耕地的权利。八岔村群众积极响应党和政府的号召，合理利用资源，开发耕地，进行转产。党员尤红军竞标登岛垦荒，开发土地，为广大群众带了头。1997 年后，付志成、韩玉生等 11 名农户也陆续上岛开发。岛上土地土质肥沃，自然环境无污染，适合绿色种植，发展绿色食品产业。经过多年的建设，已建成了以八岔岛为主的近 3 万亩绿色食品生产基地，大量种植无公害大豆，村民收入和资产存量稳定增加。

◉ 1998 年八岔村走进央视《乡村大世界》

1998 年夏，为了对外展示同江和赫哲族风采，提高城市和赫哲族的知名度，中央电视台《乡村大世界》栏目组赴八岔村录制外景。在同江的 6 天里，节目组先后到过黑龙江边、八岔赫哲网滩、赫哲族博物馆、边防哨所及口岸码头，围绕口岸优势、赫哲风情、文化民俗等专题进行了实地采访和拍摄。之后，同江市又派出方阵到北京进行了现场录制。1998 年 10 月，同江市领导带领八岔村及其他乡村的赫哲族民间艺人，到北京农业新闻中心录制赫哲风情专题节目。八岔村的民间艺人还与到场嘉宾进行了互动。同年 11 月，中央电视台先后三次在《乡村大世界》栏目中播出同江赫哲风情专题节目。

◉ 1998 年抗洪抢险

1998 年 5 月 20 日，同江市水利局按照每年的防汛工作程序，布置了安全度汛方案，下达各有关单位。方案要求全市成立 15 个抢险大队，对所辖堤段进行全面检查，堤外村屯制定转移方案，准备一定数量的防汛物资，要求全市每户居民储备 5 ~ 10 条麻袋或编织袋。8 月主汛期，受河套低压影响，降水量较历年平均值多 41.1 毫米，8 月总降水量为 168.5 毫米，日降水量超过 20 毫米以上的有 4 次。

汛期到来后，松花江主要受上游来水影响，发生了有史以来的最大洪水，8 月 30 日，

八岔村军民在抗洪一线（1998 年） 尤俊生 提供

横江口最高洪水位达 56.01 米，超警戒水位 2.01 米；黑龙江水位高达 54.83 米，超警戒水位 1.33 米。松花江警戒水位运行 39 天，黑龙江警戒水位运行 26 天。

8 月 19 日，同江市防汛指挥部召开防汛工作会议，进行具体分工。指挥部下设乐业、三村、城区、八岔 4 个分指挥部。每天水位情况以图表形式绘制上墙，专人负责上报每日流水作业情况。中共同江市委、市政府要求全市人民立即投入到抗洪抢险工作中，确保同江市防汛工作全胜。各机关单位停止正常工作，根据防汛形势加高、加固沿江堤防。

八岔分指挥部主要负责同抚公路堤路结合段临江和八岔段，其中卧牛河口至八岔段（防洪标准为 50 年一遇）和八岔至黑泡河口段（防洪标准为 20 年一遇）最为薄弱，总计 59.8 千米。在黑龙江水位居高不下的情况下，两处堤防承受着巨大的压力，多处出现管涌，险情不断。分指挥部调集所有人力、物力上坝进行加高加固，用无纺布和编织袋砸实管涌。经过一个多月的拼战，确保该段堤防没有出现溃口。但由于八岔村处于江堤之下，内涝仍不可避免，坝外耕地全部被淹绝产，坝内也有 20% 的耕地被淹，全村受灾面积达 2700 公顷。其间，市抗洪抢险总指领导带领部分公安干警乘坐外事的“长城号”，到八岔村帮助转移村民和财产，先后转移数百人、大型农机具十多套。

◉ 2000 年八岔村参加全国首届民族服装服饰博览会

2000 年 7 月 3 日，在黑龙江省代表团和中共同江市委领导的带领下，八岔村赫哲族代表付亚秋与其他赫哲族代表一起参加了在云南省昆明市举办的全国首届民族服装服饰博览会。博览会上，付亚秋代表赫哲族展示了特色民族服饰，并获优秀表演奖。

2000 年，赫哲族银花奖获得者——八岔赫哲族代表付亚秋在全国首届民族服装服饰博览会上展示特色民族服饰

◉ 2013 年抗洪抢险

2013 年，八岔村遭遇了超百年一遇的历史特大洪水，受灾十分严重，农田、房屋、道路、电力、通信设施等全部被毁，全村群众正常生产生活受到严重威胁。8 月

2013 年 8 月，八岔村遭受超百年一遇特大洪水灾害　　尤俊生　提供

23 日上午，八岔村段桩号 44+650 处发生垮坝，截至 9 月 17 日，垮坝宽度达 540 米。垮坝后，全村所有房屋、土地均过水，198 户、502 人受灾。

八岔村全员投入抗洪抢险中，奋战 41 天，共投入资金 20 万元，出动各种车辆 50 台次、机船 6000 多艘次、人员 4100 人次，受灾村民全部被转移安置，没有人员伤亡。

◉ 2016 年中共八岔村支部提出农村党员“五带头”

2016 年 2 月，中共八岔村支部委员会在“两学一做”学习教育中，创造性地提出了农村党员“四带头”（带头创业致富，带头服务群众，带头促进和谐，带头弘扬新风）标准。

2016 年 5 月，根据中共黑龙江省委组织部的建议，将“带头遵守党的纪律”作为村合格党员标准之一，补入原来的“四带头”标准中，最终形成了农村党员“五带头”标准，使农民党员合格的标准更加精准，更具思想性、理论性和可操作性。

◉ 2016 年八岔村被评为全国美丽宜居村庄和全国少数民族特色村寨

2016 年 12 月，根据《住房城乡建设部办公厅关于开展 2016 年美丽宜居小镇、美丽宜居村庄示范工作的通知》，在各地自愿申报，黑龙江省住房和城乡建设厅、黑龙江省农业委员会在择优推荐的基础上，经组织专家审查，黑龙江省同江市八岔赫哲族乡八岔村被评为全国美丽宜居村庄。2016 年 12 月，八岔村被国家民委评为全国少数民族特色村寨。

◉ 2017 年八岔村被评为全国文明村和全国美丽休闲村庄

2017 年 11 月，在第五届全国文明城市、文明村镇、文明单位和第一届全国文明校园评选中，黑龙江省同江市八岔赫哲族乡八岔村被评为全国文明村。2017 年 12 月，八岔村被评为全国美丽休闲村庄。

乌日贡广场（2016 年）　　王秀峰　摄

八岔岛上的白桦林

附录

附录，虽附而重在录。它记录了八岔村规民约，记载了村集体和村民曾经获得的荣誉，记述了村里知名人士的贡献。一张张简易的表格，一段段平实的文字，一个个鲜活的人物，都是八岔历史文明的见证，都是八岔发展历程中浓墨重彩的一笔。

◉ 村规民约

1986 年以后，八岔村党支部、村委会带领村民破除旧思想、旧传统、旧风俗，建树新思想、新风尚，从全村实际出发，制定了村规民约。

新农村、新思想、新风尚口诀

洪水过后，政策好，八岔村内，新气象；
新兴农村，建设好，村规民约，要牢记。
热爱国家，爱集体，跟着党走，志不移；
遵守公序，守良俗，树立村风，扬正气。

村两委，要廉洁，讲求奉献，重团结；
村里大事，共商讨，党政财务，公开好。
勤奋读书，多看报，遵守法律，反邪教；
民族文化，广场舞，有益健康，寿延年。

遵章守法，守规矩，私搭滥建，不合规；
村内垃圾，及时清，庭院柴草，不乱堆。
爱护村路，不打场，主要街道，不晒粮；
粮食秸秆，处理好，不要焚烧，不乱抛。

私自挖沙，开石土，此项行为，犯法规；
爱护江水，护河堤，过界捕鱼，触法律。
喂养畜禽，要圈好，不扰民来，保草场；
爱护林木，莫砍树，保护生态，富民路。

良好青年，服兵役，守护边疆，保社稷；
提倡晚婚，讲优育，生男生女，都满意。
娶进儿媳，嫁闺女，打破旧俗，立新意；
丧事简办，不攀比，既庄重来，又省力。

对待老人，重孝道，对待子女，重管教；
贫困农户，齐帮助，老弱病残，多照顾。
共用水电，莫违纪，公家财物，要爱惜；
义务帮工，积极去，公益事业，多出力。

倡导四德，风气清，文明示范，争五星；
党员团员，争模范，多为群众，做能贤。
美丽村屯，要实现，赫哲人民，齐心干；
此项条约，大家立，执行好了，都受益。

八岔村综合管理办法

为了推进我村民主法制建设，维护社会稳定，树立良好的民风、村风，创造安居乐业的社会环境，促进经济发展，建设文明卫生新农村，制定本村规民约。

（一）社会治安

1. 每个村民都要学法、知法、守法、自觉维护法律尊严，积极同一切违法犯罪行为做斗争。

2. 村民之间应团结友爱，和睦相处，不打架斗殴，不酗酒滋事，严禁侮辱、诽谤他人，严禁造谣惑众、拨弄是非。

3. 自觉维护社会秩序和公共安全，不扰乱公共秩序，不阻碍公务人员执行公务。

4. 严禁偷盗、敲诈、哄抢国家、集体、个人财物，严禁赌博，严禁替罪犯藏匿赃物。

5. 严禁非法渔业生产、运输；不得私藏枪支弹药，拾得枪支弹药、爆炸物品，要及时上缴公安机关。

6. 爱护公共财产，不得损坏水利、道路交通、供电、通讯、生产等公共设施。

7. 严禁非法限制他人人身自由或非法侵犯他人住宅，不准隐匿、毁弃、私拆他人邮件。

8. 严禁私自砍伐国家、集体或他人的林木，严禁损害他人庄稼、瓜果及其他农作物，加强牲畜看管，严禁放养猪、牛、羊。

对违反上述社会治安条款者，触犯法律法规的，报送司法机关处理。尚未触犯刑律和治安处罚条例的，由村委会批评教育，责令改正。

（二）消防安全

1. 加强野外用火管理，严防野火发生。

2. 家庭用火做到人离火灭，严禁将易燃易爆物品堆放户内、村内，定期检查、排除各种火灾隐患。

3. 加强村屯防火设施建设，定期检查消防水管和消防栓，保证消防用水正常。

4. 对村内、户内电线要定期检查，损坏的要请电工及时修理、更新，严禁乱拉乱接电线。

5. 加强村民尤其是少年儿童安全用火用电知识宣传教育，提高全体村民消防安全知识水平和意识。

（三）村风民俗

1. 提倡社会主义精神文明，移风易俗，反对封建迷信及其他不文明行为，树立良好的民风、村风。

2. 红白喜事提倡喜事新办、丧事从俭，破除陈规旧俗，反对铺张浪费，反对大操大办。

3. 不搞封建迷信活动，不听、看、传淫秽书刊、音像，不参加邪教组织。

4. 建立正常的人际关系，不搞宗派活动，反对家族主义。

5. 积极开展文明卫生村建设，搞好公共卫生，加强村容村貌整治，严禁随地乱倒乱堆垃圾、秽物，修房盖屋余下的垃圾碎片应及时清理，柴草应定点堆放。

违犯上述规定的给予批评教育，出具检讨书，情节严重的交上级有关部门处理。

（四）邻里关系

1. 村民之间要互尊、互爱、互助，和睦相处，建立良好的邻里关系。

2. 在生产、生活、社会交往过程中，应遵循平等、自愿、互惠互利的原则，发扬社会主义新风尚。

3. 邻里纠纷，应本着团结友爱的原则平等协商解决，协商不成的可申请村调解委员会调解，也可依法向人民法院起诉，树立依法维权意识，不得以牙还牙、以暴制暴。

（五）婚姻家庭

1.遵循婚姻自由、男女平等、一夫一妻、尊老爱幼的原则，建立团结和睦的家庭关系。

2. 婚姻大事由本人做主，反对包办干涉，男女青年结婚必须符合法定结婚年龄要求，提倡晚婚晚育。

3. 自觉遵守计划生育法律、法规、政策，实行计划生育，提倡优生优育，严禁无计划生育或超生。

4. 夫妻地位平等，共同承担家务劳动，共同管理家庭财产，反对家庭暴力。

5. 父母应尽抚养、教育未成年子女的义务，禁止歧视、虐待、遗弃女婴，破除生男才能传宗接代的陋习。子女应尽赡养老人的义务，不得歧视、虐待老人。

八岔村物业管理办法

为了创造我村村容整洁、清新、文明有序的生产和生活环境，实现社会主义新农村建设，特制定本办法。

一、管理委员会要对物业的房屋建筑及其配套设施、设备、绿化、卫生、治安和环境容貌等管理项目进行维护、修缮和整治，并向村民和使用人提供综合性的有偿服务。

二、物业管理委员会应设立固定的服务场所、专线电话，专职工作人员 24 小时值班，确保及时为村民服务。

三、日常维护与紧急事件处理。物业管理委员会应对房屋主体、水电设施、排水设施、消防设备共用部位和共用设备进行日常养护和维修，确保设备运行正常、居住安全。对上水管线发生跑漏，下水管线发生堵、冒等突发事件及时处理，确保业主和使用人财产不受损失。

四、物业管理委员会要采取多种形式，向广大村民或使用人特别是儿童进行宣传教育，促使人人都来关心爱护绿化。

五、小区卫生管理。清洁卫生的工作应做到“五定”，即定人、定时间、定地点、定任务、定标准。每天清扫一遍，全日保洁，质量应达到“六不”“六净”，即不见积水、不见积土、不见杂物、不漏收堆、不乱倒垃圾和不见人畜粪便，路面净、路沿净、人行道净、雨水口净、树坑墙根净、果皮箱净。村民不要乱丢垃圾，违者罚款200元。

六、小区治安。物业管理委员会应与派出所建立良好的工作关系，接受指导，争取配合，做好小区治安管理工作。

七、小区消防。消防管理在物业管理中占有头等重要的地位。要加大宣传力度，增强消防意识，警钟长鸣，常抓不懈，消防工作应提高到管理的重要日程。

八、小区村民不应高空抛物，擅自改变房屋外立面、小区内部平面布局，随意拆损门窗和私搭滥建，不准随意占用公共用地乱堆杂物；不准损坏花草树木、健身器材；不准在外墙乱写乱画；不准私自存放易燃、易爆、有放射性的物品，排放有毒、有害物质，制造妨碍他人正常休息的噪音等。

九、村民应按时缴纳供热费。因故不能按期交纳物业服务费的，应委托他人按期代交，或及时补交。

十、不要损害公共财物、花草树木，违者罚款500元。

◉ 八岔村获得的荣誉

国家级荣誉

2016年12月，被评为全国美丽宜居村庄、全国少数民族特色村寨。

2017年11月，被评为全国文明村。

2017年12月，被评为全国美丽休闲村庄。

省级荣誉

2006年12月，获“省级卫生村”称号。

2007年4月，在黑龙江省第十届劳动模范表彰大会上获“劳动模范集体”称号。

2008年2月，获“2007年度全省新农村住房改造和村镇建设示范村”称号。

2008年7月，获省级“‘五个好’建设先进村党组织”称号。

2011年1月，获“省级爱民固边模范村”称号。

佳木斯市级荣誉

2000 年 7 月，获佳木斯市“一九九九年度‘五个好’村党支部标兵”称号。

2006 年 5 月，获佳木斯市“‘百村支部升级工程’先进村党支部”称号。

2006 年 6 月，获佳木斯市“先进‘融入型’党组织”称号。

2010 年 1 月，获“2009 年度佳木斯市新农村建设十大魅力村屯”称号。

八岔村所获省级、市级荣誉铭牌　　　　尤俊生　摄

1958—2015 年八岔村民参加全国及省体育赛事成绩表

表 6

年份	赛事名称	奖项	参与表演及获奖人员
1958	全国高山越野滑雪大赛	滑雪第二名	尤景玉
1982	黑龙江省第一届少数民族传统体育运动会	射击第二名	尤明义
1990	黑龙江省第三届少数民族传统体育运动会	叉草球优秀表演奖	吴福常
1994	黑龙江省第四届少数民族传统体育运动会	叉鱼、冬猎表演三等奖	毕洪兵　尤俊宏

续表 6

年份	赛事名称	奖项	参与表演及获奖人员
1995	全国第五届少数民族传统体育运动会	叉鱼、冬猎表演三等奖	毕洪兵　尤俊宏
1998	黑龙江省第五届少数民族传统体育运动会	叉草球优秀表演奖	尤俊利
1999	全国第六届少数民族传统体育运动会	鹿毛球表演一等奖	尤俊利
2002	黑龙江省第六届少数民族传统体育运动会	叉草球优秀表演奖	尤俊利　尤俊宏
2003	全国第七届少数民族传统体育运动会	杜烈其一等奖	付亚秋
2006	黑龙江省第七届少数民族传统体育运动会	叉草球二等奖 杜烈其一等奖	尤明国　毕洪兵　尤俊宏　李延山　李景山　尤　超　孙中馗　尤明芬　董建民　尤明忠　乔志鹏
2007	全国第八届少数民族传统体育运动会	杜烈其银奖	董建民　尤明国　毕洪兵　尤俊宏　尤俊生　乔志鹏
2010	黑龙江省第八届少数民族传统体育运动会	杜烈其一等奖 槲突鲁（打瓦）一等奖	尤明国　毕洪兵　尤俊宏　吴振山　孙中馗　李景山　尤　雷　尤　超　王海龙　吴艳青
2011	全国第九届少数民族传统体育运动会	叉草球二等奖	尤明国　乔志鹏
2015	全国第十届少数民族传统体育运动会	鹿毛球二等奖	尤明国　孙中馗　尤俊宏　尤　浩　尤　超　尤　雷　李景山　乔志鹏
		杜烈其三等奖	尤明国　孙中馗　尤俊宏　尤　浩　尤　超　尤　雷　李景山　乔志鹏　韩　霖

1992—2016 年八岔村民参加其他体育比赛成绩表

表 7

年份	项目	获奖名次	组织单位
1992	“财税杯”篮球赛	第四名	同江市政府
1994	篮球友谊赛	第一名	佳木斯市郊区敖其镇
1997—2002	庆“八一”篮球赛	第一名	八岔乡政府
2010	小型乌日贡节	团体总分第一名	八岔村
2015	庆“八一”篮球赛	第一名	八岔乡政府
2015	庆“八一”拔河比赛	第二名	八岔乡政府
2016	渔猎文化节传统体育竞技	团体第一名	八岔乡政府

八岔村名人表

表 8

姓名	活动	简介
董凤春	1956 年，参加全国少数民族参观团，受到党和国家领导人的接见	董凤春，赫哲族，1923 年 9 月 8 日生于黑龙江省抚远县海青村，后因生活所迫流落到八岔屯，以捕鱼为生。1958 年，加入中国共产党，从互助组到合作社再到人民公社，董凤春一直担任八岔村的主要负责人。1959—1969 年，任村党支部书记，带领村民发展村域经济，创新生产形式。他带领村中青壮年修通了从八岔村至王家店的公路。1970 年 1 月去世
张淑珍	1959 年，作为赫哲族妇女代表，参加了全国少数民族参观团，参加国庆十周年观礼，受到党和国家领导人的接见并合影留念	张淑珍，女，赫哲族，1926 年 12 月 28 日出生。新中国成立后，张淑珍作为八岔村中仅有的几个有文化的妇女，积极参与组织赫哲族劳动妇女学习文化知识，提高赫哲族妇女的自身素质和思想觉悟
付兴春	1964 年，代表八岔赫哲族参加全国少数民族群众业余文艺会演，在人民大会堂演唱了赫哲族传统的伊玛堪，受到党和国家领导人的接见并合影留念	付兴春，赫哲族，1938 年 3 月 3 日生于八岔屯。一生致力于八岔赫哲族文化的发掘和传承。1998 年 9 月病逝
付凡	1964 年，代表八岔赫哲族参加全国少数民族群众业余文艺会演，受到党和国家领导人的接见	付凡，女，赫哲族，1944 年 7 月 25 日生于八岔屯。高级经济师，正处级干部。1960 年 1 月，在八岔村供销社参加工作。1984 年，被选送到中央民族大学攻读党政干部管理专业。1986 年，在中国农业银行总行工作。1991 年，到中央党校国家机关分校学习。1996 年，被评为中国农业银行总行中央机关优秀党员。1998 年退休
毕秀华	1964 年，代表八岔赫哲族参加全国少数民族群众业余文艺会演，在人民大会堂表演歌舞《我们走在大路上》，受到党和国家领导人的接见。1993 年，出席中国总工会第十二届全国代表大会	毕秀华，女，赫哲族。1949 年 4 月生于八岔屯。1968 年，任同江县八岔公社革委会副主任兼八岔供销社主任。1990 年，获得全国金融工会“先进女职工”称号。2004 年退休
董双琴	1974 年，当选为全国第四届人大代表	董双琴，女，赫哲族，1952 年 5 月 4 日生于八岔屯。是村里的生产能手和妇女工作骨干。1995 年退休
尤喜芳	1983 年，出席中国第五次全国妇女代表大会，并荣获全国“三八红旗手”称号，受到党和国家领导人的接见	尤喜芳，女，赫哲族，1946 年生于八岔屯。1974—1993 年，任八岔村妇代会主任。1998 年去世
吴国芳	1983 年，当选为第六届全国人大代表	吴国芳，女，赫哲族，1958 年生于八岔村。曾任村妇代会主任、团支部书记，八岔赫哲族乡妇联主任、乡管委会副主任、乡长，同江市妇联副主任等职。2010 年退休

续表 8

姓名	活动	简介
董群	1984 年，参加中华人民共和国建国 35 周年庆典活动，受到党和国家领导人的接见并合影，并参加了周恩来总理主持的国庆招待会。1981 年，在中央民族大学政训部学习期间，再次受到党和国家领导人的接见	董群，赫哲族，1947 年 5 月 7 日出生。1967 年，毕业于中央民族学院。1970 年，在八岔赫哲族乡参加工作。曾任黑龙江省赫哲族研究会副会长、顾问等职。1980 年，在中共黑龙江省委高级党校学习。1984 年，组织八岔赫哲族群众成功实现转产。1995 年 6 月，中共黑龙江省委、省政府授予董群“民族团结毕秀华进步模范工作者”称号，并颁发证书。2003 年退休后，专门从事赫哲族语言收录翻译工作，编辑《赫哲族语教程 · 伊玛堪》
付亚秋	1992 年，在第二届中国民族文化博览会“民族之花”大选赛上获“赫哲族银花奖”、专项决赛最佳青春奖	付亚秋，女，赫哲族，1970 年 9 月 16 日生于八岔生产大队，国家二级演员。代表作有舞蹈《梭尔巴齐》、《冬钓》、《巴其兰骨卜舞》、《蒲棒舞》、《桦皮高帽舞》、歌舞组合《打鱼的哥哥回来了》等。1994 年 8 月，赴日本参加，'94 福井国际艺术节。1997 年 8 月，赴俄罗斯参加那乃区文化艺术节。2000 年 7 月，表演《蒲棒舞》，获全国第十届群星奖舞蹈比赛金奖。2003 年，参加全国第七届少数民族传统体育运动会杜烈其表演，均获一等奖。2008 年 12 月，在首届漠河中国北方少数民族歌舞服饰展演中表演舞蹈《冬钓》《巴其兰骨卜舞》，分获一等奖、二等奖
尤俊丽	2007 年，在文化部举办的中国原生态民歌大赛上获“优秀传承奖”	尤俊丽，女，赫哲族，1960 年 2 月生于八岔生产大队。1980 年参加工作，任八岔赫哲族乡文化站站长，任职长达 25 年。1981 年，被中国舞蹈家协会黑龙江分会吸收为会员。她自幼喜爱赫哲族音乐、舞蹈艺术。代表作品有《渔歌》《猎歌》《天鹅姑娘的传说》《乌苏里小夜曲》《天鹅舞》《额图山上的小猎手》等。是嫁令阔、鱼皮服饰制作技艺和赫哲族舞蹈代表性传承人之一。2004—2005 年，在文化部举办的第二届、第三届中国南北民歌擂台赛上，分获优秀歌手奖和评委会特别奖
尤明国	2012 年，当选为中国共产党第十八次全国代表大会代表。2013 年，出席中共十八届三中全会。2017 年 8 月，尤明国当选中国共产党第十九次代表大会代表，并出席中国共产党第十九次全国代表大会	尤明国，赫哲族，1968 年 3 月 9 日生于八岔生产大队。1996—2002 年，任八岔村委会主任。2003 年起，任八岔村党支部书记。2007 年，参加全国第八届少数民族传统体育运动会，获银牌。2010 年，被评为黑龙江省民族体育工作先进个人。2011 年，担任教练，率队参加全国第九届少数民族传统体育运动会，获银奖。2011 年，被中共黑龙江省委授予“优秀共产党员”称号。2012 年，被黑龙江省人民政府授予“劳动模范”称号。2013 年，当选“全国村长论坛”执委，并被授予“全国十大杰出村官”称号。2015 年，作为教练率队参加全国第十届少数民族传统体育运动会，获鹿毛球二等奖、杜烈其三等奖。在赫哲族第六届、第七届、第八届乌日贡大会上，连获莫日根大奖
尤桂兰	1956 年，参加黑龙江省文化局组织的少数民族参观团，在北京受到党和国家领导人的接见并合影留念	尤桂兰，女，赫哲族，1935 年出生。1958—1973 年，曾两度担任八岔村（生产大队）妇代会主任。2016 年，习近平主席视察八岔村期间，看望尤桂兰全家并合影留念。2016 年，尤桂兰家被评为全国文明家庭

◉ 主要参考文献

1. 凌纯生著 :《松花江下游的赫哲族》，上海文艺出版社，1934 年。

2.《中国少数民族社会历史调查资料丛刊》修订编辑委员会编 :《赫哲族社会历史调查》，民族出版社，2009 年。

3. 同江县志编纂委员会编 :《同江县志》，上海科学院出版社，1993 年。

4. 抚远县地方志编纂委员会编 :《抚远县志》，中华书局出版社，1998 年。

5. 徐昌翰、黄任远著 :《赫哲族文学》，北方文艺出版社，1991 年。

6. 孙玉森主编 :《同江赫哲风物》，黑龙江人民出版社，2016 年。

7. 赵德龙主编 :《中国赫哲族体育》，黑龙江人民出版社，2014 年。

◉ 编纂始末

经过全体编撰人员的不懈努力，一部全面展示八岔村历史文化的村志——《中国名村志丛书·八岔村志》终于付梓。这是全国名村志文化工程中一部具有鲜明民族特色的志书，是八岔赫哲族政治生活中的一件大事。

中共同江市委、市政府高度重视，选调精兵强将成立编撰机构。八岔赫哲族乡党委、政府，八岔村党支部、村委会鼎力支持，为编撰人员排忧解难，主要领导亲力亲为。佳木斯市档案局、市志办领导、佳木斯原市级老领导多次深入同江，为村志编撰把关定向。在村志编撰过程中，得到了同江市社会各界的大力支持。部分同江市级退休老领导、老干部不顾年迈体弱，亲自撰文，提供史料和图片。黑龙江省地方志办公室、中国社会科学院地方志指导小组办公室组织专家评审，提出修改意见和建议。《中国名村志丛书·八岔村志》上限为八岔村有文字记载之时，下限至2017年12月。从接受撰志任务到志书完稿，仅仅6个月，时间紧，任务重。全体编撰人员怀着高度的责任感和使命感，分工合作，各取所长，勉力而为，克服了时间久远、资料奇缺等困难，深入八岔村赫哲族调研，走访知情人，查档阅卷，去伪存真，撷实入志，付出了心血和汗水。在此一并表示感谢！

因能力水平所限，谬误之处在所难免，敬请有识之士批评指正。

因本书所选照片及诗词、文章众多，部分作品未能在出版前及时联系到著作权人，请著作权人看到后与我们联系，我们将奉上稿酬。

编　者

2017年12月